**EL MÉTODO
INTEMA GESTIÓN
2.5**

GUÍA PARA LA
TRANSFORMACIÓN
DIGITAL
EN LAS PYMES

Roberto Alonso Vázquez

Indice

Agradecimientos

La publicación de este manual deriva de una serie de casualidades, de las cuales fueron especialmente importantes, de una parte, el impulso que me inyectó Anabel Cardiel, y también la búsqueda de respuesta para la solicitud de Eva González para que explicase "qué es lo que hacía profesionalmente".

La primera versión de este manual era un sencillo "producto mínimo viable", lleno de imperfecciones y carencias (especialmente en el área de marketing), ya que no tenía grandes pretensiones más allá que compilar, en un manual, los documentos y procedimientos de trabajo que utilizo en mis misiones como "interim manager" o director de transición, a la vez que se ponía a disposición de algunos empresarios o gerentes de empresas u organizaciones una metodología de gestión que pretendía ser completa, pero a la vez simple, práctica y adaptada a una nueva realidad de los mercados.

La publicación del manual tuvo mucha más repercusión de la inicialmente pretendida. De los primeros comentarios del libro, me resultaron especialmente útiles los de Fran Casal, tanto sobre contenido como sobre forma. Y la crítica despiadada y certera de Patricia Gómez, siempre brillante, han servido para que el alma de esta versión 2.0 sea más libro de autor, se haya profundizado en la experiencia práctica.

Mis compañeros en Valorea – Asociación de Interim Management de Galicia y en otras aventuras asociativas, Rodrigo García Dopico y Esther Vázquez Carracedo, también han aportado certeros comentarios. Rodrigo, además, me ayudó a realizar las presentaciones del libro, trabajo en el que aprendimos a colaborar más juntos y que nos ha dado fuerzas para embarcarnos en un apasionante proyecto, Talentium, en el que somos socios con Antonio Torres Moreno.

Estas presentaciones nunca se hubieran realizado sin la primera invitación de Graciela Prada, que me brindó el honor de comenzar en su Millennial Coworking en mi tierra, Ourense, con José Manuel Díaz Barreiros, que me ayudó de forma determinante a confiar en que merece la pena intentar comunicar las experiencias profesionales, incluso en el lugar en donde uno tiene sus raíces, y en donde se dice que nadie es profeta. Gracias al empujón de ambos dimos un primer paso que nos ha llevado a exponer estas experiencias en bastantes lugares, también con la ayuda de grandes expertos y conferenciantes como David Fernández Veloso y Frankie Gómez.

No podría cerrar el capítulo de agradecimientos sin mencionar a mi maravillosa familia y mi inigualable círculo de amigos, que no sólo me han apoyado en este proyecto, sino que lo hacen siempre.

A todos, mi gratitud y agradecimiento.

Introducción

Vivimos en una era de cambios acelerados

Estamos en una nueva era. Los avances tecnológicos están experimentando una gran velocidad, y están transformando la vida de las personas en muy poco tiempo. La transformación es muy rápida, y la vemos por todos lados, hasta niveles poco imaginables hace no mucho tiempo. Tenemos potentes herramientas de comunicación, los viajes se hacen más rápido y más baratos, las fronteras desaparecen, el intercambio de información y de mercancías es global y veloz.

La velocidad de los cambios está haciendo que, de forma consciente o inconsciente, cambiemos el modelo de conocimiento, el "paradigma", la forma en que nos comunicamos, vivimos, tomamos decisiones, no sólo como individuos, sino también como organizaciones colectivas. Las personas están cambiando sus esquemas de pensamiento, la sociedad también. Y las empresas y organizaciones deben ser conscientes de estos cambios.

La revolución tecnológica parte de internet, pero se extiende en muchos ámbitos: las impresoras 3D, los avances en la generación de energía más limpia y barata, avances en alimentación y en transporte de mercancías y personas, robotización, nuevas fórmulas financieras, nuevas tendencias sociales para ocio… todo ello mezclado con un importante aumento de la población mundial, con movimientos demográficos imparables y con unos retos medioambientales que también hay que abordar.

En los principios de esta nueva era, en la que nos encontramos, unas empresas desaparecen y otras crecen de una forma extraordinariamente rápida. Todos estos cambios están modificando la forma tradicional de entender la vida, el trabajo, las relaciones entre personas, y el marco social y económico a todos los niveles.

El sociólogo polaco Zygmunt Bauman expuso que la filosofía de vida, los valores y lo que se considera ético y moral ha cambiado radicalmente en los últimos años. La "realidad líquida" consiste en una ruptura con las instituciones y las estructuras fijadas. En el pasado, la vida estaba diseñada específicamente para cada persona, quien tenía unos patrones establecidos para tomar decisiones. En la modernidad, las personas se desprenden de los patrones y las estructuras, y cada uno crea su propio molde para determinar sus decisiones y forma de vida, en una sociedad basada en el individualismo, en la temporalidad, en la inestabilidad, carente de aspectos sólidos. Todo es cambiante y con fecha de caducidad, la vida líquida es una sucesión de nuevos comienzos con breves e indoloros finales. Existe miedo al compromiso, y no se desea renunciar a la libertad.

Vivimos en un escenario en el que el 47% del empleo total está en situación de alto riesgo[1]. Las compañías más fuertes del mundo, en facturación y valor bursátil, no existían hace pocos años. El 1% de la población mundial posee tanta riqueza como el 99% restante[2], (y creció en torno a un 7,5% durante la crisis iniciada en 2008). Es posible que cuatro de cada diez empresas líderes de hoy no existan en los próximos diez años. Y se estima que el 45% de las empresas industriales no ven la disrupción digital como un factor de preocupación[3] (este

---

[1] Informe "The future of employment", profesores Carl Benekikt Frey y Michael A. Osborne, de la Universidad de Oxford.

[2] Informe Riqueza Global 2017, elaborado por el Instituto de Investigación Credit Suisse.

[3] DBT Center, Global Center for Digital Business Transformation, iniciativa de la empresa Cisco y la escuela de negocios IMD de Suiza (International Institute for Management Development), encuestó en 2015 a 941 líderes empresariales en 12 industrias, que indicaron que en términos promedio, cuatro de cada diez empresas líderes (en cuota de mercado) en cada industria, serían desplazadas por la interrupción digital en los próximos cinco años.

porcentaje será sensiblemente mayor en las pymes, como veremos).

Un mundo volátil, ambiguo, complejo, global, marcado por el individualismo personal, con ausencia de valores sólidos y estables. Marcado por la incertidumbre.

Todo ello exige una adaptación de todas las organizaciones. Muchas de las grandes corporaciones están plenamente inmersas en lo que se llama "la transformación digital", pero todavía hay muchas compañías que, por su tamaño, fragmentación y estructura, están aún lejos de adaptarse a este nuevo entorno cambiante presente, pero cuya velocidad de cambio se acelerará en un futuro inmediato. Deben controlar la eficacia de su acción comercial, su relación con los clientes, sus métodos de producción, revisar la adaptación de sus productos y servicios a las nuevas exigencias y a las nuevas formas de competencia, y también sus relaciones con trabajadores y colaboradores.

Hay organizaciones que no valoran adecuadamente este peligro. El no reaccionar a tiempo puede condenar a muchas empresas al cierre.

En este manual nos introducimos en una metodología para adaptar las empresas y organizaciones, especialmente las PYMES, a los retos de la economía digital. En el método intema gestión planteamos un sistema integral (que abarca a todas las áreas), inteligente (que utiliza la tecnología y las nuevas técnicas de gestión de equipos) e "interim" (reflejando con esta palabra la concentración en organizaciones basadas en redes de colaboración, proyectos desarrollados en outsourcing o subcontratación).

Evidentemente, como se deduce de la lectura, una premisa esencial del propio manual es que el método consiste en la variabilidad, la flexibilidad, la adaptación y el aprendizaje constante con riesgos controlados. Es decir, es una guía para que cada empresario reflexione, analice con espíritu crítico, saque sus propias conclusiones, y adapte un proceso de gestión eficiente a su organización, considerando sus capacidades y entorno particular.

Se parte de lo más general a los aspectos a considerar en cada área y funcionalidad de la gestión. El desarrollo teórico de este manual debe complementarse con sistemas de procedimientos, listas de comprobación y aplicación en casos prácticos cuyo detalle no se incluyen, ya que forman parte del proceso ejecutivo, y que harían demasiado pesado este manual. El método busca utilidad práctica para cualquier organización o empresa de nueva creación, que desarrolle nuevos proyectos, o bien que aborde el cambio para la adaptación a una nueva era, orientando el enfoque de la compañía, y desgranando técnicas y recursos para la ejecución de los planes hacia la consecución de objetivos.

Por qué le llamamos la era exponencial

Vivimos un cambio de paradigma, entendiendo esta palabra como "modelo de conocimiento". En el paradigma del siglo XX, nuestro esquema mental de comprensión se asocia con la progresión aritmética. En cada intervalo de tiempo, se crece una cantidad fija, es decir, si una empresa vende 100 el año 1, entendemos un crecimiento de 110 el año 2, 120 el año 3, y así progresivamente.

En la progresión geométrica, los crecimientos de las series se basan en la multiplicación. Cada elemento siguiente se obtiene del anterior multiplicado por una constante (que se denomina factor o razón de la progresión).

Por ejemplo, partimos de una razón 2, y comenzamos a partir del número 1. La progresión comenzaría con 1, después 2 (1x2), después 4 (2x2), después 8 (4x2), 16, 32, 64, 128...

*En la **fábula del tablero de ajedrez**, el rey Sheram ofrece en agradecimiento a Sissa una recompensa por descubrirle el juego* *del **ajedrez**, lo que había conseguido aliviar en buena parte la pena que tenía por la pérdida de su hijo. Sissa pide al rey un grano de trigo por la primera casilla del tablero del ajedrez, dos granos por la segunda casilla, cuatro por la tercera, ocho por la cuarta… y así (en cada casilla el doble de granos que en la casilla anterior) hasta completar las 64 casillas del tablero. El rey aceptó, parecía una compensación asumible, pero no calculó que el total de esa recompensa ascendía a 18.446.744.073.709.551.615 granos, casi dieciocho trillones y medio (una cantidad hasta difícil de imaginar).*

Las progresiones geométricas nos resultan difíciles de imaginar y prever. En la historia de la humanidad, las revoluciones tecnológicas han impulsado normalmente a progresiones aritméticas (la rueda, la imprenta). La gran diferencia de la tecnología digital, y por eso resaltamos su importancia, es que impulsa una progresión geométrica.

*La **Ley de Moore** (cofundador de Intel en 1968), indica que la complejidad de los circuitos integrados se duplicaría cada año y que los costes de éstos se reducirían de manera considerable. Su predicción se ha cumplido durante cincuenta años (con alguna corrección, en 1975 indicó que el número de transistores de un chip se duplicaría cada dos años, y puede que esta ley tenga final en este año 2018).*

Cada vez que tengamos un crecimiento sostenido (una línea recta ascendente) estamos hablando de progresión aritmética. Cuando estamos ante una curva de lento ascenso inicial, pero que después coge pendiente como elevándose hacia el pico de una montaña, estamos hablando de una progresión geométrica. La gestión tradicional de negocios se basa en progresiones aritméticas, pero hoy en día, tenemos muchos ejemplos de desarrollos de empresa y startups que tardan más en "acelerar", pero que después lo hacen exponencialmente.

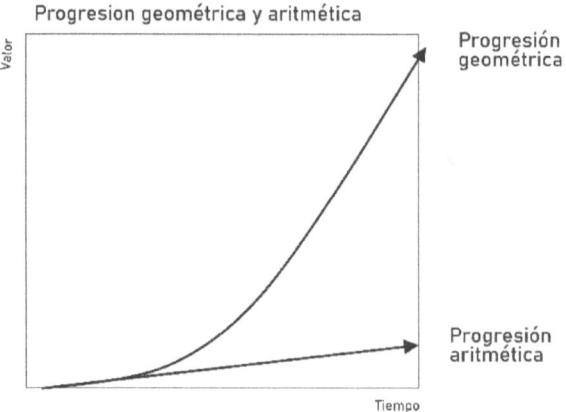

Una empresa que crezca en progresión aritmética tendrá un crecimiento sostenible todos los años, será relativamente fácil prever inversiones, resultados, amortizaciones, elaborar presupuestos y calcular la tasa de retorno de la inversión. En una empresa (o proyecto) que crece en progresión geométrica, el crecimiento es lento al principio, pero después se dispara mediante un crecimiento "exponencial", y es lo que les ha ocurrido a las grandes empresas tecnológicas.

Precisamente porque la revolución digital impulsa progresiones geométricas, a esta era también se le llama "la era exponencial". Lo que es especialmente nuevo en esta era no es el cambio tecnológico en sí, sino la velocidad de este cambio. Estamos en un mundo nuevo, que sigue cambiando muy aceleradamente, y en él no tenemos experiencia suficiente. Estamos en un entorno de **alta incertidumbre**.

Un futuro incierto

Existen muchos paralelismos entre los avances que se están produciendo en este comienzo del siglo XXI con lo que ocurrió en el Renacimiento, momento en que un nuevo invento (la imprenta) creó una nueva era de difusión del conocimiento y de avances científicos, culturales y artísticos.

En esta era digital se tiende a sobreestimar el impacto de la tecnología a corto plazo, pero se subestima a largo plazo[4]. En esta nueva era, todavía queda mucho por venir, y lo que pueda venir está fuera de nuestra intuición y capacidad de razonamiento, y por ello debemos de crear modelos de actuación flexibles, ágiles, intergeneracionales y muy permeables a los cambios sociales, al comportamiento del ciudadano y de sus redes o grupos (consumidor).

En este entorno, este manual es un documento base de trabajo para que los equipos analicen, debatan y lleguen a sus propias conclusiones. Una de las lecturas que sacaremos de esta nueva era, es que vivimos en una "realidad líquida", los principios de gestión están sometidos constantemente a revisiones y adaptaciones al mercado y/o a las posibilidades de nuestro equipo o nuestro negocio.

No será posible generar un proyecto de negocio viable sin la implicación y convencimiento del equipo que debe dirigirlo, y de las partes implicadas en su ejecución. No será posible sin una conexión estrecha con los clientes. No será posible sin un convencimiento de que muchas de nuestras premisas pasadas pueden no ser válidas para el futuro.

El mundo es VICAG[5]. Volátil, incierto, complejo, ambiguo y global.

Intema gestión es un método. Un sistema de trabajo que busca la eficiencia, la practicidad, la orientación a resultados, todo ello con la menor inversión posible, y minimizando los riesgos. Parte de que, sin un guion, sin un método, no es posible alcanzar objetivos. En su naturaleza incorpora desde el núcleo a las personas y la flexibilidad. Es un sistema de

---

[4] Roy Amara, expresidente del Institute for the Future (IFTF)
[5] Se denomina VUCA, volátil, incierto (uncentanly), complejo y ambiguo. Le añadimos la palabra global.

retroalimentación y cooperación, pero con normas basadas en sistemas de trabajo y experiencias que hacen que los equipos sean eficientes, que utilicen las herramientas tecnológicas disponibles y que puedan trabajar a gusto.

No es objeto de este manual teorizar acerca de la ética en los negocios, o sobre si el sistema liberal o capitalista en el que se basa es el más apropiado para la era en la que nos encontramos. Pero sí que consideramos que la responsabilidad social corporativa deberá formar parte de la gestión de empresas y organizaciones, de forma voluntaria, pero previsiblemente también de forma obligatoria en el futuro. La responsabilidad social debe estar presente en todas nuestras actuaciones, las actividades de las empresas deben ser compatibles con la sostenibilidad y defensa de los derechos humanos, y deben utilizar esta acción de responsabilidad como activo en su desempeño.

Este libro está orientado a la rentabilidad, al beneficio. El medio es que las personas, a través de su asociación y organización en equipos, y con una estructura jurídica acorde al fin que los agrupa, dispongan de un método que les permita alcanzar sus objetivos de supervivencia y desarrollo económico. En un mundo en donde los recursos son limitados, y la población aumenta, el reparto de los recursos se hace por competitividad.

El tamaño de la organización, y la eficiencia de sus métodos de trabajo condicionarán su desarrollo, y también, su influencia (positiva o negativa) en el mundo. Desde un punto de vista práctico, creemos que sólo la agrupación de talento en organizaciones eficientes puede conseguir que sus miembros sobrevivan a este entorno. En una lucha en la que se consiga mayor competitividad, podemos reducir las diferencias sociales.

El orden del guion intenta seguir una lógica operativa. Primero, analizamos la organización y el entorno, son primeros pasos muy importantes para poder definir la estrategia a seguir, y es la parte más delicada del proceso, ya que no tendremos ni mucho tiempo ni recursos para llegar a conclusiones fuertemente apoyadas en experimentación. Continuamos con la parte que hemos denominado "pilotar", o dirigir a la organización hacia el cliente objetivo, a través de una propuesta de valor en un modelo de negocio viable. Y en la última parte, bajo el título "acelerar" tratamos alguna de las técnicas o habilidades básicas para poder gestionar adecuadamente el negocio y aspectos esenciales, a tener en cuenta, en el proceso.

En la aplicación práctica en una organización, empezaríamos con un orden diferente. Primero comenzamos con la implementación de algunas reglas básicas para que los equipos puedan orientarse hacia la eficacia. Es vital que las normas básicas de respeto y cooperación entre personas, y el conocimiento de herramientas digitales que les permitan coordinarse a distancia, estén aceptadas y funcionando cuanto antes para poder aprovechar tiempo y esfuerzo para orientar todo el trabajo hacia los objetivos adecuados.

Operativamente comenzaríamos analizando aspectos relacionados con marketing, cuando vamos a orientar toda la acción del negocio, medios humanos y materiales, a cubrir necesidades de los clientes, presentes o futuras. La razón es que queremos insistir en que la acción empresarial es **integral**, es un todo, un conjunto en el que, aunque el centro y el eje sea el cliente, todas las partes de la organización son necesarias. Quizás es obvia y evidente la importancia del marketing en las empresas, pero no tanta la relevancia fundamental en los aspectos estratégicos y tácticos: el sistema de fijación de objetivos y la metodología para alcanzarlos, en un sistema de trabajo creativo y de alto rendimiento.

La conjunción de eficacia en la utilización del talento y en el uso de los medios tecnológicos será esencial para alcanzar los objetivos de la organización, si éstos están bien definidos. De alguna forma, el método consiste en conjuntar medios humanos y tecnológicos para crear y desarrollar procesos **inteligentes** y ágiles de gestión, que contemplen el riesgo y el error como parte del aprendizaje, minimizando inversiones, y obteniendo el máximo rendimiento posible mediante la solución de problemas o satisfacción de necesidades de clientes dispuestos a pagar por lo que le ofrecemos.

Todos los equipos deben estar orientados hacia la obtención de resultados, para conseguirlos debemos de tener siempre presente al cliente potencial, de alguna manera todas las personas en la empresa deben ser vendedores, y también todos los equipos deben de estar entrenados en la localización de desperdicios y su eliminación. La orientación a la reducción de costes exige analizar la transformación de los costes fijos en variables, y en este sentido la subcontratación, las soluciones "**interim**" serán fundamentales para conseguir talento y valor añadido al coste preciso y por el tiempo necesario.

Otro concepto del método es la creación de una cultura de la **innovación**, ello exige una organización fluida, con sistemas de comunicación adecuados, autonomía y responsabilidad en los equipos, recursos ciertos y predefinidos de financiación y participación en los resultados, que motive a las personas a utilizar su imaginación y participar en los planes de mejora. Cambiaremos el trabajo por tiempo por trabajo por objetivos. La creatividad y la diferenciación serán esenciales para la competitividad.

Desaprender

> *"Desaprender lo sabido es ahora mucho más importante que aprender cosas".*

Eduardo Punset

Las personas y organizaciones desarrollan con el tiempo, con su experiencia, unas rutinas, hábitos, procedimientos o know-how para adaptarse a las necesidades de su entorno. En un momento en el que se produce una transformación exponencial, la velocidad del cambio que requiere la adaptación exige un cambio de mentalidad, el cuestionarse el cómo se están haciendo las cosas, en todos los ámbitos.

*Nos toparemos con el concepto de **"zona de confort"**, un estado mental en el que un individuo permanece pasivo ante los sucesos que experimenta en su vida, desarrollando una rutina sin sobresaltos ni riesgos, pero también sin incentivos. Es un área o situación en donde el individuo se siente seguro, en donde no existen incertidumbres.*

Ante unos cambios inesperados y rápidos, buscamos explicación en nuestros esquemas mentales tradicionales, y no va a importar si conseguimos explicarlos o no, el problema es la adaptación real a esos cambios para la supervivencia.

Un hábito se repite en la rutina de una persona, es automático (tiende a ejecutarse inconscientemente) y se repite regularmente. Una acción repetida varias veces, crea una ruta entre neuronas, no precisará motivación ni fuerza de voluntad. Se vuelve mucho más fácil y eficiente para el cerebro ejecutar una acción repetida en el pasado que empezar una nueva.

Es difícil adoptar un nuevo hábito y es fácil caer en viejos hábitos. Pero existen hábitos "saludables" (en un individuo, la mejora de la salud, por ejemplo) y otros que no lo son (por ejemplo, en una persona, fumar, beber alcohol, demasiado tiempo con el móvil, sedentarismo).

Lo que hace difícil dejar la zona de confort y cambiar nuestra vida son los miedos, principalmente lo que llamamos **resistencia al cambio** y resulta siempre de una mezcla de pereza y apatía. Otro freno importante a la innovación es el miedo al **fracaso**. Pero un miedo muy importante que frena la toma de decisiones es el miedo "al que dirán" o a "hacer el **ridículo**". Sin la superación de estas resistencias o miedos, posiblemente, estaremos condenando a la ruina a nuestra organización.

En una empresa tenemos que revisar los hábitos de los equipos, de arriba abajo, y cambiar los hábitos que no son saludables, o que no van a serlo muy pronto, por otros saludables. De ahí el concepto de "desaprender".

Por ejemplo, podemos identificar hábitos no saludables en el proceso de toma de decisiones, en el sometimiento a un organigrama jerárquico, el asumir que la empresa precisa una estructura rígida, un proceso de acción comercial basado en visitas personales largas y costosas, un sistema de diseño basado en la intuición de los técnicos y no en las tendencias de mercado, un sistema de relaciones laborales basado en el presentismo y no en la eficacia de los resultados, etc.

Incorporar hábitos saludables es recurrir a la subcontratación de proyectos y evaluar los resultados, dividir la empresa en equipos que se responsabilizan de ejecutar acciones para conseguir objetivos determinados, establecer mediciones de cumplimiento de esos objetivos, comenzar a interactuar con el cliente para conocer su experiencia con productos y servicios, ampliar el uso de herramientas tecnológicas, etc.

Desaprender no es olvidar lo aprendido, sino evitar ser dependiente de rutinas que no se cuestionan. La famosa frase **"es que siempre se hizo así"** es una fuente de ineficiencias y despilfarro enorme, y un gran freno para la innovación en las organizaciones.

En definitiva, las mayores barreras a la innovación son el miedo al "qué dirán", al fracaso, al cambio, y las costumbres o rutinas aprendidas.

El interim manager y otros nuevos conceptos

En la gestión de la transformación digital, cada vez tendrán más importancia conceptos como outsourcing, sistemas lean, propuesta de valor, producto mínimo viable, productividad, estructuras horizontales, autogestión, "omnicanal", "blockchain", "big data", internet de las cosas, flexibilidad, dinamización de equipos, marketing "inbound", "lean", "kaizen", desperdicios, "fintech", etc.

A lo largo del manual iremos desgranando estos conceptos, pero queremos hacer una referencia especial a la incorporación de la figura del interim manager a las empresas como herramienta dinamizadora de la transformación digital.

Un interim manager (IM) es un profesional con amplia experiencia directiva (al menos diez años), y que trabaja en proyectos delimitados, por un plazo de tiempo definido, y orientado a resultados. Hay interim managers especializados en diferentes áreas y sectores, con lo que son herramientas muy útiles para las empresas para la gestión de la evolución, para el lanzamiento de nuevos departamentos, productos, para abordar nuevos mercados, para situaciones de crisis, para refinanciaciones, para acelerar una startup, para la sustitución de un directivo (por baja, jubilación o relevo) o para pilotar una sucesión en la empresa familiar. Y su papel en las empresas y organizaciones cada vez será más importante.

Un interim manager aporta flexibilidad, objetividad, capacidad para tomar decisiones de forma rápida, y experiencias que enriquecen de forma rápida a las empresas y organizaciones que los contratan, con un ratio coste/resultados excelente.

La figura del IM está muy extendida en los países anglosajones (en el Reino Unido hay más de 10.000 profesionales en activo), y se está implantando con fuerza en los países del sur de Europa. Un interim puede ser determinante en la implantación de una estrategia ágil y eficiente en las empresas, y enfocarla hacia el aprovechamiento de inversiones, ahorro de costes y obtención de beneficios.

El IM ofrece **BPaaS**. "Business Process as a Service" o **MaaS**, "Management as a Service". Procesos de negocio, o management como servicio. Los interim managers somos un puente ideal para la transformación digital, manteniendo visión, misión, valores y procesos clave de la organización, pero orientando ésta con rapidez hacia el nuevo escenario que surge de la revolución digital.

Si recordamos cuando escuchamos por primera vez los servicios de software alejados en "la nube" (cloud computing), iniciado en 2006, nos producía miedo acogernos a ellos por desconocimiento. En 2019, la compañía Oracle experimenta una desventaja competitiva frente a Apple o Microsoft por no apostar a tiempo suficientemente por este servicio, ya que nadie duda de que, en un futuro inmediato, la mayor parte de programas y aplicaciones más importantes no estarán descargados físicamente en nuestros ordenadores o móviles.

Algo parecido podemos decir del BPaaS. Los procesos de negocio como servicio demuestran mucha más seguridad, rentabilidad y eficiencia que la contratación de talento por horas, en múltiples aplicaciones de negocio y en otro tipo de organizaciones no empresariales. Su utilización es todavía incipiente en muchos países, pero es una herramienta muy eficaz en auge en las economías más competitivas. "Es a los negocios lo que Spotify es para la música"[6].

La gestión como arte

Este manual es, en alguna medida, aparentemente contradictorio. Porque uno de los principios que pretendemos exponer en él es que la gestión ya no se puede dirigir por un manual. El "management" es, como en el arte, un proceso basado en la técnica, pero en donde la diferenciación, la "genialidad", va a ser reconocido por los dos elementos clave: los clientes (el segmento de clientes) y por los inversores; pero en un entorno dinámico y en una acción dinámica de permanente innovación y adaptación. Sería algo así como una rueda que va aumentando de tamaño a medida que avanza, y cuya velocidad también aumenta progresivamente.

El proceso de gestión es un círculo de retroalimentación, la rueda que comienza en un prototipo, se experimenta con él, se aprende, con ese aprendizaje se crea un producto mínimo viable, se vuelve a experimentar, se mide y aprende, seguimos girando y retroalimentando y perfeccionamos el producto. De este círculo

---

[6] Expresión utilizada por Rodrigo García Dopico, interim manager especializado en ventas.

generamos otro, el del modelo de negocio, que también entra en un bucle de hipótesis, experimentación, conclusiones y formulación de nueva hipótesis. Estas ruedas deben de adquirir velocidad para poder generar modelos de negocio rentables.

El "management" es un proceso circular y dinámico, que debe acelerarse, en donde la capacidad de generar valor diferencial, y distinguir los datos reales de los aparentes (o engañosos) para obtener información, serán claves en el proceso de generar un modelo de negocio rentable.

Este proceso requiere un cambio en los paradigmas de actuación convencionales de las personas, y especialmente de los directivos. Los profesionales perfeccionistas son muy reacios a sacar al mercado una propuesta (producto o servicio) que no esté muy perfeccionada y testada. Pero es más eficaz lanzar cuanto antes un producto no excesivamente detallado (eso sí, tiene que ser "mínimamente viable"), y que sea el propio mercado el que emita la información de verdadero valor para adaptar ese primer producto mínimo viable a las verdaderas demandas del segmento de cliente que realmente lo va a adquirir.

Vigencia de un método de gestión

El método de gestión interna es variable y circular. En gran medida marca pautas y procedimientos, pero la aplicación en cada tipo de empresa, en función de su tamaño, grado de evolución, subsector, situación accionarial, situación financiera, situación de los equipos y otros factores requerirán una adaptación específica.

No obstante, muchos de los sistemas de trabajo son aplicables a la mayoría de PYMES, y son un buen punto de partida para la evaluación de la posición de una empresa en cada momento, para la obtención de información para tomar decisiones, pautas para tomar esas decisiones, para ejecutarlas, medir, corregir y reformular hipótesis.

Por ese dinamismo propio del sistema, este método debe ser actualizado periódicamente, y reformularse con nuevos datos acerca de la evolución tecnológica y su impacto en la sociedad, en los clientes potenciales, y también recogiendo modificaciones legislativas o normativas que afecten a los negocios. La primera redacción de este manual finalizó el 31 de diciembre de 2018. La versión 2.0 se finalizó el 30 de junio de 2019.

Primera parte

Analizar

Parte 1 – Analizar

Saber lo que tenemos, y en dónde nos movemos

La rentabilidad, la calidad-eficiencia, el conocimiento, la pasión, la diferenciación y el trabajo en equipo son fundamentales para alcanzar el éxito en un proyecto empresarial. Son condiciones necesarias, por lo que debemos valorar hasta qué punto disponemos de estos elementos, o si podemos adquirirlos en un plazo de tiempo razonable.

*¿Empresa o negocio? En el manual utilizaremos los dos conceptos, a veces usados como sinónimos, pero otras veces no. ¿Por qué usamos estos dos términos? Sin entrar en consideraciones científicas ni analizar las múltiples definiciones que puedan tener los dos términos, básicamente entendemos por empresa una organización con fines lucrativos, visibles en el mercado a través de productos o servicios, en base a un sistema de trabajo. Un negocio sería un método de obtener dinero a cambio de productos o servicios. Es decir, un negocio puede conseguir beneficios, lo mismo que una empresa, pero **sin ser precisa una organización**, sino sólo a través de un método, de una cadena de procedimientos o una mera intermediación.*

Cada vez es más frecuente que veamos como hay muchos negocios que no poseen detrás una organización empresarial, o su estructura es extremadamente básica. Numerosas transacciones inmobiliarias, financieras, operaciones especulativas, fichajes deportivos, intermediaciones comerciales, u otros numerosos "negocios" se realizan en base a contactos, influencias, o a través de un método de trabajo. Esta tendencia irá a más con el desarrollo de tecnologías ya en marcha, los sistemas de cadenas de bloques "blockchain" u otras tecnologías nos permitirán realizar transacciones y generar negocios sin estructuras.

¿Estamos en una startup, en una empresa estable o en una empresa en crisis?

Una de las clasificaciones básicas de las que partiremos será del conocimiento de la situación de la empresa en relación a su "madurez" en el negocio. Es uno de los aspectos que más van a condicionar el estilo de gestión, y la forma de aplicar la metodología.

Una "startup" es una empresa de inminente o reciente creación, un negocio nuevo, que todavía no está generando beneficios. Sería como ese niño que no puede valerse por sí mismo, aún no es autónomo. Un negocio en funcionamiento es aquel que ya tiene unos años de trayectoria de beneficios (es como una persona "adulta", autónoma, y que se vale bien por si misma). Una empresa en crisis es aquella que ha entrado en una trayectoria de pérdidas, por factores externos o internos, y que debe de ser reconducida hacia la rentabilidad, o bien a su liquidación.

Cualquiera que sea la etapa en la que se encuentra la empresa, o el negocio, existe una estrategia de trabajo a su medida. Pero no es lo mismo abordar una actividad tradicional, en un mercado maduro, que un proyecto nuevo (sea en "startup" o en una nueva división de la compañía) que aborda una novedad o una propuesta de valor diferenciada, y que se tiene que desarrollar en un entorno de alta incertidumbre con el riesgo que conlleva. Una empresa que aparentemente funcione bien, puede estar escondiendo dentro problemas de "no retorno".

Cómo abordar la creación y aceleración de una startup

En este libro nos basamos bastante en la gestión de startups, aplicadas a todos los estadios de desarrollo de empresas, ya que este tipo de gestión está relacionado con lo que se denomina transformación digital, o la adaptación de empresas y negocios a los rápidos cambios que está experimentando la sociedad debido al desarrollo de las tecnologías y nuevos hábitos derivados de este desarrollo.

Las estrategias basadas en "lean startup" sirven para nuevos proyectos en empresas consolidadas, o para guiar la "transformación digital" en las compañías "clásicas", aunque estén en un funcionamiento. También para el lanzamiento de nuevos productos, o para abordar nuevos mercados. En este sentido, para muchas PYMES, la internacionalización es el reto que deben de afrontar para rentabilizar su know-how y sus estructuras.

El reto en las empresas "clásicas": la transformación digital.

Muchas compañías y empresarios siguen unos esquemas de valoración del desempeño que ya no sirven para evaluar a las empresas. Nos encontramos por todos lados negocios que están atrapados en una estrategia de gestión que funcionó durante mucho tiempo, que hoy aparentemente sigue funcionando, pero que está basada en indicadores que ya no sirven para tomar decisiones.

Imaginemos, por ejemplo, una empresa de venta de software informático, que ha conseguido crecimientos sostenidos en ventas medios de un 15% en los últimos diez años (en gran medida debido a aprovechar clientes de competidores que no han podido aguantar y han cerrado), y que su beneficio medio ha crecido un 7% en ese período. Podríamos pensar que esa empresa va bien, y más aun considerando la crisis general que se ha soportado. Pero si analizamos los crecimientos de venta online en el sector, que los incrementos de ventas no se corresponden con incrementos en beneficio, y que la tendencia de la venta retail de software es decreciente y la del online es creciente, tenemos que la empresa va a tener importantes problemas de supervivencia a corto plazo.

Una empresa no puede ya evaluar su desempeño en la cifra de beneficio o pérdida anual, en el cash-flow, en el cumplimiento presupuestario, o en la tasa de retorno de la inversión. Tampoco sirve que haya conseguido unos resultados mucho mejores que sus competidores tradicionales. Hoy en día, la competencia no está sólo en nuestro propio sector. El cambio de paradigma es tan profundo que una propuesta de valor, que siempre ha funcionado, puede quebrarse para siempre en un solo instante. Y tenemos que estar preparados.

Supongamos que una empresa española exporta la mayor parte de sus productos o servicios al Reino Unido. Las consecuencias del Brexit, imprevisibles en el momento de redactar este libro, pueden abocar al cierre inmediato de la compañía.

Otro posible caso, el de una empresa que produce un alimento, que de repente, es considerado perjudicial para la salud por una autoridad sanitaria en cualquier país, y la noticia se hace viral rápidamente, generando desconfianza sobre el producto. Algo que pasó en su momento con el fenómeno "vacas locas" o ahora con el parásito anisakis en el pescado. Una mala noticia, real o infundada, extendida con rapidez, puede dar al traste con una empresa consolidada en cualquier momento.

Desgraciadamente, estamos viendo con demasiada frecuencia cómo negocios bien consolidados se ven abocados al cierre inmediato por falta de previsión, por creerse que los "indicadores tradicionales" reflejaban adecuadamente la salud de la empresa. También es verdad que vemos que muchos negocios continúan generando resultados sin una gestión adecuada y sin adaptarse a la nueva era digital.

¿Es posible que una empresa pueda salir de una situación de crisis? ¿Cómo?

Una empresa está en crisis cuando lleva varios ejercicios de pérdidas, y no disminuye esa tendencia, o no hay razones reales para pensar que vaya a cambiar esa dinámica a corto plazo. Dentro de una empresa en crisis hay varios estadios. Si la empresa en crisis dispone todavía de recursos que le permita cumplir sus obligaciones de pago, estamos en una primera fase. La segunda sería cuando la empresa comienza a tener dificultades de tesorería, pero va solucionando estos problemas con endeudamiento. La tercera fase es cuando ya existen impagos, fondos propios insuficientes, situaciones en las que sea necesario u obligatorio la ampliación de capital o la solicitud de concurso de acreedores. Cada fase tendrá su estrategia y su metodología.

Una empresa puede salir de una situación de crisis, aunque si se encuentra en su tercera fase existirán importantes dificultades para conseguirlo. La primera clave estará en la **definición del coste de la continuidad, en relación al coste de la liquidación**, valorando los riesgos de las dos decisiones. En todo caso, aunque la empresa no pueda continuar, también en este caso es conveniente definir un plan de actuación para evitar pérdidas e inconvenientes innecesarios para los diferentes "grupos de interés" (accionistas, directivos, acreedores, proveedores, trabajadores, clientes y sociedad en general). Si la respuesta a esa pregunta es un sí, merece la pena la continuidad, deberemos conseguir generar un **plan de viabilidad** consensuado por los agentes que puedan crear valor, y un **director o equipo responsable de ejecución** que genere credibilidad, que será responsable de la dirección del negocio hacia la consecución de los objetivos, a través de los hitos e indicadores que se marquen para la evaluación del desempeño.

El esquema expuesto aquí es un primer paso. La metodología de trabajo en las empresas en crisis requiere es especializada y compleja, requiere habilidades y recursos especiales, merecedores de un tratamiento específico. Tampoco es un manual dirigido específicamente a startups, las cuales también requieren de una metodología y especificaciones propias. Es un documento base de gestión, de "management" aplicable a todos los casos, empresas pequeñas y medianas, y con independencia de su fase de desarrollo, mediante principios de actuación aplicables a la mayoría de organizaciones.

Pretendemos acercar técnicas usadas por las grandes corporaciones a las PYMES, en particular a las PYMES españolas, y que sirva de documento de base para una gestión eficiente, orientada a resultados, y a la supervivencia del negocio.

El test de posicionamiento

Cuando se aborda el análisis de un negocio, por ejemplo, mediante la integración de un interim manager para gestionar el cambio, es preciso realizar un **análisis rápido** de la situación y valorar su adaptación. No es fácil extraer conclusiones en poco tiempo, ya que cada empresa y sector precisa de un conocimiento que no es fácil de adquirir, por lo que este análisis precisa del apoyo decidido de los órganos directivos, y de que los equipos faciliten información real, clara y concreta.

Al final de la segunda parte, una vez tratados los aspectos a tener en cuenta sobre las áreas de gestión, indicamos el método de trabajo para detectar, de la forma más rápida posible, la posición de la empresa y establecer las prioridades de trabajo.

ANALIZAR - 1. Inicio.

Haremos un análisis por partes, para entender la situación del negocio contemplando todos los ámbitos del management y las funciones a desempeñar en cada ámbito. Todos los aspectos se interrelacionan: la eficiencia no se consigue con el buen funcionamiento de las partes, sino precisamente en la coordinación, en la integración, en la sintonía de ámbitos y funciones en la dirección única del logro de los objetivos.

Ámbitos del management

Desarrollaremos los aspectos más importantes a tener en cuenta en la gestión.

*Comenzamos por la **estrategia** (planificación estratégica, definición de objetivos, planes operativos, planes periódicos y presupuestos, y control de gestión con hitos e indicadores kpi);*

*Seguimos con la **estructura** organizacional; en donde analizaremos diferentes casos en los que la estructura tiene mayor o menor importancia.*

*A continuación, tratamos los aspectos que se relacionan con **administración**, con especial atención a los procedimientos (incluyendo los de control de gestión y de retroalimentación de la información).*

*Dedicaremos un capítulo a **finanzas** corporativas: claves a tener en cuenta en la financiación de las empresas, tanto en nuevos negocios (startups) como en los casos en que es necesaria una reestructuración financiera o una refinanciación.*

*En la parte relativa al **marketing**, trataremos cuestiones importantes para diseñar la estrategia comercial de la organización, desde la planificación, la comunicación con producción, indicadores, parándonos en todas las áreas del "marketing-mix".*

*Pasaremos a la parte de **producción** y **operaciones**, tratando principalmente productividad y calidad, dentro del circuito de retroalimentación de la empresa para la mejora continua.*

*En desarrollo de **personas y equipos**, apuntaremos conceptos y procesos relativos a selección, formación, motivación, retribución y promoción, y acciones orientadas a la eficiencia de los equipos. También hablaremos de aspectos importantes a tener en cuenta como las responsabilidades o normativa a tener en cuenta.*

*Trataremos otros aspectos importantes, como la **responsabilidad social corporativa**, la o la **gestión patrimonial** en las empresas.*

Las 7 funciones del management:

Las siete funciones del management son: dirigir, organizar, asignar recursos, controlar, planificar, activar y animar.

La dirección puede recaer en una persona o en un equipo directivo, la situación idónea dependerá de la fase de desarrollo de la empresa, pero en todo caso, una buena gestión trabajará con estas funciones, en todas las áreas de trabajo de la empresa: estrategia, estructura, administración, finanzas, producción, operaciones, marketing, desarrollo de personas y equipos. También añadiremos como acciones transversales la responsabilidad social corporativa, y transformación digital.

FUNCIONES DEL MANAGER

PLANIFICAR

ASIGNAR RECURSOS

DIRIGIR

ORGANIZAR

CONTROLAR

ACTIVAR

ANIMAR

*Como veremos en el punto siguiente, los equipos directivos deberían tener unas determinadas **cualidades, experiencia** y **conocimientos** adecuados para cumplir sus funciones de una forma adecuada. Pero un directivo estancado en modelos o esquemas rígidos, no puede liderar una organización a los nuevos retos que impone la transformación del escenario.*

Bajo la palabra "liderazgo" normalmente se engloban las funciones y las técnicas directivas para actuar sobre los ámbitos del management. El liderazgo engloba las habilidades gerenciales o directivas para influir en la forma de ser o actuar de las personas o en un grupo de trabajo, haciendo que trabaje con entusiasmo hacia el logro de sus metas y objetivos.

El liderazgo en las empresas puede ser un método, el management es un sistema de trabajo de gestión, que no debe recaer en una única persona, sino en un equipo.

Técnicas básicas del management

¿Qué cualidades o conocimientos más importantes debe tener un empresario, el equipo directivo de una empresa, un director o un gerente?

En la etapa de transformación digital en la que nos encontramos, hay habilidades esenciales que debe de tener y promover un equipo de liderazgo. Señalaremos como esenciales la **productividad y gestión del tiempo**, la capacidad de **comunicación**, la capacidad de **negociación** (incluyendo conocimientos y habilidades "psicológicas" para motivar y gestionar a personas y equipos), conocimientos de **marketing** (productos, precio y margen, lugar de ventas y logística, promoción comercial, gestión de equipos comerciales), conocimientos de **gestión financiera**, herramientas **tecnológicas**, **gestión empresarial** o conocimiento del **mercado**.

En la gestión empresarial tenemos que tener siempre presente que la base, en prácticamente todas las empresas, es **marketing** (que nuestra propuesta de valor se compre en el mercado), la **estrategia** (objetivos, planes control) y su **ejecución** (gestión). A partir de ahí montaremos toda la dinámica de gestión empresarial.

Debemos de conocer las capacidades y talento de nuestra organización, si no es suficiente debemos de conseguirlo. Y una vez que se disponga, se debe de trabajar en organización, administración, productividad, finanzas y otros aspectos.

Oprah Winfrey, nacida de madre soltera y pobre, víctima de abuso sexual y violación en su adolescencia, comenzó trabajando en radio mientras estudiaba, cubriendo noticias locales a los 19 años. Su entrega espontánea y emocional le consiguió abrir puertas, desde un programa de entrevistas local de Chicago. Fué varias veces ganadora del Premio Emmy por su programa "The Oprah Winfrey Show", el programa de entrevistas más visto en la historia de la televisión. También es crítica de libros, actriz (nominada a un premio Oscar), editora. Fue la persona afroamericana más rica del siglo XX (con una fortuna de más de 1.000 millones de dólares durante 3 años consecutivos). También se le nombró la mujer más poderosa del año 2005 (revista Forbes), la mujer más influyente de su generación (revista Life) y una de las cuatro personas que han dado forma al siglo XX y al inicio del siglo XXI (revista Time).

En 2011, el club de fútbol Atlético de Madrid ficha como entrenador a **Diego Simeone***, después de los malos resultados del equipo. En 2012, el club obtuvo la copa de la UEFA Europa League ante el Athletic Club, terminó la Liga en quinta posición y la Supercopa de Europa. En la Liga 2012-13 gana la Copa del Rey venciendo al Real Madrid (al que no ganaba desde hacía 14 años en partidos oficiales). En la temporada 2013-14 queda segundo en la Supercopa de España (frente al FC Barcelona, tras empatar los dos partidos). En la Champions League, elimina al AC Milan (7 veces campeón de la competición) y al FC Barcelona y al Chelsea (4 veces y 1 vez campeones del torneo, respectivamente), llegando a la final después de cuarenta años. Esa temporada el Atlético de Madrid gana la Liga, y queda segundo en la Champions (perdiendo la final en la prórroga ante el Real Madrid). En 2014-15 conquista la Supercopa ante el Real Madrid, y pasa a la historia del club con un 64,1% de victorias en 156 partidos. En 2016 el equipo es el menos goleado de la historia de la Liga española. Accede de nuevo a una final de la Champions superando al FC Barcelona, al Bayern de Múnich, y alcanzando el subcampeonato detrás del Real Madrid. En 2018 el equipo gana la Europa League ante el Olympique de Marsella y campeón de la Supercopa de Europa. A estos datos, es importante señalar que los presupuestos de equipos como Manchester, Real Madrid o FC Barcelona duplicaban (temporada 2016-2017) al del Atlético de Madrid.*

Es indudable que hay personas que nacen con talentos especiales para el liderazgo, pero nosotros creemos que el talento directivo en las empresas no debe depender tanto de un líder natural (que sí puede tener un papel fundamental en el emprendimiento de un negocio), sino en la creación de equipos de liderazgo especializados y eficientes, adaptados al tamaño de la organización en cada momento, y **formados** y **entrenados** en técnicas para dirigir y gestionar el talento hacia el desarrollo y éxito en la consecución de los objetivos. El vincular el éxito de un negocio a una única persona, es un error.

En las PYMES, o en cualquier fase inicial de la empresa, normalmente hay una figura personal, el empresario, que condiciona en gran medida la visión, misión y valores de la compañía. Su personalidad puede influir positiva o negativamente en la evolución del negocio (o bien influye de las dos formas simultáneamente).

Uno de los primeros retos de las primeras fases de las empresas, es la superación de la etapa de "supervivencia", marcada por la **dirección** de un único líder, a la etapa de "éxito", marcada por la **delegación**.

ESTILO	CARACTERÍSTICAS	COMENTARIOS
COERCITIVO	Estilo rígido, jerárquico, basado en órdenes. Es crítico con el mal desempeño, poco con el bueno.	No es efectivo, no genera buen ambiente de trabajo, no potencia el talento.
AFILIATIVO	Estilo "paternalista". Premia aciertos pero no penaliza fallos. La selección del equipo no se hace en base a la eficacia, sino a la confianza.	No es efectivo. El equipo no es suficientemente eficiente ni tiene medios adecuados de coordinación. Puede albergar a elementos tóxicos.
ORIENTATIVO	Busca la colaboración. Premia aciertos y penaliza fallos	Requiere líder experto y motivador. En teoría es un estilo bastante equilibrado.
PARTICIPATIVO	Basado en la confianza. Premia el buen desempeño. No penaliza mucho el malo.	Requiere equipo muy competente. No es el más efectivo por la lentitud en toma de decisiones.
IMITATIVO	Ejemplo. Objetivos elevados, y se toman estándares de rapidez y capacidad.	No delega. Los problemas los resuelve el líder. No se aprovecha bien el talento del equipo y limita el desarrollo de las personas.
CAPACITADOR	Capacita. Ayuda a los miembros equipo a conocer sus fortalezas y debilidades. Ofrece autonomía al equipo.	Eficaz con trabajadores ambiciosos y motivados. Es un estilo que puede ofrecer buenos resultados.

¿Empresario o gestor? Es frecuente que en las empresas de éxito aparezcan diferenciadas estas dos figuras. Una de ellas sería el desarrollador de una idea, a la que consigue dar viabilidad comercial y empresarial. El segundo sería aquel que consigue escalar el modelo de negocio, rentabilizar la idea, crear y mantener una organización eficiente.

En numerosísimas pymes, el proyecto nace de una única persona, que hace algo muy bien, o diferente, o que consigue un mercado en el que no hay competencia, y va creciendo en ventas y trabajo. Comienza creando una mínima estructura, contratando personal, y continúa el crecimiento. Uno de los problemas que nos encontramos con más frecuencia es que el empresario es trabajador, productor, y dedica más recursos personales a estas tareas productivas que a las directivas, con lo que su equipo u organización no rinde suficientemente, e incluso puede entrar en riesgos elevados por falta de estrategia y dirección.

Hasta la época actual, muchas compañías estuvieron basadas en la personalidad de su líder, y esta característica era la base de su estabilidad, crecimiento y desarrollo. Sin embargo, a medida en que las empresas crecen, es más necesaria la diversificación organizativa, la dirección de la empresa eficaz debería ser tarea de un equipo complementario.

Los esquemas sobre los estilos directivos no sirven para una empresa de éxito, para una empresa organizada. Las empresas deben ser organizaciones abiertas, dinámicas, que recogen las influencias del entorno y van adaptando su estrategia (objetivos) y su ejecución a la adaptación a ese entorno. Son empresas evolutivas, y su dirección también debe ser evolutiva.

La dirección debe ser una coordinación de equipos eficientes y responsables, y la toma de decisiones debe basarse en datos objetivos, que se compilan en un sistema de gestión de datos eficiente y fiable.

*Muchas personas que conocen el fenómeno del rápido crecimiento y consolidación de la empresa multinacional **Inditex**, describen como un factor esencial de su éxito la capacidad de Amancio Ortega de rodearse de buenos gestores y saber delegar.*

El grupo abrió su primera tienda Zara en 1975, y en 2018 está presente en 202 mercados (en su plataforma online), y dispone de más de 7.000 tiendas en 96 mercados, con unas ventas de 26.145 millones de euros (en 2007 facturaba 9.400 millones), con un cash-flow de 4.378 millones de euros.

Durante veintiún años, desde 1984 hasta el año 2005, Jose María Castellano llegó a ser vicepresidente y consejero delegado de la compañía (desde 1997 a 2005), durante una etapa de fuerte expansión, en la que se definieron la mayoría de los principios diferenciadores y de éxito del modelo de negocio, y la gestión de la operación de salida a bolsa. Pablo Isla fue designado CEO y vicepresidente de Inditex en 2005, y presidente desde 2011, período en el que el grupo Inditex ha crecido de forma muy acelerada y con un fuerte aumento de valoración bursátil. Carlos Crespo es nombrado consejero delegado en 2019, acompañando a Pablo Isla, procedente de la dirección de auditoría interna. Hay muchos otros directivos relevantes en la historia y presente de la entidad.

Pero la delegación, o la diversificación directiva, no sería la única clave. La base es un modelo de negocio enfocado al cliente, para ofrecerle última moda con calidad y precio asequible.

a) ***Estructura** empresarial muy ligera en cada mercado.*
b) *Una estructura de **producto** única, pero a la vez ágil y flexible, con 65.000 nuevos diseños al año.*
c) *Elevada eficacia **logística**, con envíos a tienda al menos dos veces por semana, pero con una posición central de inventario sin centros de distribución por mercados.*
d) ***Diversificación** en ocho cadenas independientes (Zara, Bershka, Oshyo, Pull&Bear, Massimo Dutti, Stradivarius, Zara Home y Uterqüe), con tiendas atractivas en las mejores zonas comerciales, y la venta online global*
e) *Gran interacción con el **cliente**, con recopilación y envío constante de información para adaptar las colecciones.*
f) *Capacidad de fabricación en **lotes** cortos, y de realización de constantes experiencias de prueba-error.*

g) **Endeudamiento** extremadamente bajo (casi nulo).
h) Gestión excelente de los **saltos evolutivos**, destacando la gestión de su salida a bolsa y de gestión enfocada hacia accionistas y mercados.
i) Participación de los **trabajadores** en los resultados de las compañías, y otros beneficios sociales.
j) Humildad y **austeridad** en la imagen pública de sus directivos.

A estos factores, habría que sumar la apuesta en los últimos años por la **omnicanalidad** y la **responsabilidad social** corporativa. Alguna de las peculiaridades de Inditex es la no utilización de publicidad convencional, y apoyar su desarrollo en tiendas propias, sin ninguna red de franquicia.

A pesar de esta distribución de la responsabilidad en la administración y gestión, y de la existencia de procedimientos probados y eficientes, Amancio Ortega sigue ejerciendo un liderazgo en la organización del grupo, pero éste puede tomar sus decisiones mediante sus órganos de gobierno.

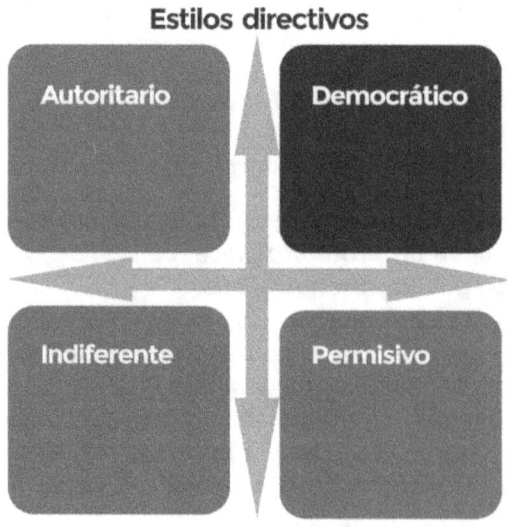

Estilos directivos

ANALIZAR – 2. Conocer nuestra capacidad de negocio.

Tipologías de empresa

Las estrategias y el modo de aplicar el método intema, variarán en función del tipo de empresa. Aunque haya principios generales que pueden ser aplicados en todas, o casi todas las compañías u organizaciones, la competitividad exige excelencia, y la excelencia sólo se consigue mediante la eficiencia de todos los ámbitos del management. Es imprescindible adaptar el método a cada caso particular.

Algunas de las clasificaciones más importantes, para posicionar la empresa, son:

Por tamaño, podemos hablar de microempresa (hasta 10 trabajadores y un volumen de negocio o balance que no supere los 2 millones de euros), PYME pequeña empresa (hasta 50 trabajadores, y volumen de negocio o balance no superior a 10 millones de euros), PYME mediana empresa (menos de 250 trabajadores y volumen de negocio que no supere los 50 millones de euros, o un balance que no supere los 43 millones de euros). Se considera gran empresa a la que supera los límites de la mediana empresa (más de 250 trabajadores, volumen de negocio superior a 50 millones de euros, o balance superior a 43 millones de euros).

Por grado de evolución o de crecimiento, una empresa puede estar en la fase de creatividad o startup, fase de dirección, fase de delegación, fase de coordinación y fase de colaboración. La veremos en detalle más adelante, porque creemos que esta clasificación es importante.

Por situación económico-financiera, una empresa puede ser solvente o no suficientemente solvente, estar en beneficios sostenidos, en situación de inestabilidad, en situación de pérdidas, o en situación de crisis. No es lo mismo que una empresa tenga un ejercicio pérdidas puntuales, en una cuantía limitada en relación a su patrimonio o resultados anteriores, por una situación inesperada de mercado o por una inversión fallida, a que sea una tendencia que pueda ser constante en el tiempo. El análisis financiero apoyado en ratios nos especificará con más detalle la situación económico-financiera de la compañía.

Por sector económico, *conviene determinar el sector (primario – agricultura y ganadería; secundario: industria, o terciario: servicios), y el "subsector" de actividad. Es importante precisar las áreas de los subsectores en los que va a operar, ya que cada uno de ellos define unas necesidades diferentes de estructura y estrategia general, financiera y de marketing.*

Por flexibilidad: *también nos parece importante valorar la flexibilidad de la empresa, el coste del cambio, marcada por la estructura fija y las reservas disponibles para afrontar reestructuraciones o reconversiones[7].*

Por área geográfica: *Una empresa puede ser local (su ámbito está en la localidad en la que tiene sede o instalaciones productivas, y en sus proximidades), puede ser "plurilocal", "regional", "pluriregional" (en varias regiones), "nacional" (mercado que coincide con un estado-nación), "plurinacional", o "multinacional", dejando este último apelativo a empresas descentralizadas que tienen su mayor volumen de negocio en países diferentes al de su sede de fundación.*

Debemos de posicionar la empresa en función de estas clasificaciones, ya que cada uno de los factores anteriores condicionará nuestro MARKETING y NUESTRA ESTRATEGIA[8].

---

[7] El extremo opuesto sería una empresa extremadamente rígida: aquella que dispone de una estructura muy pesada, y cuyo coste de reconversión es tan alto que impide flexibilizarla. Por ejemplo, una empresa productiva con trabajadores con más de 30 años de antigüedad.

[8] No es lo mismo gestionar una startup local de servicios, que una empresa regional industrial de 50 años de antigüedad. No es lo mismo el marketing para una empresa del sector primario (por ejemplo, un barco de pesca) que otra del sector servicios (por ejemplo, servicios a empresas).

Las fases de crecimiento

Se trata de situar a la empresa dentro de las siguientes dimensiones: antigüedad, tamaño, fase de evolución, fase de revolución y tasa de crecimiento de su subsector.

Si consideramos que la empresa va creciendo a medida que pasa el tiempo, nos encontraremos con los siguientes estilos de gestión:

ETAPA 1. EXISTENCIA. Creatividad / crisis: liderazgo. Fundadores con orientación técnica y poca atención a la gestión. Toda la energía puesta en la creación del producto, servicio y venta. La crisis de esta etapa es de liderazgo, ya que es precisa la existencia de un líder para comenzar a gestionar. Puede ser un problema si el fundador o promotor no tiene potencialidad de liderazgo o no cede espacio a una persona más cualificada.

ETAPA 2. SUPERVIVENCIA. Dirección / crisis: autonomía. Si la empresa sobrevive a la primera revolución, se embarca en un período de crecimiento sostenido, construyendo una estructura organizativa: sistemas de control y contabilidad, presupuestos, incentivos, sistema de comunicación, formación… La crisis es de autonomía. La estructura se acaba haciendo demasiado centralizada y el líder no está dispuesto a delegar decisiones.

ETAPA 3. ÉXITO. Delegación / crisis: control. Si la empresa ha conseguido superar la crisis de autonomía, la siguiente fase es el funcionamiento de una estructura descentralizada, con mayores responsabilidades para directivos intermedios, y con directivos que dirigen, y no se entrometen en el trabajo diario. Requiere motivación y autonomía de mandos intermedios. La revolución de esta fase es el control. El esquema de delegación se pervierte en una falta de enfoque, y la dirección intenta recuperar el control para dar rumbo a la empresa.

ETAPA 4. DESPEGUE. Coordinación/ crisis: burocracia. La crisis de control se supera con la implementación de sistemas formales de coordinación (procedimientos): centros de trabajo, centros de beneficio, control financiero por proyectos, control por productos, etc. La crisis es el "red tape" – hilo rojo, o de burocracia. Se pierde el contacto entre unidades de trabajo, entre los directivos y los trabajadores operativos de primera línea. La burocracia de la empresa se hace excesiva.

ETAPA 5. MADUREZ DE RECURSOS. Colaboración. *Se basa en una colaboración interpersonal muy fuerte, para superar la crisis del "red tape". Se divide al equipo directivo en pequeños grupos operativos. Se refuerza el control social y la autodisciplina. Dirección de empresa más flexible, orientada a comportamientos, valores y resultados. De momento, la revolución de esta fase no está muy analizada (en ella entrarán Google, Amazon, Apple, etc.). Es posible que se acabe su modelo de negocio (Sony, Kodak)*

Cualquier empresa puede atascarse en una de estas etapas y tener una crisis. Esa crisis puede superarse o no, y puede llegar a que comprometa la continuidad del negocio, o bien, caso muy frecuente, que el negocio continúe muy por debajo de sus posibilidades.

Muchos economistas comparan el ciclo de vida de la empresa con el ciclo de vida de un producto, con las etapas de crecimiento, desarrollo, madurez y declive. No obstante, tenemos ejemplos de empresas veteranas que han conseguido adaptarse a los tiempos, y que han sobrevivido a diferentes revoluciones. Y por otra, también tenemos muchísimas empresas que no superan la etapa de crecimiento.

La cadena hotelera japonesa Hoshi Ryokan tiene 1289 años. Fue fundada por el constructor de templos japonés Kongo Gumi en el año 578, y sigue funcionando, aunque fue adquirida en 2006 por el grupo Takamatsu. Barovier & Toso producen cristal de Murano desde 1295. En España, Codorníu ya existía en 1551 (cuando la adquirió Jaume Codorníu) y ya suma cinco siglos de vida. Osborne ocupa el puesto 92º en el ranking mundial de empresas longevas, fundada en 1772 por Thomas Osborne Mann, propietario de una empresa exportadora en Cádiz. Hay muchas empresas consolidadas que tienen más de 100 años de antigüedad, en todo el mundo y en España (Arcos, Orbea, Siemens, American Express, Banco de Santander, Burberry,

Macy's, Duro Felguera, Bayer, Societé Générale, HSBC, Nokia, BASF, Goldman Sachs, Deutsche Bank, Mitsubishi, Kawasaki, Orange, Banco Sabadell, Marks & Spencer, Johnson & Johnson, Coca-cola, Yamaha, Allianz, Philips, etc.)

¿Cuál es el tamaño ideal de una empresa?

Cada tamaño presentará fortalezas y debilidades. Cada empresa tiene un tamaño eficiente en función de su evolución y del de su negocio. No obstante, las pequeñas empresas tienen mayores dificultades que las grandes para competir en mercados globalizados. Las grandes corporaciones tienen alto poder de compra e influencia, pueden incluso participar en cambios regulatorios que favorezcan su expansión, pueden recurrir a sistemas que les permita pagar menos impuestos, tienen mayor capacidad de inversión en I+D+i, pueden asumir mejor proyectos de riesgo, mayor rentabilidad en inversiones promocionales, etc.

El punto dulce. Denominamos "punto dulce" aquel en que la compañía tiene un equilibrio entre estructura y rentabilidad, que le permite un crecimiento sostenible anualmente, sin exigir inversiones por entrada en "fase de revolución[1]", que le permite un relevo periódico de plantilla de tal forma que incluye a tres generaciones con lo que aporta cada una de ellas, que permite mantener "know-how" y valores, a la vez que se adapta a los nuevos tiempos. En la economía digital, ya no es fácil que una empresa pueda aspirar a encontrar "el punto dulce". Muchas veces no tiene otra opción que aspirar a crecimientos en progresión aritmética, a costa de invertir y arriesgar en las primeras fases del negocio, ya que no es nada fácil irrumpir en mercados maduros dominados por empresas muy arraigadas, tanto en imagen de marca como en fidelización de canales comerciales. Las empresas con un modelo de negocio maduro ya no pueden tener como objetivo alcanzar el "punto dulce", sino proceder urgentemente a la diversificación o a una digitalización que les permita continuar en la vanguardia de su subsector de actividad.

Cómo conseguir el conocimiento interno

Para poder dirigir una orquesta, posiblemente no sea necesario saber tocar todos los instrumentos, pero sí que hay que conocer lo suficiente para poder pedir a la organización y sus miembros todo lo que pueden dar.

> **"La función del director es rodearse de los expertos, guiarlos, y unificar el trabajo de todos"**. Santiago Piñeirúa.

El conocimiento de la empresa, del negocio, debe ser lo más amplio y profundo posible. Tenemos que conocer todas las partes, la historia, los valores, los factores diferenciales, las personas promotoras y las sucesiones en la propiedad y la dirección, el estilo de cada uno, sus objetivos personales. De ahí pasamos a analizar los procesos, y, sobre todo, los porqués.

	Ámbitos	Grupos de interés
¿Qué se está haciendo?	Estrategia y objetivos	Accionistas / dueños
	Finanzas y administración	Equipo directivo
¿Cómo se está haciendo?	Producción y operaciones	Mandos intermedios
	Marketing - comercial	Trabajadores / colaboradores
¿Por qué se está haciendo?	Desarrollo personas y equipos	Proveedores / Entidades financieras
	Otros (patrimonial, RSC, etc.)	Clientes / distribuidores

Analizaremos el *qué*, el *cómo* y el *por qué* se está haciendo, en cada uno de los *ámbitos del management*: estrategia, estructura, administración, finanzas, producción, operaciones, marketing, desarrollo de personas, rsc; y *para cada uno de los grupos de interés*: accionistas o propietarios, directivos, mandos intermedios, trabajadores y colaboradores, proveedores y acreedores, clientes y público o sociedad en general.

Es vital el conocimiento profundo de una organización para poder dirigirla. Tenemos que conocer la opinión interna de la propia compañía, y tener clara su opinión sobre DAFO (debilidades-amenazas-fortalezas-oportunidades). También iremos detectando los objetivos, procesos, procedimientos y funciones que requieren corrección.

Evidentemente, todo este conocimiento debe canalizarse en un adecuado **sistema de prioridades**. Cuando abordamos la gestión de la empresa, debemos recordar ese principio que dice "lo perfecto es enemigo de lo bueno", el conseguir un conocimiento perfecto supondría una inversión de tiempo que no sería rentable. El marcar metas y objetivos, y el profundizar lo suficiente para funcionar de forma operativa, creando un circuito de mejora constante, será primordial para poder ser un gestor eficiente. Tenemos recursos limitados, y tenemos que sacar el máximo provecho de ellos.

Todo el conocimiento necesario debe estar en la empresa, y todas las personas deben tener un conocimiento mínimo, dentro de su cultura organizativa, de las acciones de la empresa y de cómo se busca el rendimiento, la generación de valor, a través del análisis y atención al cliente, por un lado, y de la eliminación de desperdicios por otro lado.

Pero no todos deben saberlo todo: **la especialización de trabajo y la distribución de tareas es esencial para la eficiencia**. El conocimiento interno debe de hacerse sistemáticamente con planes de formación, sistemas de comunicación interna, y la aplicación de herramientas de intercambio de conocimiento. Los objetivos de la organización son comunes, y todos los equipos deben de estar al tanto de la aportación de valor de los demás.

ANALIZAR – 3. Conocer el terreno.

Aunque lo que ahora vamos a contar se corresponde a marketing (y en el capítulo dedicado a este aspecto, seguiremos tratando con más detalle), el conocimiento del entorno es clave antes de abordar un nuevo proyecto empresarial, y tenemos que focalizarlo dentro del principio del trabajo de gestión – dirección – management.

En las fases iniciales de abordar la gestión de un negocio, o de cambiar la dirección para una fase superior, no sólo tenemos que partir de un buen conocimiento de la empresa, sino que es fundamental el conocimiento de su mercado, o dicho con más propiedad, ir detectando y conociendo los **segmentos de mercado de la empresa**, aquel en dónde ésta puede operar con una rentabilidad adecuada.

Proceso cíclico de conocimiento de la organización y su entorno

El proceso de conocimiento de la empresa y su segmento de mercado debe ser CICLICO, para obtener el mayor aprendizaje en el menor período de tiempo posible.

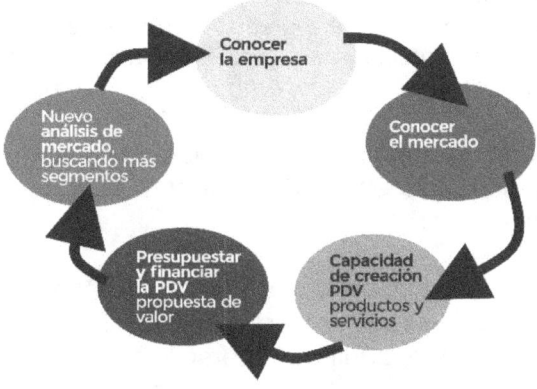

Los grupos de interés

Las empresas no siempre buscan beneficios. Es más, podríamos decir que hay empresas en que los propios directivos, accionistas o administradores, no tienen interés alguno en que la compañía genere resultados positivos, o incluso, en que tenga pérdidas. ¿En qué casos ocurre esto?

La empresa x, de una dimensión de unos 200 trabajadores, tenía varias sedes en distintas ubicaciones. En cada una de las sedes había una planta productiva, una delegación comercial, y otros departamentos. Esta empresa tuvo un momento de fuerte crecimiento en los años 90, consiguiendo un importante fondo de comercio, reconocimiento de marca y prestigio. En este momento, la estructura directiva estaba basada en un director general, y a partir de ahí, unos directores de planta que disponían de poderes ejecutivos en todas las áreas, y que contaban con una importante participación en el accionariado de la empresa. Con los años, el director general se embarcó en diferentes proyectos empresariales externos a la empresa x, y la empresa seguía obteniendo beneficios, aunque sus ventas y resultados comenzaron a reducirse. Finalmente, el director general falleció, y la empresa comenzó a ser co-gestionada por los dos directores de planta. La empresa comenzó a reducir ventas y beneficios, pero éstos no definieron una estrategia para cambiar esta tendencia, ya que sus propios intereses en cada planta (salarios consolidados no vinculados a resultados, vinculaciones con proveedores, relaciones personales con miembros del equipo, y control absoluto de ventas e ingresos en cada delegación), hacían que sus intereses particulares a preservar fuesen más importantes que los resultados generales del grupo.

Tenemos que identificar a todos los grupos de interés, y graduar su influencia en las decisiones o en los resultados de la compañía.

Estos grupos son: accionistas o propietarios de la empresa, el consejo de administración, administradores, equipo directivo, mandos intermedios, equipos y personas con relación laboral, colaboradores con relación estrecha, representantes sindicales, comités de empresa y sindicatos, clientes, proveedores, entidades financieras, administraciones públicas y sociedad en general.

En cada uno de estos grupos hay que conocer el grado de influencia, de cada persona o grupo de personas, en la **toma de decisiones** en la empresa. Esto es más importante de lo que parece, ya que, aunque aparentemente las decisiones las tome un equipo directivo o administrador, realmente suelen estar altamente condicionadas por los objetivos o intereses de las diferentes partes indicadas. Lo normal, es que la influencia mayor en las decisiones sea del equipo directivo y consejo de administración, pero no siempre en la misma medida.

También debemos de identificar el grado de influencia de cada grupo de interés en los resultados de la empresa, en la **generación de valor** y en otros factores relacionados, como es el prestigio, imagen de marca, posibilidades de desarrollo futuro, etc. Aquí, el análisis de clientes y consumidores es importante, los clientes pueden tener una gran influencia en los resultados futuros, pero también vamos a detectar a personas o equipos clave en la generación de valor desde el interior de la organización.

En esta identificación de las partes interesadas, es importante conocer con la mayor claridad posible los objetivos individuales de cada grupo y persona (no siempre son los mismos), el valor que aporta cada persona o equipo, así como la predisposición al cambio.

Es más frecuente de lo que imaginamos que haya grupos de presión internos o externos en la empresa que puedan tener intereses contrapuestos con los que serían los lógicos dentro de una organización. Por ejemplo, muchos directivos impiden la incorporación de talento nuevo en las compañías, porque lo consideran una amenaza a su posición. También es frecuente retener el conocimiento, impidiendo que la empresa aproveche todo su potencial. En bastantes casos, se da que hay accionistas con intereses personales no siempre compatibles con los de la organización, especialmente si también son proveedores o clientes de la empresa o desempeñan puestos ejecutivos o laborales, o lo hacen familiares, dentro de la organización.

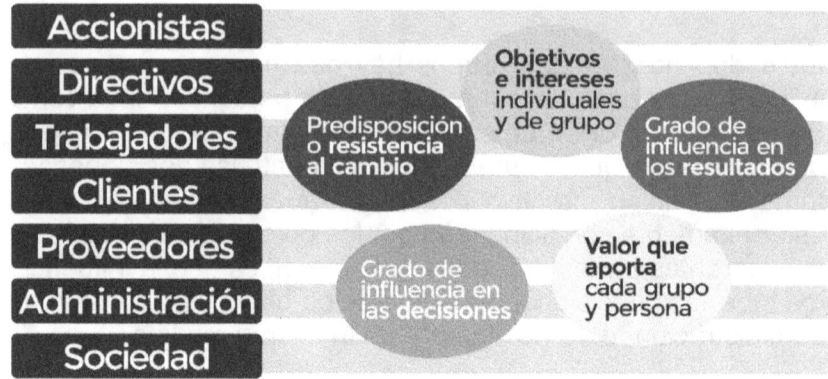

Accionistas
Directivos
Trabajadores
Clientes
Proveedores
Administración
Sociedad

Predisposición o resistencia al cambio

Objetivos e intereses individuales y de grupo

Grado de influencia en los resultados

Grado de influencia en las decisiones

Valor que aporta cada grupo y persona

Una de los mayores retos a superar en la gestión de pymes, y quizás más importante cuanto más pequeña es la organización, es entender y conciliar los intereses particulares de cada persona, contemplando el grupo en que podemos situarlo, con los intereses de la organización.

Tablas ejemplo para recopilar información de los grupos de interés:

GRUPO INTERÉS: ACCIONISTAS

Nombre	Equipo/ puesto	Interés individual	Influencia en decisiones	Valor que aporta	Influencia en resultados	Resistencia al cambio
Carmen Martínez	Accionista 2%	Rentabilidad capital invertido y reducir riesgos	Nivel 2	Nivel 2	Nivel 5	Nivel 6
Luis Gómez	Accionista 6%	Es socio de una empresa proveedora	Nivel 4	Nivel 0	Nivel 0	Nivel 5
Antonio Domínguez	Accionista 3%	Prestigio social, es político	Nivel 6	Nivel 3	Nivel 3	Nivel 8

GRUPO INTERÉS: DIRECTIVOS

Nombre	Equipo/ puesto	Interés individual	Influencia en decisiones	Valor que aporta	Influencia en resultados	Resistencia al cambio
María Pérez	Marketing - Directora	Conciliación vida personal Mayor % retribución variable	Nivel 9	Nivel 8	Nivel 6	Nivel 1
José Luis Álvarez	Producción - Director	Reconocimiento a su aportación de valor	Nivel 5	Nivel 8	Nivel 5	Nivel 6
Manuel González	Director general	Permanencia en su puesto y mejorar su retribución	Nivel 10	Nivel 7	Nivel 7	Nivel 9

GRUPO INTERÉS: EQUIPO 1 PRODUCCIÓN PLANTA A

Nombre	Equipo/puesto	Interés individual	Influencia en decisiones	Valor que aporta	Influencia en resultados	Resistencia al cambio
Andrés Martínez	Coordinador equipo	Desea que su hija se incorpore a la empresa	Nivel 2	Nivel 5	Nivel 5	Nivel 6
Luis Blanco	Técnico producción	Programar sus vacaciones y descansos con antelación	Nivel 5	Nivel 6	Nivel 3	Nivel 8
Marisa Gómez	Logística	Busca la continuidad de la empresa, está satisfecha	Nivel 1	Nivel 3	Nivel 6	Nivel 2

GRUPO INTERÉS: EQUIPO 3 COMERCIAL ZONA B

Nombre	Equipo/puesto	Interés individual	Influencia en decisiones	Valor que aporta	Influencia en resultados	Resistencia al cambio
Alejandra Valverde	Coordinador equipo	Menos viajes para conciliar vida profesional y personal	Nivel 3	Nivel 5	Nivel 5	Nivel 2
Ramiro López	Comercial	Ascender a coordinador de equipo	Nivel 4	Nivel 3	Nivel 3	Nivel 6
Marta Iglesias	Comercial	Contrato fijo y seguridad de permanencia	Nivel 1	Nivel 3	Nivel 4	Nivel 5

Mercado, subsector, competencia, tendencias

En el análisis de mercado clásico éstos son los factores que requieren un elevado conocimiento. Pero debemos de tener una precaución importante: si el éxito está en diferenciarnos de nuestra competencia, tengamos cuidado en imitarlos, porque en esa carrera nunca seremos los primeros.

Cada empresa en su actuación presenta fortalezas y debilidades, y nuestros competidores de éxito ya tienen una marca, una consolidación, una fidelización. Una empresa que presente lo mismo a los mismos clientes, tiene que ofrecer unas ventajas mucho mejores, e invertir mucho tiempo y esfuerzo para desbancar de su posición al líder. No suele ser una inversión muy rentable.

Es muy frecuente en las pymes, que su estrategia sea de imitación: tratan de imitar lo que hace la competencia, pero sin conseguir mejorarlo. Es una estrategia que normalmente sólo permite a la compañía imitadora ser un segundón en el mercado, no consigue la eficiencia en los procesos del líder, y no consigue salir de esa posición. En estos casos, la única salida es definir propuestas de valor diferenciadoras.

Debemos captar ideas de todos, especialmente de las empresas innovadoras y de éxito, debemos evitar los errores de otras compañías y de nuestros competidores (de ahí el conocimiento en la mayor profundidad posible del DAFO de cada una de ellas), podemos seguir una estrategia de "**imitación mejorada**" (hago más o menos lo mismo que los demás, pero mucho mejor que ellas, pero el verdadero éxito en esta era digital será la diferenciación, el que haya algún aspecto sobresaliente en nuestra propuesta al mercado, y que toda la organización sea vendedora del factor diferencial.

De nuestra competencia y sector aprenderemos muchas cosas. Sobre todo, las decisiones equivocadas, y comprobar si los métodos que usan pueden mejorarse a un coste más bajo y con más valor apreciado por parte del cliente. Pero recordemos que la mera imitación es ofrecer al mercado "más de lo mismo" y es difícil captar a clientes fidelizados con otra compañía salvo que lo que ofrezcamos sea realmente revolucionario, y pueda ser así percibido por nuestros clientes objetivo.

Hay **estrategias de imitación mejorada** que consiguen perfeccionar mucho la oferta existente en el mercado, y la innovación no está en grandes factores diferenciales, sino en hacer muy bien lo que ya se venía haciendo. En este sentido, la buena gestión, el buen management, el diseño y aplicación de procedimientos eficaces, puede llevar al éxito un negocio que aparentemente no incorpora grandes innovaciones o diferenciaciones. Dicho de otro modo, en este caso la diferenciación y la innovación estaría precisamente en una gestión muy eficiente en relación a las propuestas que ya existen.

La diferenciación conlleva la incertidumbre, riesgo. Cuando hacemos algo nuevo, por primera vez, no tenemos referencias fiables del éxito de la puesta en marcha de lo mismo, precisamente porque ser nuevo y diferente. En este entorno de incertidumbre, es cuando debemos aplicar una metodología de "prueba y error", siguiendo el método científico de observación, medición, experimentación, análisis y modificación de hipótesis.

*Con la denominación "**método científico**" hacemos referencia a un conjunto métodos de definición, de clasificación, estadísticos, hipotético-deductivos, procedimientos de medición y otros. Se formula una **hipótesis** (en nuestro método intema será un prototipo o un PMV producto mínimo viable), se realizan **experimentos** (en profundidad con pocos clientes testando a fondo el producto), se **mide** (con precisión máxima, evitando aquellas mediciones que conduzcan a error) y con las **conclusiones** obtenidas formulamos una nueva **hipótesis** (nuevo producto mínimo viable). Los métodos científicos de investigación se someten a pruebas de razonamiento, en la **reproducibilidad** (capacidad de repetir un determinado experimento en cualquier lugar y por cualquier persona[9], y en que los*

---

[9] Es por ello que también debemos de establecer un procedimiento de experimentación adaptado a nuestra propuesta de valor.

*resultados obtenidos sean homogéneos y compatibles con independencia del equipo que lo ejecute), y en la **refutabilidad**[10] (cualquier proposición científica debe ser susceptible de ser falsada[11] o refutada).*

El método Intema se basa en el método científico, en una experimentación que permita establecer conclusiones válidas en un proceso dinámico de **mejora continua**, en el que se integre toda la organización. Como ya se va apuntando, el establecimiento de conclusiones válidas para la reformulación de hipótesis (propuestas de valor) se basará en un protocolo de experimentación objetivo (no dependiente de la persona que realiza el experimento), mediciones fiables (aprendizaje validado), tratando de refutar la validez de la hipótesis, pensando en la monetización, y afinando en la nueva formulación de PMV. Y, además, todo ello, con riesgo medido y controlado, con presupuestos ajustados.

¿Suena complejo? Es el sistema de prueba y error de toda la vida, pero haciéndolo bien, con criterios objetivos. Consiguiendo que toda la organización actúe de forma eficiente, siguiendo un método de trabajo dinámico, con formación, entrenamiento y motivación, dentro de circuitos de comunicación agiles y efectivos.

Análisis del segmento de cliente

Sin duda, el conocimiento más importante para generar un negocio viable es el del segmento de cliente. Partimos de conocer a los clientes actuales, ver si con ellos es posible mantener o no el crecimiento de la empresa, y si no, ver a qué

---

[10] La refutabilidad es el "modus follendo follens" del método hipotético-deductivo.

[11] Karl Poper. El falsacionismo consiste en que, en lugar de probar la hipótesis en todos los casos "positivos" (los que la cumplirían), nos centramos en buscar casos "negativos", en los que la hipótesis no se cumple.

nuevos clientes podemos dirigirnos, el coste, y la capacidad de la organización para adaptarse a ese nuevo escenario de mercado.

Ese análisis es difícil, porque **el cliente no hace lo que dice**. Las decisiones reales de compra están marcadas por factores emocionales. Las encuestas o entrevistas con clientes si no se realizan con rigor (en el muestreo, en la recogida de información y en el análisis de la información) nos presenta numerosas veces datos erróneos. Con ello no queremos decir que no sea necesario este análisis, lo que queremos llamar la atención es que es un proceso delicado y en el que es fácil equivocarse.

Nuestras decisiones no se basarán en lo que el **cliente dice que hace**, sino **en lo que el cliente realmente hace**. Podemos hacer sondeos y encuestas, como parte de un proceso en el que analizaremos de forma objetiva y científica el comportamiento del cliente objetivo, en relación a la adquisición de propuestas de valor. Pero el análisis de clientes será un proceso de experimentación.

Cuidado en el análisis de clientes

*Tengamos en cuenta que **la información del mercado que nos proporcionan los agentes comerciales y los principales clientes de la empresa**, normalmente es **sesgada, poco rigurosa**, basada en pocas entradas de información, y **sin mucha objetividad**.*

*Hay que desenmascarar la información emocional o subjetiva, y centrarse en los datos reales, y para eso es preciso utilizar una **metodología**. Con método, comenzamos a poder valorar la calidad y fiabilidad de las informaciones del mercado.*

Los **indicadores válidos** para la toma de decisiones deben presentar, al menos, estas tres características, las **3A**:

1. **Accionable**. Para que un informe se considere **accionable**, debe demostrar **una clara relación de causa – efecto** (causalidad).

2. **Accesible**. En primer lugar, hacer los informes tan **simples** como sea posible para que todo el mundo los entienda. Cada día, el sistema puede generar automáticamente un documento que contenga los datos más recientes para cada uno de sus experimentos de "split – test"[12] y otros indicadores de "acto de fé". Este documento se envía por email a todos los empleados de la empresa: a lo largo del tiempo, estos resúmenes de una página se deben de convertir en el estándar de facto para presentar los razonamientos sobre los productos en toda la organización.

3. **Auditable**. La tercera A de un buen indicador, «auditable», es muy importante. Necesitamos asegurarnos de que los datos son **creíbles** para los componentes de los equipos. Cualquier miembro de cualquier equipo podrá auditar cada informe o indicador. Ello nos permite avanzar, aunque partamos de alguna premisa equivocada, y ésta puede ser corregida por el sistema en cuanto se detecte el error.

VALIDEZ INDICADORES

---

[12] En el "split-test" o test A/B, se comparan dos versiones (A y B), que son idénticas salvo por una variación que puede afectar al comportamiento del usuario. La versión A puede ser la que se esté utilizando en un momento determinado (control), mientras que la versión B se modifica en algún aspecto concreto (variante).

Objetivo del análisis. Las personas (familias, empresas u organizaciones) compramos productos o servicios básicamente por tres motivos[13]:

A. **Para hacer menos esfuerzos o ganar tiempo libre.** Facilitar la realización de tareas o "**trabajos**". Para aliviar un esfuerzo o algo que nos resulta molesto. Incluimos aquí los trabajos funcionales, los sociales (que permiten al comprador ganar poder o status), los personales o emocionales (que le generan seguridad o sentimiento de realización), u otros de "apoyo" (comprador de valor: comparador, cooperador en la creación de valor participando en el diseño del producto, o como transferidor de valor: por ejemplo, revendiendo productos).

B. **Para conseguir una satisfacción.** Obtener una "**alegría**". Las alegrías necesarias (funcionamiento correcto de un producto), las esperadas (las que no son imprescindibles, pero se agradecen y esperan, como un buen diseño) y las deseada (aquellas que van más allá de lo esperado, pero que deseamos). Añadiríamos a esta clasificación las alegrías inesperadas, las que son una "sorpresa" pero que pronto se convierte en una necesidad (por ejemplo, encontrarse aire acondicionado en una habitación de hotel, cuando no se había tenido en cuenta que se haría necesario en una zona y momento en donde hace mucho calor).

C. **Para reducir una molestia.** Aliviar una "**frustración**". Las frustraciones serían funcionales (cuando una solución no funciona), las sociales (cuando se queda mal ante los demás) o las secundarias (algo que es o se convierte en feo o en un fastidio).

---

[13] Alexander Ostewader, Yves Pigneur, Alam Smith, Gregory Bernarda: "Diseñando la propuesta de valor"

ANÁLISIS DEL CLIENTE

*En el momento de arrancar la rueda de un nuevo negocio o proyecto, de emprender, de crear una startup, no estaremos en condiciones de realizar un análisis de cliente en profundidad. Será muy importante el poder realizar experimentos[14] y sondeos fiables[15] con clientes, con recursos limitados. Con la información que saquemos de ese análisis, crearemos prototipos o muestras, y comenzamos a hacer test, profundizando más en el análisis del cliente. Tengamos cuidado siempre en diferenciar lo que el cliente **dice**, de lo que el cliente **hace**. No sirve que diga que nuestra muestra le encanta, tenemos que averiguar si, en condiciones normales de presentación en el mercado, adquiriría nuestra propuesta u otra, y por qué.*

También debemos de considerar en la definición de perfil de cliente la **graduación** del valor que puede percibir de cada atributo de producto o servicio ofrecido, en relación con sus "trabajos", "alegrías" o "frustraciones". Estamos hablando de ponderación de atributos. Los habrá más esenciales para el cliente, y otros más agradables. Y tengamos presente que, para cada consumidor o usuario, va a existir una clasificación distinta, y que ésta (por mucho empeño que pongamos)

---

[14] En el apéndice final se indican pautas para la realización de experimentos.
[15] En el apéndice se detalla la metodología para seleccionar muestras de mercado con la mayor fiabilidad posible.

tampoco va a responder al 100% al comportamiento real de compra del cliente.

Los comportamientos reales de compra están influidos por muchísimos factores, normalmente emocionales. Cada vez que se hace una compra que no está marcada por una necesidad previa, se está produciendo un hecho difícil de recoger en una experimentación que no sea muy profunda. Las herramientas clásicas del marketing (sondeos, entrevistas, focus group) no reflejan los hechos reales que se producen en las decisiones de compra.

*Mathew Leberman y otros investigadores de UCLA han realizado un experimento con 31 fumadores con intención de dejar el tabaco. Les sometieron a tres series diferentes de anuncios televisivos, realizadas por el National Cancer Institute. Solicitaron a los sujetos clasificar a los anuncios en función de su eficacia. Y también utilizaron resonancia magnética para registrar las actividades cerebrales de los fumadores mientras veían los anuncios. Los tres anuncios, llamémosle A, B y C han surtido efecto real, ya que todos ellos han conseguido una "llamada a la acción" (llamada a un número de teléfono gratuito). En las entrevistas a los fumadores y a un grupo de expertos, coincidieron en señalar que los anuncios de la serie C eran los menos eficaces. Pero en los resultados reales, se constató que los anuncios de la serie A consiguen un incremento de 2,8 veces, el B de 11,5 y **los de la serie C de 32 veces**. Se detectó una correlación entre la efectividad de los anuncios y las activaciones cerebrales de los fumadores. Los anuncios C fueron los más efectivos. Lo que "dijeron" los fumadores no fue concordante con lo que sus cerebros "sintieron" ni con la efectividad real de los anuncios publicitarios.*

En la ciudad de Hamilton, en Ontario, Canadá, la Universidad McMaster realiza experimentos de neuromarketing con electroencefalogramas realizados en aparatos portátiles que indican las áreas del cerebro que se activan (y lo relacionan con las emociones que despiertan) cuando un consumidor ve determinada marca o producto. Esta debería ser una de las fórmulas en la que analizamos los comportamientos del consumidor.

Por supuesto, no está al alcance de la mayoría de PYMES el poder realizar experimentos neurológicos con sus propuestas de valor. Pero sí que pueden tener en cuenta que el análisis convencional de clientes puede llevar a conclusiones equivocadas, y que el comportamiento de clientes no se mide con sus palabras o declaraciones, sino con sus hechos.

El círculo FFF. Muchos negocios se basan en la opinión o en la financiación del llamado círculo FFF. ¿Qué quieren decir estas siglas? La primera F es la inicial de "**family**" (familia). La segunda F señala la palabra "**friends**" (amigos). La tercera F es la inicial de "**fools**" (tontos). No podemos basar ningún análisis de producto en personas allegadas, o que no nos van a dar una opinión objetiva, que nos pueden animar a dar pasos adelante sin la adecuada seguridad, o que simplemente, no son expertos en lo que estamos probando, o son productos o servicios que no usan o que no usarían en su vida.

Pensemos en productos cosméticos o en automóviles. Da igual. Lo que para algunas personas es un producto fabuloso, para otros es inadecuado. Hay personas que utilizan estos productos mucho y con frecuencia, y otros poco o nada. La variedad de gustos, en estos artículos, por diferentes variables (aspecto, color, funcionalidades, imagen, importancia de la marca y muchos más) son muy diferentes en función de cada persona o grupo de personas. Hay zonas en donde determinadas marcas son altamente valoradas, y en otras no lo son. El análisis de clientes es vital para acertar en nuestro modelo de negocio, y tenemos que aprender a usar métodos objetivos y científicos, y no basarnos en intuiciones ni en la opinión de conocidos que pueden tener un excelente criterio para otro tipo de asuntos.

Las técnicas de muestreo que utilizan las empresas de sondeo de opinión, están basadas en métodos científicos y tienen mucha más fiabilidad que cualquiera que se realice en base a la intuición. Es verdad que tendremos que hacer alguna segmentación de cliente objetivo en función de las posibilidades de producción y logística de nuestro negocio, pero dentro de esa segmentación tendremos que contemplar en el sondeo todas las variables posibles: edad, sexo, condición social, lugar de residencia o nivel cultural. No podemos dar por supuesto hechos que no hayamos comprobado. Es cierto que no podemos realizar en esta fase un análisis completamente riguroso, pero eso no impide evitar condicionantes que claramente nos podrían llevar a conclusiones engañosas. Pensemos que, hoy en día, gracias a internet, podemos llegar a muchas personas, en muchos lugares, de una forma bastante accesible.

Tácticas de investigación de clientes potenciales. Conviene que sepamos ponernos en los siguientes papeles:

- *El periodista. Trata de conocer al cliente a través de preguntas bien formuladas en entrevistas estructuradas.*
- *El antropólogo. Analiza al cliente en su "ambiente natural".*
- *El imitador. Imita el comportamiento del cliente.*
- *El co-creador. Aquel que integra al cliente en el desarrollo de producto.*
- *El científico. Invita a participar a los clientes en un experimento.*
- *El detective de datos. Analiza datos, recopila documentación, trata de analizar objetivamente.*

La creación del PMV – producto mínimo viable. Con la información que saquemos con **muestras o prototipos**, y analizada su fiabilidad con una muestra suficientemente representativa, debemos intentar crear un **producto mínimo viable** (**PMV**) en tirada corta, en lote pequeño. Un producto mínimo viable ya no es un prototipo, es un producto completo que se someterá a todo el ciclo comercial (presentación, distribución, branding, packaging, precio, promoción, colocación en el punto de venta y lineal adecuado), y que **será puesto a la venta** en el mercado, fuera del circuito FFF.

PROPUESTA DE VALOR

Vamos a apuntar otro factor algo más complejo, para entender hasta que punto el análisis de clientes es delicado e importante. Imaginamos que una empresa A ofrece un producto de alta demanda a un precio anormalmente bajo, por ejemplo, unos cascos inalámbricos. Cuando el cliente adquiere el producto, se le invita a que se suscriba a una "newsletter[16]" y que le de a "me gusta" en la página de la marca en Facebook u otras redes sociales. Con la información del cliente, la empresa B (que, evidentemente, tiene un acuerdo con la empresa A), le ofrece una suscripción gratuita a un canal de música digital en "streaming[17]". El cliente obtiene un servicio no pedido, pero la combinación de la música en streaming con los cascos inalámbricos le produce una nueva experiencia que le resulta muy agradable. Pasa el tiempo, y se acostumbra a usar este producto/servicio combinado, y al cabo de unos meses le informan que el servicio será de pago, pero, casualmente, justo por el importe que el usuario puede estar dispuesto a pagar, y dotándole de algún servicio añadido más (como, por ejemplo, que la música también pueda ser descargada). La empresa B ha vendido un servicio que el cliente no buscó ni quería. Pero tenía muy claro el segmento de cliente al qué dirigirse y cómo hacerlo (a través de la empresa A). Este sería el camino del análisis de clientes en la economía digital.

Prescriptor, comprador y usuario. Otro de los aspectos fundamentales es considerar al prescriptor, al comprador y al consumidor o usuario del producto o servicio. Nuestra propuesta de valor contemplará a todas las partes del proceso de decisión de compra en su justa medida.

Por ejemplo, en un producto farmacéutico, el usuario puede ser un niño, y el contemplar aspectos como la presentación, aroma o sabor es muy importante en el diseño de la propuesta de valor. El prescriptor del producto puede ser un médico, con lo que tendremos que conseguir que éste posible prescriptor conozca las ventajas diferenciales del producto, las instrucciones de uso y aplicación. Y el comprador puede ser una cooperativa o mayorista farmacéutico al que le interesará las facilidades logísticas, de conservación, margen

---

[16] Información que le enviará la empresa por correo electrónico periódicamente.

[17] Streaming: retrasmisión online (música, películas) que pueden ser usadas sin descarga, aunque también es frecuente que se puedan descargar.

que le puede dejar el medicamento y otras facilidades de comercialización. No todas las partes tienen el mismo peso en la percepción real de valor, deben de ser adecuadamente diferenciadas y ponderadas.

Un negocio de éxito es aquel capaz de generar beneficios suficientes para devolver a los inversores el capital invertido con un nivel de resultados adecuado al riesgo asumido, para mantener un buen clima laboral interno, para ser responsable socialmente, y para sostenerse en el tiempo. Para el logro de estos objetivos, toda la organización se centrará en generar propuestas de valor para las que exista el número suficiente de clientes dispuestas a adquirirlas. Para ello, tenemos que conocer en profundidad a ese segmento o segmentos de clientes potenciales, presentes y futuros.

Ya hemos señalado que es un análisis que requiere una metodología propia. Para aproximarnos a ella, estableceremos una metodología específica. En el libro "**La disciplina de emprender, 24 pasos para lanzar una startup exitosa",** de Bill Aulet, encontramos pautas muy interesantes para adaptar una metodología válida a nuestro negocio.

Aspectos a averiguar en el análisis de clientes. Según Bill Aulet, los pasos para analizar el cliente y relacionarlo con el negocio, se agrupan en seis grandes aspectos:

1. ***Quien es** nuestro cliente*
2. ***Qué podemos hacer por** nuestro cliente.*
3. ***Cómo adquiere** el cliente el producto.*
4. ***Cómo monetizamos** el producto, cómo obtenemos ingresos por él.*
5. ***Cómo diseñamos y fabricamos** el producto.*
6. *Cómo conseguimos que la **empresa** sea **escalable**.*

18 pasos para analizar al cliente. Con independencia de la recomendación de lectura del libro de Aulet, nosotros proponemos una metodología basada en 17 pasos:

1. *Definición del **perfil** del usuario final, prescriptor y comprador.*

2. *Valorar **coste de la generación PDV** propuesta de valor. Prototipos/PMV. Posibilidad de tiradas cortas. Producto (materias primas, maquinaria), envase, embalaje, posibilidades logísticas.*
3. ***Segmentación** de mercado.*
4. *Selección de **mercado inicial**.*
5. *Generación de **prototipos** o **primer PMV**.*
6. *Localización y selección **usuarios probadores**.*
7. ***Experimentación** usos prestaciones producto/servicio. Facilidad de aprendizaje de uso. Ergonomía. Sensaciones. Almacenamiento/transporte. Mantenimiento. Usos alternativos.*
8. ***Metodología de recogida y validación de datos**. Fichas y documentos. Proceso de validación de datos.*
9. *Creación o modificación **PMV producto mínimo viable**.*
10. ***Identificación primeros 10 clientes**. Definición de la esencia, y principales argumentos de venta. Fijación posición competitiva.*
11. ***Expansión de la oferta** PMV a todo el segmento mercado inicial seleccionado. Muestreos en todo el segmento potencial.*
12. *Esquema del **proceso de decisión de compra real**. Valorar elementos subjetivos.*
13. *Valoración de **tasa de reposiciones**, ciclo de vida del producto y valorar hasta que punto los clientes son "fidelizables".*
14. *Decisión de **pivotaje** si es necesario.*
15. *Diseño de **modelo de negocio**. Determinación de política de precios y márgenes. Ratio rotación/rentabilidad. Determinación VLP valor a largo plazo del cliente adquirido. Cálculo del coste de adquisición de un cliente (CAC). PDVs que se sacan al mercado. Identificación y prueba de supuestos clave. Necesidades financieras.*
16. ***Consolidación del ciclo CMV** (crear-medir-aprender)*
17. ***Aceleración***
18. ***Consolidación MDN** modelo de negocio. Determinación de escalabilidad y necesidades estructurales.*

Tenemos a nuestra disposición una metodología para tratar cada uno de los pasos, pero en todo caso, para muchas

PYMES, el analizar con criterio objetivo (científico) cada uno de ellos nos dará una información importante para valorar la viabilidad de nuestra propuesta de valor y poder generar un modelo de negocio rentable.

Los modelos Canvas. Canvas es una palabra de origen inglés que se utiliza con frecuencia para hacer referencia a documentos que ayudan y guían en el diseño creativo. Los canvas nos permiten "dibujar" un proyecto. Tenemos ejemplos de gráficos canvas para el análisis de cliente, diseño de propuestas de valor, y modelos de negocio en el libro Diseñando la Propuesta de Valor[18].

Los modelos Canvas pueden ayudar en la implicación de los equipos en el análisis de clientes, en el desarrollo de las propuestas de valor, en la validación de encaje o en la definición del modelo de negocio. En el futuro tomo 2 de este manual, desarrollaremos modelos gráficos Canvas, guiones de trabajo y listas de comprobación para ayudar en la aplicación práctica del método intema.

La ficha de experimentos o pruebas[19]. Creamos una ficha estándar que utilizarán todos los probadores o experimentadores, partiendo de la hipótesis, explicando las pruebas de verificación, las mediciones, y los parámetros de validación de la experiencia. Estas fichas quedarán abiertas para su comprobación por parte del resto de equipos.

---

[18] Alexander Osterwalder , Yves Pigneur, Alan Smith, Gregory Bernarda y Montse Meneses Vilar.

[19] Ver en apéndice.

ANALIZAR – 4. Encaje y pivotaje

En el momento en que veamos el **encaje** entre las posibilidades reales del mercado, cuando ya tengamos compradores reales para los productos/servicios que seamos capaces de generar en la organización, estamos viendo el negocio, y llega el momento de pasar a gestionarlo.

Evidentemente, nuestra **propuesta de valor (PDV)** dará respuesta a las características relacionadas con los trabajos, alegrías y frustaciones de nuestro cliente objetivo, teniendo en cuenta todas las consideraciones que apuntamos para la delicada tarea de analizar el segmento de cliente.

¿Por qué hablamos de propuesta de valor y no de productos y servicios?

En la transformación digital, hemos visto como muchos productos (el cine para ver en casa, por ejemplo), han pasado de ser productos (una cinta VHS, un DVD) a ser un "servicio" que se ve en streaming, o que se descarga directamente en un disco duro, o en la "nube". De otra parte, aquellos "productos" o "servicios" que tienen valor para el cliente, es una mezcla o amalgama de "valores" juntos o añadidos que hacen que el cliente perciba valor, por el que está dispuesto a pagar.

Por ejemplo, en un teléfono móvi smartphone, las funcionalidades por las que se pueden comprar son: para mantener conversaciones telefónicas, acceder a internet, o usar determinadas aplicaciones. Pero el factor diseño, la marca, el servicio postventa (facilidad para cambiar una batería o cambiar una pantalla), la disponibilidad de conexiones, recambios o accesorios (como fundas), el dónde se compra o cómo se compra, las instrucciones, la capacidad de usarse en el futuro, la durabilidad, etc, son algunos de los factores que hacen que sea una propuesta de valor que va mucho más allá de su funcionalidad "objetiva". Las personas compran un móvil asociándolo con su experiencia vital (por ejemplo, si hacen muchas fotos o son aficionados a la fotografía le darán mayor importancia a este aspecto; si hacen deporte a los "gadgets" relacionados con aplicaciones deportivas), y a la vez, agradecen que el producto-servicio tenga prestaciones adicionales que pueden ser utilizadas ocasionalmente.

Otro ejemplo que podemos poner para entender el concepto "propuesta de valor" son los servicios de un corredor de seguros (el producto/servicio lo diseña una empresa aseguradora), que da valor añadido a los productos que trabaja (atención personal, información, confianza, garantía, capacidad de respuesta, gestión de siniestros). En cosmética, también vamos a asociar al producto con una experiencia de vida, seguramente diferenciada en función de la personalidad de cada comprador o usuario, y por ello el coste del producto en sí suele ser menor o bastante menor que la suma del coste de packaging y promoción-comercialización.

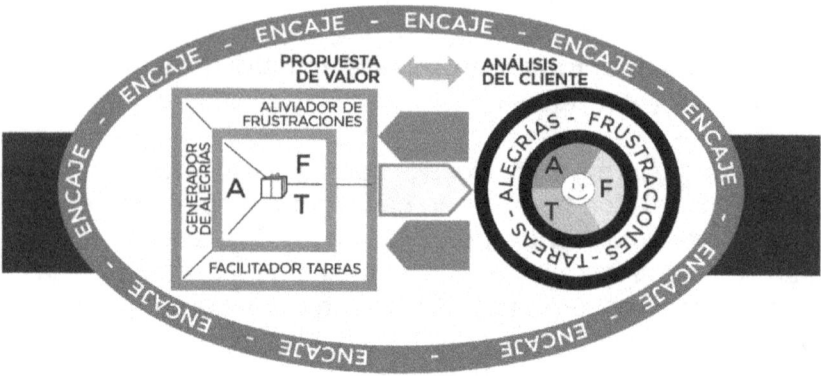

Hoy en día, lo que diferencia a un negocio de éxito es el **valor percibido** por el cliente.

Muchos restaurantes tienen un buen producto (comida) y un buen servicio (atención), pero lo que diferencia al restaurante excelente es la "experiencia", el que el cliente se sienta verdaderamente especial desde el momento en que elige (opiniones boca a boca, reseñas en buscadores de internet), se acerca al restaurante (imagen exterior, facilidad de acceso, aparcamiento, recepción), cuando entra (sensaciones visuales, olfativas, auditivas, incluso táctiles), cuando se sienta, pide la carta, observa el entorno y el ambiente general (incluyendo a la demás clientela), los uniformes, los manteles, servilletas, cortinas, iluminación, ruido ambiental, tiempo de espera, respuesta a preguntas, información sobre la carta o los platos que puede pedir, ayuda a la selección, recomendaciones, presentación de lo que ha elegido, una visita del propietario o del cocinero, cómo se le entrega la cuenta, facilidades de pago, etc. La propuesta de valor de un establecimiento de restauración va mucho más allá del producto y del servicio que se ofrece.

El pivotaje. Cuando el encaje no se produce, o bien deja de producirse, es el momento de "pivotar", de **reorientar nuestra posición partiendo de cero**, de un nuevo análisis de clientes y de una nueva definición de nuestra propuesta de valor.

El pivotaje es uno de los procesos y decisiones clave en el método Lean Startup[20]. Las startups, o los nuevos proyectos en empresas consolidadas, se mueven en un entorno de gran **incertidumbre**, por lo que el sistema más adecuado para generar un modelo de negocio rentable será el de "**prueba y error**" con un **método científico**. En este método, una premisa clave es estar preparado para asumir el error: **sin errores no hay aprendizaje**. Pero la clave en la gestión del error es que, al tenerlo previsto, tendrá un coste y unas consecuencias limitadas.

El pivotaje es una decisión que hay que tomar cuando el resultado de nuestras pruebas no es el adecuado para generar un modelo de negocio viable. **La decisión de pivotaje es difícil y dura**, sobre todo si se ha invertido dinero, tiempo y esfuerzo. Pero uno de los grandes errores en la mayoría de nuevos negocios es no pivotar a tiempo. Existe un falso mito de la perseverancia a costa de lo que sea, y esa perseverancia ciega es ruinosa para un montón de nuevos proyectos que no tienen opción de alcanzar una viabilidad real y suficiente: a esto Enric Ries le llama "quedarse atascado en la tierra de los muertos vivientes".

Hay pivotajes de **acercamiento** (centrarnos en una característica del producto mínimo viable), de **alejamiento** (el producto mínimo viable pasa a ser una característica de un nuevo producto), **de segmento de consumidor** (abordar un segmento diferente al inicial), de **necesidad del consumidor** (la investigación nos descubre

---

[20] Eric Ries: El método Lean Startup

necesidades diferentes a las previstas), de **plataforma**, de **arquitectura de negocio** (por ejemplo, pasando de productos de alto rendimiento pero poca rotación a otra diferente), de **captura de valor**, de **motor de crecimiento** (mayor aceleración en el crecimiento), o de **canal** (cambio en el canal).

Vamos a crear un **sistema de trabajo con prototipos y lotes muy cortos**, generando una propuesta de valor que **sacaremos al mercado** como producto mínimo viable PMV. El segmento de clientes nos dará **datos** para pulir esa propuesta, **modificarla**, o **pivotar** hacia otro camino.

EL CUADRO DAFO

En nuestro análisis inicial deberemos recoger el cuadro DAFO (debilidades, amenazas, fortalezas y oportunidades) que sugieren las partes interesadas o grupos de interés: la perspectiva de accionistas, directivos, equipos, colaboradores y -especialmente- los clientes (actuales o potenciales). Recopilaremos datos sobre los productos y la organización en general. Después, con esta información, dibujaremos el DAFO con los criterios más realistas y objetivos que sea posible.

Las fortalezas y debilidades son aspectos de la organización. Las oportunidades y amenazas las indica el mercado, el entorno. El ejercicio de definición es muy importante para avanzar en el conocimiento (rápido) de la empresa, pero iremos más rápido si conseguimos primero, que cada parte implicada nos transmita su propio cuadro DAFO.

En nuestra experiencia, los miembros de los equipos, las personas que inciden en la creación de valor o que influyen en la toma de decisiones, suelen tener ideas muy diferentes sobre debilidades, fortalezas, amenazas y oportunidades. El simple hecho de que tengan que reflexionar sobre ellas, y plasmarlas en un papel por escrito, ayuda de forma importante a que tomen consciencia y seguridad sobre los aspectos positivos de su negocio y organización ("argumentos de venta de la organización y sus productos/servicios"), y también sobre los aspectos a mejorar (debilidades y amenazas).

El trabajar en la definición DAFO con los grupos de interés nos ayudará, también, a todo el equipo, a definir conjuntamente los objetivos a marcar en la organización, que por lógica, incidirán en el mantenimiento de fortalezas, aprovechamiento de oportunidades, reducción o eliminación de debilidades, y medidas de precaución frente a las amenazas.

En la gestión inteligente la comunicación con los equipos será fundamental. El aprovechamiento del talento es imprescindible. Los circuitos de retroalimentación y mejora son fundamentales para una organización eficiente. El partir del DAFO de cada parte de cada grupo, es el primer paso.

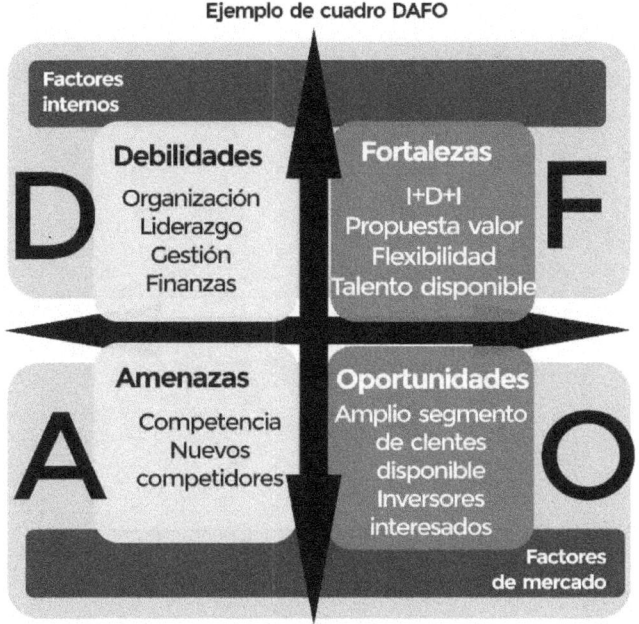

Ejemplo de cuadro DAFO

Segunda parte

Pilotar

Parte 2. Pilotar

Pilotar la empresa hacia mayor rentabilidad

Vamos a poner algunos ejemplos de empresas de alto rendimiento y crecimiento en los últimos años. Vamos a intercalar ejemplos de empresas medianas, que comenzaron siendo microempresas familiares, y también de algunas grandes-enormes, que hace unos pocos años, ni tan siquiera existían.

Urovesa. Esta empresa fabrica vehículos todoterreno especiales, usados en el ámbito militar y de protección civil. Suministra sus productos a más de 25 países en los 5 continentes. Diferenciación, especialización y flexibilidad son los factores clave de su éxito: diferenciarse de los estándares de grandes fabricantes en donde no podían competir, especializarse en hacer mejor que los demás un producto concreto (todoterreno de muy altas prestaciones), flexibilidad para adaptarse a la demanda cada vez más dinámica de sus clientes. Inversión en I+D y producción en series cortas de gran valor añadido. Cuidadosa selección de los mercados en los que están presentes. Facturación en torno a 40 m €, exportación 70%. Previsión de elevados crecimientos en los próximos años.

Privalia. Detectaron que había público que deseaba comprar productos de marca a precios asequibles, y diseñaron una propuesta para cubrir esa necesidad. Su publicidad es 100% online (la mitad del presupuesto para aplicaciones móviles) y multicanal (Google, Facebook, Twitter y banners en las páginas web más visitadas). Para acceder hay que ser miembro, lo que le da una cierta exclusividad e información valiosa a través del registro de clientes y su histórico de compras. La escasez es un incentivo, porque las ofertas son temporales. No almacenan stocks, pagan al proveedor una vez han cobrado del cliente, y hacen "reservas" en los almacenes de los proveedores durante la duración de las ofertas. Ganó 11,3 millones de euros en 2015, y fue adquirida en 2016 por su competidor francés Vente Privee, año en el que facturó 459 millones de euros. En España e Italia vendió 148 millones, en México 62 M€, en Brasil 114,3 M€. en Europa realizó el 61,% de su facturación.

Estrella Galicia. Sus claves, separar el consejo de administración del consejo familiar, preocupación por la RSC (programa de emprendimiento, sistema de becas), retribución vinculada al clima laboral), innovación (cultivo de lúpulo propio), diversificación (agua mineral, vino, sidra), apuesta por la calidad frente a la cantidad y diferenciación ("ser alternativos", ser "otra historia", mediante un sabor diferente), y también un marketing integral, muy preocupado de atender los puntos de venta (ayudándoles a mejorar su imagen global) y con una promoción diferente y muy bien acogida por su público objetivo. Se ha convertido en el cuarto grupo cervecero español doblando su facturación en cuatro años (408 M€). Se ha planteado su introducción en América desde Brasil.

*Dentix. Esta compañía destaca por "el método". **"Las cosas importantes sólo se consiguen con un método que funciona".** Dentix es una empresa odontológica familiar, de capital 100% español, con un modelo de negocio diferente. Su objetivo es ofrecer odontología de vanguardia accesible a todo el mundo y su éxito se basa en el Método Dentix, que está definido por cuatro pilares: 1) Todas las clínicas Dentix son propias (no franquicias) y carecen de intermediarios, lo que permite mantener un control riguroso sobre la calidad. 2) Todos sus centros cuentan con un equipo experto que acompaña y asesora al paciente. 3) El tercer pilar son los precios para todos, con unas tarifas que ponen sus tratamientos al alcance de más usuarios. 4) E cuarto lugar, la utilización de tecnología de vanguardia. Dentix tiene 191 clínicas en España (2018), 25 en Italia, y está presente en Chile, Colombia y México. Acaba de abrir su primer centro en Reino Unido (Londres) y espera seguir expandiéndose en Europa. Emplea a 5.687 personas (el 80% mujeres), y factura 400 millones de euros (2017) con un crecimiento del 13% respecto al año anterior.*

Booking. El portal www.booking.com es uno de los maravillosos ejemplos de excelencia en "la nueva economía", ya que consiguen que sus usuarios sean a la vez sus agentes comerciales (prescriptores) e incluso proveedores de servicios (creadores de contenido de valor). Booking se alimenta a si mismo con aportaciones gratuitas de sus usuarios, que difunden y aumentan el valor de la plataforma mediante sus aportaciones. Es una empresa que no necesita una gran estructura física, no precisa grandes recursos de personal interno, y que, sin embargo, tiene una capacidad de crecimiento y desarrollo enorme. Es un negocio verdaderamente inteligente. Booking utiliza varias técnicas para seducir a los consumidores: simplifica las búsquedas de hoteles, ofrece unas clasificaciones claras y es muy "amigable" para usar (es difícil equivocarse), ofrece mensajes de descuentos y disponibilidades limitadas en el tiempo, un programa de fidelización de fácil acceso (en 5 reservas ceden un 10% de descuento en muchos hoteles), es internacional, y presentan otros "refuerzos positivos subconscientes". La posibilidad de cancelación gratis facilita la conversión y cierre de operaciones, y hacen un seguimiento post-venta. Aglutinan el 57,5% de los alojamientos vendidos a través de internet (el 63% en Europa)

Inditex. *7000 establecimientos en 90 países, y sigue creciendo. Un modelo de negocio diferente y propio. Producción cercana a las tiendas europeas (65% de las ventas), que permite el control de procesos, de calidad y rápida distribución (48 horas), unido a otros factores clave. La innovación y rapidez en la presentación de tendencias, un conocimiento rápido de la demanda, una flexibilidad enorme en la adaptación de sus lineales (oferta de productos) al cliente de cada zona, capacidad de producir en tiradas cortas, y todo integrado en procedimientos de gestión que forman parte del know-how y esencia de la compañía. Ingresos de 20.900 millones de euros. Valoración en mercado 15.425 millones de euros.*

Facebook. *Mark Zuckenberg escribió en una ocasión a sus inversores lo siguiente: "movernos rápido nos permite crear más cosas y aprender más rápido. De algún modo, las compañías ralentizan su crecimiento debido al temor a cometer errores, llevándolas a perder oportunidades por no moverse rápido..." y también "las personas no recuerdan los errores que cometiste años atrás, pero sí recuerdan las cosas buenas que les has brindado". Mark no es una persona de marketing, es un creador, que comenzó reclutando a un equipo que compartió la misma visión, y cuya misión era ser expertos en su área. Facebook consiguió que sus usuarios invitasen a sus amigos a entrar en la red, con lo que los usuarios se convirtieron en prescriptores y comerciales del negocio. Después consiguió que el portal fuese un escaparate abierto, en donde cualquier persona puede divulgar cualquier tipo de información: profesional, ideológica, humor, social... con lo que se pueden crear "personalidades" virtuales asociadas a cada persona física, o bien a cada profesional o negocio. Una vez que la red es usada, y los usuarios se sienten cómodos o entretenidos con ella, entonces surge el verdadero negocio, y es la posibilidad de usar el portal para infinidad de usos comerciales de alto valor. Las claves son: a) satisface muchas de las necesidades humanas (de pertenencia y* *autorealización), b) genera monetización (ingresos) mediante la publicidad, acuerdos con terceros y monedas virtuales, diversificando el negocio y c) equipos cualificados y muy productivos. Han conseguido convertir el cotilleo en un gran negocio, con 2.167 millones de usuarios activos en 2017 con ingresos de 27.600 millones de dólares (2016) y beneficios netos de 10.217 millones de dólares (2016). Es la quinta empresa del mundo por valoración de mercado (424.000 millones de euros). Multiplica por 28 el valor de Inditex.*

En el análisis de ejemplos hemos querido poner alguno (¡hay miles!) de empresas que hace no mucho tiempo tenían un tamaño pequeño y han crecido también de forma muy importante en diferentes sectores. Hemos querido apuntar algunas de las razones de su éxito, no siempre son las mismas, pero vemos que la adaptación o anticipación a los deseos y necesidades del cliente, los métodos y procedimientos adecuados, la velocidad en la adaptación, la calidad en productos y servicios, la adición de servicios añadidos o los equipos humanos especializados y eficaces, son aspectos que están presentes en casi todos los casos de éxito.

Si analizamos el ranking mundial de las diez principales empresas del mundo por valoración en los mercados, nos encontramos a las siguientes:

1. **Apple.** Valor: 720 mil millones de euros.
2. **Alphabet (Google).** Valor: 590 mil M€.
3. **Microsoft.** Valor: 530 mil M€.
4. **Amazon.** Valor: 458 mil M€.
5. **Facebook.** Valor: 424 mil M€.
6. **Berkshire Hathaway B.** La empresa dirigida por Warren Buffet es accionista mayoritaria o participa en importantes grupos empresariales, como American Express, Co, Coca-Cola, General Electric, Heinz, Johnson & Johnson, Kraft Foods, Lexmark International, Moody's Corporation, Procter & Gamble Co, UPS, Wal-Mart Stores Inc,, The Washington Post Company, Wells Fargo y otras muchas. Valor: 394 mil M€.
7. **Johnson & Johnson.** Valor: 307 mil M€.
8. **JP Morgan Chase & Co.** Valor: 297 mil M€.
9. **Exxon Mobil Corp.** Valor: 285 mil M€.
10. **Bank of America.** Valor: 245 mil M€.

Hay algunas conclusiones que podemos extraer:

Las cinco primeras no existían hace pocos años. *Apple se fundó en 1976, Microsoft en 1975. Pero Google en 1998, Amazon en 1994, y Facebook en 2004 (¡14 años de vida!). Vemos que las empresas punteras en "economía digital" tienen crecimientos exponenciales, rentabilidades elevadísimas y lo que es más interesante, posiblemente estén en un ciclo de vida inicial dentro de su capacidad de desarrollo futuro.*

Muchas de ellas experimentan crecimientos exponenciales. *Las cinco primeras no figuraban en la lista de las 10 grandes antes de 2007. Hace nada eran startups, probaron su PMV, lo comercializaron, obtuvieron datos de clientes y de utilización, aplicaron esas mejoras para perfeccionar su propuesta de valor, volvieron al mercado y aceleraron el proceso muy rápido. Consiguieron generar crecimientos en progresión geométrica y no aritmética.*

Todas ellas han nacido o tienen sus centrales de operaciones en Estados Unidos. *Con independencia de los PIB de diferentes países, en Norteamérica han conseguido generar una base formativa, social y política que favorece el desarrollo de startups rentables. En esta carrera de talento 4.0, son líderes mundiales.*

La transformación digital de empresas y organizaciones choca en muchos países con una cultura y un marco legislativo de generación anterior, no adaptado a muchas de los requerimientos inevitables en la nueva economía. Las empresas rentables están dispuestas a retribuir valor, es un intercambio, pero los sistemas legales están pensados para esquemas de trabajo industrial, que no permiten flexibilidades. En muchos países se están destruyendo puestos de trabajo como consecuencia de esta revolución 4.0, y no van a volver.

Muchos trabajadores en paro no tienen otra opción que comenzar el trabajo autónomo, y se encuentran con una gran desprotección del sistema frente a los trabajadores por cuenta ajena. De otra parte, las empresas no pueden retribuir el trabajo no productivo, ni asumir cargas de futuro para sus organizaciones, con lo que el recurso a la subcontratación, el "outsourcing", trabajo temporal o "interim" (interino), aumentará irremediablemente, hasta niveles nunca conocidos. Un director comercial, o un director financiero, será pronto un "Interim manager" y no un directivo interno de la empresa, en muchos casos.

Algunos países son conscientes de esta transformación. China fue el país que registró más patentes en 2017, un 43,6% del total, más del doble que Estados Unidos[21], y su gasto en I+D representó el 2,1% de su PIB (2016) cuando diez años antes era el 1,4%. Está a la vanguardia en inteligencia artificial, el blockchain[22] o en criptografía cuántica[23]. Varias compañías tecnológicas chinas se han hecho un hueco en la economía global, después de que antes lo hiciesen empresas coreanas, y antes Japón.

Las legislaciones nacionales e internacionales deben de adaptarse muy rápido a los nuevos retos de la globalización y la economía digital en muchos ámbitos, en el de la energía, la gestión medioambiental, en la regulación de nuevas alternativas cooperativas, colaborativas o competitivas, en equilibrar fiscalmente las cargas en empresas multinacionales o locales, grandes y pequeñas, así como entre colectivos que tienden a empobrecerse en estos cambios y no están correctamente protegidos, mientras otros se enriquecen de una forma no proporcional al mérito de su talento.

Los mercados son globales, y no podemos dejar de ver que hay países muy competitivos y crean un marco favorable para que en este nuevo paradigma ganen sus empresas creando puestos de trabajo y reinvirtiendo en el país de origen, y otros países que están quedándose atrás, y que puede que pierdan la oportunidad de engancharse al camino que presentan estos nuevos retos.

---

[21] Datos de la Organización Mundial de Propiedad Intelectual
[22] Veremos con más detalle algunas de las posibilidades que nos abre el desarrollo de la tecnología Blockchain en el apartado dedicado a "transformación digital".
[23] La criptografía cuántica garantiza la absoluta confidencialidad de la información transmitida, utilizando principios de la mecánica cuántica.

PILOTAR – 1. Reglas generales para una buena gestión empresarial.

En el proceso de "liderazgo", dirigir bien una empresa supone:

1. *Conocer* muy bien el *negocio*, la *competencia* y el mercado.

2. Conocer en profundidad del *segmento potencial de clientes*.

3. Tener presente siempre lo que *motiva* a las personas:
- Lo que motiva a los clientes a comprar.
- Lo que motiva a los equipos a ser eficientes.
- Cómo se debe de preparar cualquier negociación.

4. *Productividad. Aprovechar el tiempo* y *eliminar desperdicios*, centrándonos en los objetivos. Exige el cumplimiento de *normas* o procedimientos (revisables).
- Las reuniones interminables sin guión ni hora de finalización, es pérdida de tiempo.
- Las llamadas telefónicas "emocionales" son pérdidas de tiempo que no construyen.
- Usaremos medios tecnológicos para el trabajo en equipo no presencial.
- Los procesos productivos vendrán marcados por procedimientos basados en sistemas "lean".

5. Tendremos siempre presente nuestros *valores diferenciales*, exaltaremos las fortalezas y trataremos de corregir las debilidades. Estaremos atentos a las oportunidades y amenazas. Integraremos la RSC correctamente.

6. Trazaremos *un plan de negocio*, circular, revisable, dinámico y muy ágil, en el que participen todos los grupos de interés, por orden de implicación.
- Los socios directivos, los primeros. Deben dar ejemplo a todos.
- Los socios no directivos, después.
- Los directivos o mandos intermedios.
- Los equipos humanos de la empresa.
  - Así conseguiremos la implicación de clientes, entidades financieras, inversores, etc., imprescindible para un proyecto de verdadero éxito.

7. *Toda la empresa estará orientada al cliente, al marketing:* **todos somos vendedores.**

8. *La empresa debe disponer desde el minuto cero de una* **partida presupuestaria** *suficiente para* **marketing y para I+D+i.**

9. *Tendremos presente lo que puede suponer la* **transformación digital** *en nuestro negocio.*

10. *Estaremos siempre atentos a una* **diversificación completa:** *no dependeremos de uno o pocos clientes, proveedores, o directivos.*

11. *Dispondremos de* **planes de contingencia,** *identificando los procesos clave. Una emergencia o una pérdida no pueden comprometer la supervivencia.*

Tendríamos que añadir extrema precaución en el endeudamiento, y también la posibilidad de crear lotes cortos para aplicar correctamente sistemas de prueba-error.

Quizás, más que nunca, debamos tener en cuenta que la decisión para entrar en la carrera de la transformación digital, en todos sus aspectos (tecnológicos y humanos) pueda ser el aspecto más importante de todos para el desarrollo y supervivencia de nuestro negocio.

Casualmente, casi todas estas medidas son las que están presentes en las empresas de mayor éxito en este momento. ¿Y pueden las estrategias de las grandes compañías aplicarse en PYMES? La respuesta es SI. La transformación digital puede ser la gran oportunidad.

PILOTAR – 2. Estrategia

Los objetivos y su importancia

"El mundo le abre paso al hombre que sabe a dónde se dirige". Ralph Waldo Emerson

Una empresa sin objetivos es como un barco sin rumbo. Muchos de los problemas de rendimiento eficiente en las empresas parten de que no tienen definidos objetivos, o lo están de forma deficiente. Si los miembros de los equipos no conocen el objetivo, y cuál es su aportación en la misión conjunta de la organización hacia ese punto, comienzan a generarse distorsiones y desperdicios de recursos desde el primer momento.

La estrategia y los objetivos en las PYMES españolas

En nuestra experiencia práctica, nos encontramos en demasiados casos en los que, **la cultura de la organización de las PYMES** en España, **desprecia la importancia de la planificación estratégica y la definición de objetivos**. Actúan en base a experiencia histórica, pero no se dan cuenta que sin planificación, sin objetivos, no se pueden trazar métodos de mejora, de reducción de costes, de incremento de ingresos, o de productividad.

En España, las PYMES tienen más peso en el tejido empresarial que en el resto de Europa, tienen un tamaño menor (4,7 empleados/empresa, la mitad que en UK o Alemania), concentran más empleo asalariado (en Alemania el 42%, en Francia el 48%, y en UK el 36%). Pero el dato más relevante es que **las PYMES en España son menos productivas** que en resto de la Unión Europea.

Las PYMES deben de reaccionar, no sólo por los retos de la transformación digital, sino para poder ser competitivas en cualquier ámbito. El mayor freno a su evolución es su resistencia al cambio, el estar gestionadas en base a liderazgos personales, la falta de planificación, la falta de renovación de talento, y con ello, no aprovechan bien sus potenciales internos (mejoras productivas y en procesos) ni externos (no abordan todos los mercados que podrían abarcar).

Los objetivos deben ser SMART: específicos, medibles, alcanzables, relevantes y con un plazo definido.

Específicos. Deben de concretarse. Partimos de un objetivo general claro y concreto para toda la organización, al cual seguirán los objetivos de los diferentes departamentos o grupos de generación de valor.

Medibles. Fijaremos hitos e indicadores (KPI's) que nos permitirán comprobar hasta que punto se van consiguiendo los objetivos en el tiempo, y poder tomar las medidas correctoras. Para ello tenemos que disponer de un método de control (normalmente basado en sistemas automáticos de recopilación y gestión de la información), y de evaluación.

Alcanzables. Un objetivo puede ser ambicioso, pero debe ser alcanzable. Y debe de ser comprendido así por los miembros de la organización, para que no genere desmotivación. Los objetivos pueden dividirse en partes pequeñas, "subobjetivos" para que su consecución se valore como realista y realmente alcanzable.

Relevantes. Un objetivo debe ser un hito relevante, debe ser una meta por la que merezca la pena luchar. Puede dividirse por períodos, pero las metas deben ser ambiciosas, y no sólo cuantitativas.

Temporales. Los objetivos tienen un plazo de consecución, un límite temporal. Si no se establece, es un objetivo indefinido que no podrá alcanzarse nunca.

En la definición de objetivos, el primer paso son los estratégicos y generales, después los operacionales, y acabaremos fijando objetivos de departamento, presupuestos, indicadores (Kpi's) e hitos a alcanzar.

Rigidez flexible

No habrá una estrategia de empresa inamovible en el tiempo, evolucionará con la compañía, pero sobre todo, evolucionará con la sociedad y el mercado. Será de una RIGIDEZ FLEXIBLE.

La velocidad y la adaptación constante serán vitales, pero los objetivos y procedimientos serán estables hasta que se cambien, y los cambios no los puede decidir cualquiera. Estamos en un circuito de crear-medir-aprender, y volvemos a crear-medir-aprender, y cada vez que repitamos el proceso, lo haremos a mayor velocidad. Pero cada "creación" es un ente fijo hasta que el aprendizaje validado[24] y su análisis ("científico") nos lleva a generar una nueva creación.

Misión, visión, valores, diferenciación.

La compañía definirá su visión, valores diferenciales, y primera propuesta de valor.

En muchas ocasiones, la definición de misión, visión y valores surge de ideas de un redactor de planes de negocio, en la inspiración de su despacho. Todas las organizaciones y

---

[24] El aprendizaje validado es aquel que se basa en indicadores fiables, y descarta otros subjetivos o "vanidosos" (indicadores aparentemente positivos que realmente no lo son).

empresas han surgido gracias a una visión, pero en ocasiones esa visión se ha transformado en otra con su evolución.

*Recordando lo expuesto sobre pivotaje, una startup normalmente comienza en base a una intuición o "visión" de un emprendedor o grupo de emprendedores, pero es frecuente que esa visión, plasmada en un producto generado en "**push**" (presentando al mercado un producto/servicio sobre el que nuestra intuición nos dice que va a funcionar, y va a tener demanda), no cuaje de forma suficiente en el mercado, o bien la organización en esa fase de desarrollo no disponga de capacidad suficiente para llegar correctamente al mercado objetivo.*

*Pero sí que puede pasar que, en esa experiencia, el mercado le diga a la empresa que modificando determinados aspectos del primer producto/servicio, va a tener demanda materializada en clientes que adquieran el producto. Entonces se crea un nuevo producto o servicio, esta vez en "**pull**" (basándonos en lo que pide realmente el mercado), diferente del primero, pero que funciona. Hemos hecho un pivotaje, y ese pivotaje modifica la "visión" original de la empresa hacia otro camino, hacia una nueva visión del negocio.*

El factor "psicológico". *Cuando hablamos de empresas hablamos de personas. Normalmente, detrás de un proyecto de emprendimiento, de una decisión importante de negocio, o de una visión premonitoria, existe una historia personal, un fracaso previo, un golpe emocional duro, una situación de extrema necesidad, una historia familiar o de pareja… En los comienzos de muchos negocios alguien concentra un esfuerzo enorme en un proyecto, por una motivación personal fuerte.*

El factor psicológico (y familiar o personal) influye enormemente en la toma de decisiones empresariales. Si cuando nos referimos a clientes hablamos del fuerte impacto del factor emocional en las acciones de compra, en la toma de decisiones empresariales también influye, y muchas veces no aparece claramente como motor real de ese proceso de decisión, sino que son factores ocultos que subyacen por debajo de argumentos racionales. Influye en fundadores, socios, directivos, equipos de trabajo, colaboradores, proveedores y en todos los que tienen que ver con la generación de valor e influencia en las decisiones. De ahí la importancia que le hemos dado al análisis realista de los intereses de todas las partes que influyen y son influidos por la empresa u organización.

En la parte dedicada a desarrollo de personas, tratamos con algo más de detalle el aspecto dedicado a el factor "psicológico", tan importante en el éxito en los negocios.

Hay organizaciones con visiones premonitorias, que le otorgan un papel diferencial claro desde su fundación, y a partir de ahí establecen su misión, detallan sus valores, y consolidan su diferenciación. Hay otras que no tienen esa visión tan clara, y que la van encontrando a medida que evolucionan, como las personas que no encuentran su personalidad definitiva hasta su paso por la adolescencia.

Pero una empresa debe identificar visión, misión, valores, factores diferenciales, y todos los miembros de la organización deben de asumirlos como suyos.

- La **visión** es la proyección de futuro: **¿qué queremos ser?**
- La **misión** es el hoy: **¿qué somos?**

Circuito CMA: crear, medir y aprender. La compañía generará un circuito CMA – crear-medir-aprender, basándose en prototipos y PMV- producto mínimo viable. Este circuito irá puliendo las propuestas de valor.

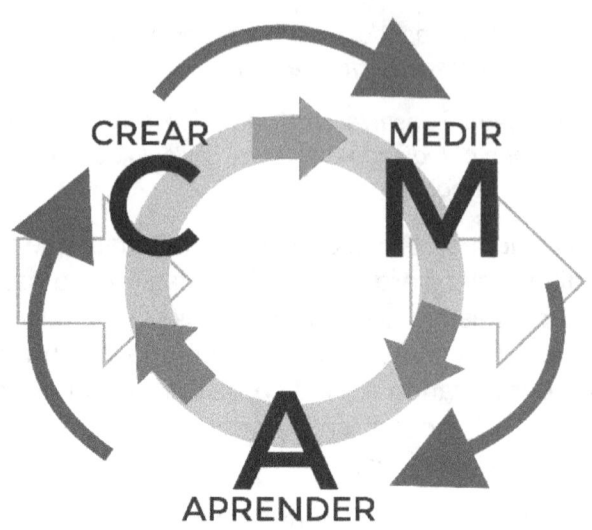

CREAR MEDIR

APRENDER

Pruebas. Cuando tengamos pruebas del éxito en el mercado de nuestras propuestas (por ejemplo, con una tendencia al alza de nuestras ventas, y reposición de clientes), estamos en el momento de generar un modelo de negocio[25].

Modelo de negocio

Con el modelo de negocio, basado en pruebas objetivas, ya podemos buscar la financiación necesaria para desarrollarlo, con un ritmo de crecimiento que contemple las diferentes fases de evolución posibles.

El modelo de negocio[26] identificará:

- *Origen de la idea.*

---

[25] Según el cuadro adjunto, crearemos el modelo de negocio al finalizar la fase 2, con los resultados de los test de mercado. Será precisa una ronda de financiación para esa fase 2, y otra posterior (con pruebas) para la fase 3.

[26] Más detalles en el apéndice.

- *Promotores y fundadores.*
- *Visión, misión, valores y diferenciación.*
- *Razones que llevan a pensar que se va a generar un proyecto viable.*
- *Equipo responsable y compromisos que asume.*
- *Estructura necesaria*
- *Financiación necesaria y cómo va a obtenerse.*
- *Asociaciones clave*
- *Actividades clave*
- *Recursos clave*
- *Propuestas de valor*
- *Estructura de costes*
- *Fuentes de ingresos (de la explotación). Márgenes y rotación.*
- *Relaciones con los clientes. Sistemas de retroalimentación*
- *Canales*
- *Segmentos de mercado (destino: clientes)*
- *Pruebas de que hay encaje entre las propuestas de valor y los comportamientos de compra de nuestros clientes potenciales.*
- *Fases y cronograma del modelo de negocio.*

MODELO DE NEGOCIO

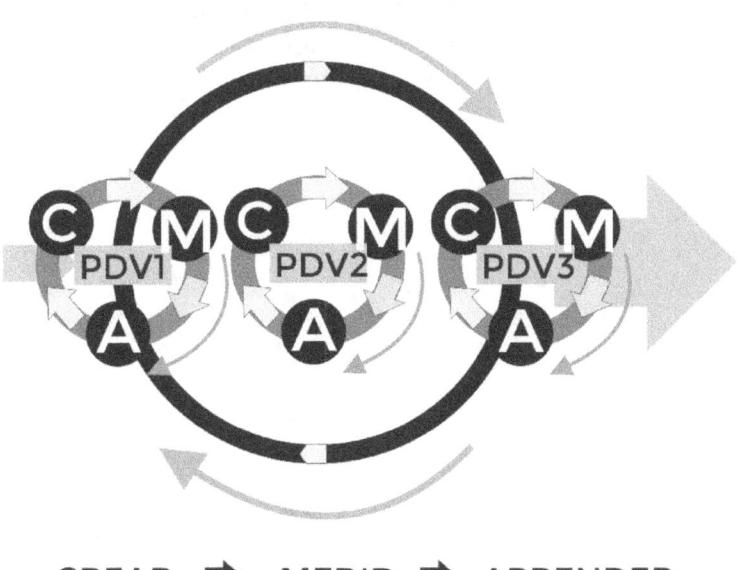

CREAR ➡ MEDIR ➡ APRENDER

Estrategias push y pull

Las estrategias push se basan en una tecnología o conocimiento especial que posee la organización, o bien en una intuición de un visionario. Las pull son aquellas que se derivan de análisis del segmento de clientes (tareas, frustraciones, alegrías), y en base a éstas se diseña la propuesta de valor. Es frecuente en las startups el inicio en "push" y el posterior pivotaje a "pull".

Objetivos estratégicos y operacionales

La estrategia define objetivos. Los objetivos estratégicos definen objetivos operativos. Se dividirán en objetivos por departamento, sección, delegación o división. Los presupuestos sirven para realizar control de gestión. En el cierre de cada período se hará una evaluación de la estrategia, y se adaptará a los resultados de mercado. Tendremos mucho cuidado con los indicadores engañosos.

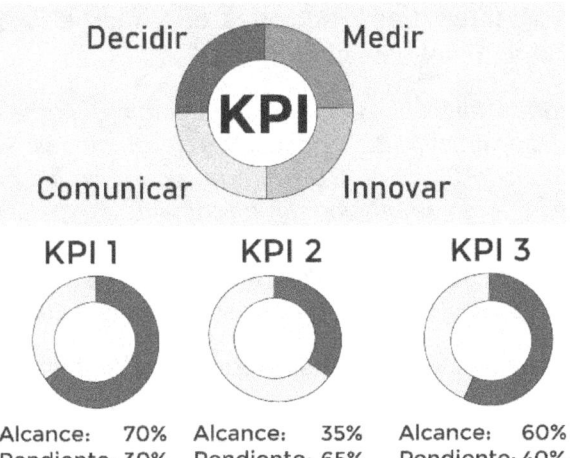

INDICADORES DE RENDIMIENTO - KPI

*Un **KPI – Key Perfomance Indicator**, o **indicador clave de rendimiento**, mide el grado de rendimiento o alcance de un objetivo. Normalmente se expresa en valores porcentuales. Muestra el progreso de un proceso. Se definen KPI para todas las áreas de una empresa (administración, finanzas, marketing, desarrollo de personas) con especial atención a aspectos clave como compras, logística, servicio al cliente, implicación de las personas, etc.. Los KPI se recogen en el plan de negocio, y se incorporan a los cuadros de mando periódicos, para ayudar a la toma de decisiones. Hay KPI que informan en tiempo real del alcance de los objetivos.*

La estrategia en la era digital

Con la transformación digital, **los productos se convierten en servicios**: pasamos de la era de la propiedad a la era del acceso. Todas las industrias que basan su valor en producto físico entran en crisis, y se tienen que mover hacia la línea de la propiedad intelectual, que realmente es su autor.

Se rompe la cadena de valor, se eliminan intermediarios, se sustituyen agentes. Las elecciones que hace el cliente dictan la definición final del servicio ganador.

Es el momento Netflix de películas en streaming que ha destrozado al modelo Blockbuster de videoclubs. Es el modelo Spotify que elimina el soporte físico de CD en la música. Son los programas y aplicaciones que no se encuentran físicamente en el servidor de las empresas, sino en "la nube". Es el alquiler de vehículos que usamos sólo donde y cuando nos resultan necesarios. Es el uso de talento "interim", por proyectos definidos y orientados a resultados.

En las empresas en marcha, debemos de plantearnos muy seriamente si podemos convertir nuestro producto en servicio, y si no es así, tratar de completar con servicios nuestro producto, aumentando así su valor. Y tenemos que hacerlo con tecnología fácil de usar.

> *"Cuando el ritmo de cambios dentro de la empresa es superado por el ritmo de cambios fuera, el final está cerca."*
> *Jack Welch, General Electric.*

La transformación correcta en una empresa consiste en combinar los conocimientos propios de la empresa, su know how, de forma inteligente, con la tecnología digital, para diferenciarse y ser más eficiente, competitiva y rentable.

El mayor cambio es el mental, el cultural, la predisposición al cambio, convertir las ideas en comportamientos dinámicos, circulares, ágiles y en constante retroalimentación, con una nueva concepción del papel de lo humano en todo el proceso, tanto en los clientes como en los equipos.

Muchas estrategias ahora deben ser omnicanal, combinando lo tradicional y lo digital, abriendo opciones cómodas y amigables para el usuario y los colaboradores, permitiéndole su participación, escuchando su opinión.

Pero entrando en materia, la digitalización de la estrategia supone un cambio definitivo, porque permite adaptarla a una realidad cambiante e incierta (VUCA), a una velocidad sin precedentes.

Para ello, en función de las características de cada empresa, usaremos la inteligencia de negocio, el "Business Intelligence o BI", ya que un sistema adecuadamente diseñado para recopilar en tiempo real, o en intervalos cortos, la información del propio negocio y la externa (mercado o mercados), combinándola, nos permite cambiar el concepto de estrategia largo placista o medio placista a una estrategia variable, que puede mantener líneas relacionadas con el origen del negocio, expertise o valor de marca, pero con capacidad de adaptarse permanentemente a la realidad en base a pruebas comprobables: los datos.

Los sistemas de BI deben ser bien diseñados en todas sus etapas, deben ser fiables, y con las herramientas disponibles podemos crear cuadros de mando interactivos para corregir planes, tácticas, y también la estrategia de negocio.

Otro factor a tener en cuenta en la estrategia es la propia evolución tecnológica, con cambios fundamentales que pueden afectar a la organización a plazo corto. Una innovación técnica puede acabar con nuestro modelo rápidamente, por lo que tenemos que anticipar en lo posible, cualquier innovación que pueda afectar a nuestro ámbito de actuación.

PILOTAR – 3. Estructura

La estructura empresarial es un aspecto que parece relegado a un segundo plano a la hora de abordar organizaciones.

Es cierto que hoy hay negocios que no precisan estructura, o para lo que es suficiente que esta tenga unas mínimas dimensiones. Pero en general, las empresas necesitan una estructura mínima de funcionamiento.

En muchas ocasiones, se asocia la palabra estructura al organigrama, entendido como esquema de relaciones y responsabilidades por áreas. En las empresas "clásicas" existe una estructura jerárquica (como en los ejércitos), basadas en responsabilidades personales. En la economía digital, los organigramas tienden a ser muy horizontales, y a repartir responsabilidades entre equipos y con diversos supervisores.

El extremo máximo, la empresa colaborativa, la organización y los procedimientos pueden hacer que el sistema, el método, sea el gestor de las tareas, en un organigrama casi plano, en donde la autogestión y las herramientas colaborativas son la base de la actuación.

En las organizaciones debemos combinar las estructuras formales (basadas en reglas) y las informales, que no han sido definidas explícitamente, pero que se hacen necesarias para la organización del trabajo.

En el concepto de estructura, no sólo contemplamos la estructura organizativa, sino también los elementos estructurales de los que dispone la empresa, y que asociamos normalmente con los costes fijos: edificios, instalaciones, maquinaria, utillaje, personal mínimo necesario para el mantenimiento de la actividad esencial.

Muchas empresas están aprendiendo a aprovechar sus esctructuras físicas, convirtiendo sus fábricas y oficinas en espacios de exposición, abiertos a visitas al público.

Aprovechan la estructura para generar valor (en sí, por la rentabildad propia de esta actividad), pero sobre todo para generar imagen de marca.

El Hotel Marqués de Riscal, en Elciego, La Rioja, España, es un ejemplo. Situado entre viñedos, en la bodega que produce el vino del mismo nombre, y diseñado por el arquitecto Frank Ghery (Guggenheim Bilbao) ofrece una experiencia lúdica mixta, de turismo y relax a la vez que se conoce el proceso completo de elaboración del vino. La bodega diversifica actividades que se complementan y apoyan entre sí, aprovecha un producto tradicional (vino), para generar una segunda línea de negocio (hotel), y una línea apoya a la otra.

La estructura es necesaria. Una empresa precisa un mínimo estructural para generar su valor diferencial. Es preciso identificar a los responsables de cada área. Los edificios representativos para la sede o "cuartel general", fábricas, almacenes, delegaciones, oficinas comerciales, sucursales, tiendas o puntos de venta o servicio. Las estructuras forman parte de la economía "pre-digital", pero siempre precisaremos un mínimo para funcionar. Muchos negocios basados en aplicaciones o programas informáticos también precisan de mínimos estructurales para gestionar el I+D+i, o para el almacenamiento de programas y datos.

La estructura resta flexibilidad. Las estructuras tienden a mantenerse, a alimentarse a si mismas, a generar ineficiencias y resistencias a los cambios. Tienden a disparar los costes operativos. No obstante, bien empleadas, crean imagen de marca, son símbolos potentes de su capacidad, y ayudan a generar influencia.

Algunos modelos de estructura organizacional:

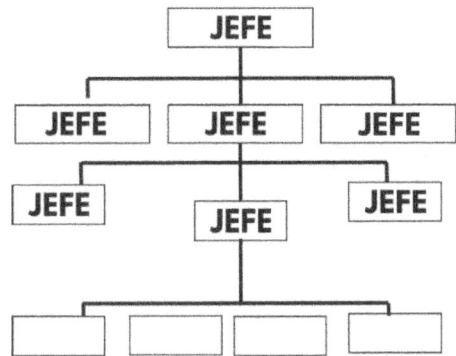

Estructura jerárquica: es una de las estructuras más empleadas por medianas y grandes empresas. Se crean pequeñas dependencias supervisadas por uno o varios superiores, en los cuales recae la toma de decisiones. Esta estructura es ideal para organizaciones que carecen de unidad de mando. Pero el riesgo es que puede dar lugar a una excesiva concentración de la autoridad y el poder.

Estructura funcional: tiene como objetivo cubrir las necesidades de distintos niveles jerárquicos. Cada uno de estos tiene al frente a un especialista o jefe de sección. En este sistema predomina la especialización y el trabajo enfocado a objetivos específico con el fin de combatir la multiplicidad de funciones. Esto no evita que los integrantes de los equipos de trabajo reciban órdenes de más de un jefe o encargado, de modo que la comunicación interna puede presentar algunas dificultades. Es así como uno de los riesgos de este modelo es la creación de ambientes poco estables.

Estructura en línea (*staff*): es un modelo novedoso que combina las relaciones de autoridad directa con el asesoramiento que ejercen agentes externos a la empresa. El papel decisivo que desempeñan los consultores o asesores, o un interim manager, es un buen ejemplo del modelo *staff*. Ellos suelen hacerse cargo de temas que las empresas no pueden cubrir por sí mismas. La ventaja es que la autoridad nunca se ve amenazada y las actividades tienden a optimizarse en tiempos y recursos.

Estructura matricial: es un modelo basado en la agrupación de recursos y materiales para tareas específicas o proyectos. Una vez ejecutada la tarea, la estructura se disuelve. Quienes integran los equipos para desarrollar las tareas o proyectos pueden pertenecer o no a la organización.

Es evidente que son más efectivas las dos últimas. En el capítulo dedicado a gestión de equipos, veremos algunas pautas para conseguir mayor rendimiento.

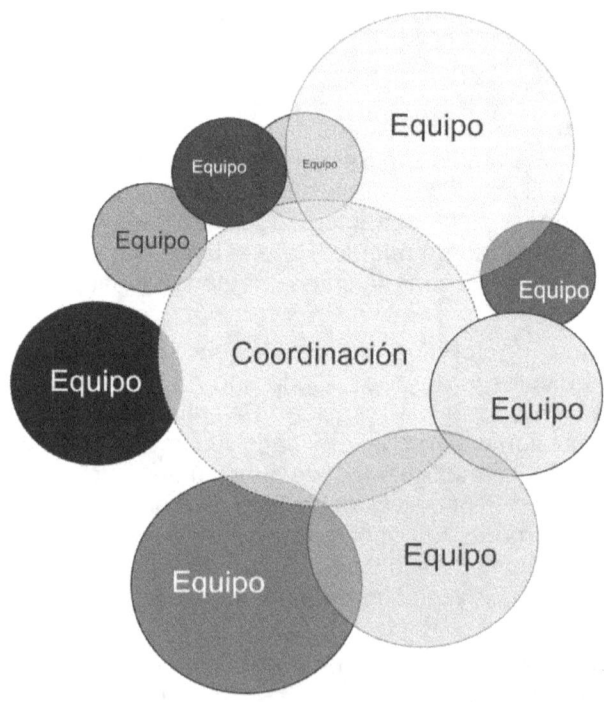

Estructura y subcontratación. La estructura dependerá de la fase de empresa en la que nos encontremos, pero el desarrollo de una organización empresarial eficiente hoy en día exige que se cumpla este principio:

> *La estructura central de la empresa debe ser mínima, y los gastos fijos, también.*

La subcontratación, el outsourcing, la división por subempresas, garantizan eficiencia, rentabilidad, reducen riesgos, permiten adaptación más rápida a los cambios del entorno y la flexibilidad interna. El recurso a directivos de transición o interinos, consultores, asesores, y la subcontratación máxima de tareas conduce a los más altos resultados.

Cuando un departamento clásico de una empresa media, ya sea marketing o I+D+i, se hace autónomo y trabaja para la empresa principal (matriz), pero también para otras, ya sea de forma permanente o por proyectos, consigue diversificación de riesgos, mayores eficiencias (se aprovechan mejor las estructuras, se reducen los costes fijos, se hacen auténticos centros de beneficio con sus contabilidades y control propio de costes), pero también se mejora la capacidad creativa y de flexibilidad, ya que se fomenta el aprendizaje y la adaptación, y se aprovecha la experiencia de los equipos en otros sectores o tamaños de compañía, acelerando el intercambio de conocimiento.

El círculo estructural del interim management y la subcontratación

En el esquema del círculo estructural cambiamos el esquema de jerarquía en "árbol" por un modelo circular.

En el centro estará el núcleo estructural de la empresa, formado por las personas claves, incluyendo al equipo directivo.

En amarillo, en un segundo nivel, figura el primer área de descentralización, basado en la gestión de interims managers especializados (área ED estrategia y dirección, FA financiación y administración, PO producción y operaciones, MC marketing y comercial, DP dirección de pesonas y equipos), trabajando en proyectos concretos.

En el tercer anillo, hacia el exterior, se simboliza el segundo nivel de descentralización, en donde recurrimos a especialistas en tareas concretas, como asesoría fiscal o consultores en informática de gestión (área FA), expertos en calidad o prevención de riesgos (área

PO), expertos en marketing digital "inbound" o agencias publicitarias (área MC), o asesores laborales o expertos en dinamización de grupos, o empresas de selección de personal (área DP).

Este círculo pretende esquematizar la sustitución de jerarquías por acciones interactivas entre departamentos o "equipos" de trabajo especializado. Estamos dividiendo las acciones de la empresa en cinco grandes grupos ED-FA-PO-MC-DP, pero **las fronteras en estas áreas no son fijas ni hay compartimentos estancos**. La interacción es total, pero organizada mediante sistemas de control de gestión.

EL CIRCULO ESTRUCTURAL
INTERIM MANAGEMENT Y SUBCONTRATACIÓN

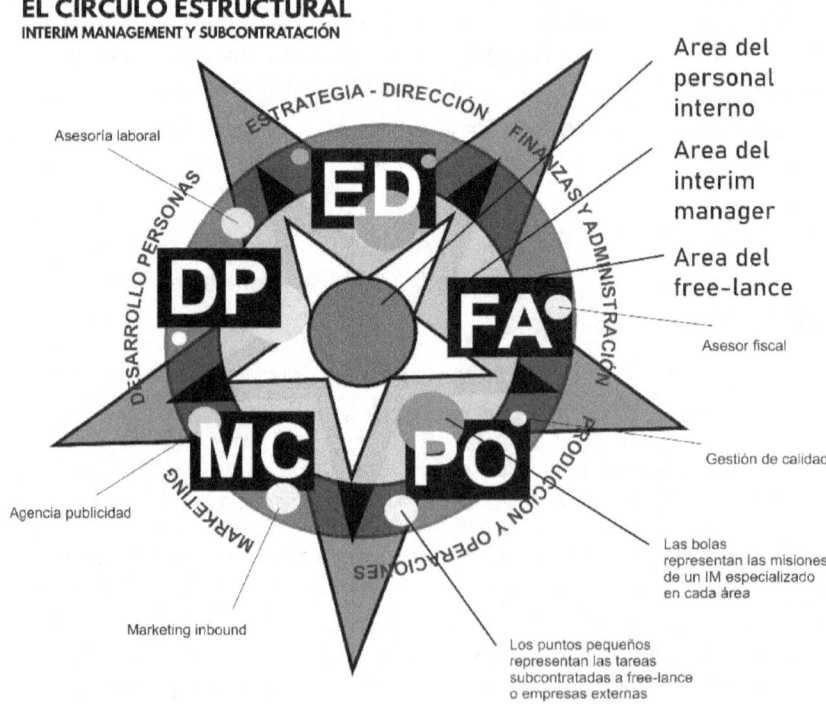

El trabajo en las corporaciones se basa en equipos, y cada equipo es una "miniempresa" o "centro de beneficios", el cual tendrá su propia contabilidad: sus objetivos, su presupuesto, su sistema de medición de consecución de hitos, sus indicadores KPI's, y su cuenta de resultados. En ocasiones, los equipos coincidirán con áreas tradicionales de gestión, pero en otras ocasiones no será así. Y muchas veces, estos equipos serán responsables de su propia estrategia, estructura, financiación, administración, operaciones, marketing, y su desarrollo interno de personas y del equipo en su conjunto.

Vamos a **estructuras dinámicas, flexibles, que trabajan por proyectos en base a objetivos**. Este es el nuevo esquema de los negocios rentables y competitivo.

En la empresa digital, la medición automática de los rendimientos genera también sistemas automáticos de gestión estructural. Las organizaciones crean sistemas de recopilación de datos, procesos automatizados y sistemas de evaluación objetivos. La subjetividad y las interpretaciones quedan en planos secundarios frente a los procesos.

El teletrabajo aumentará, la autonomía de los equipos también, y la conexión debe ser aquella que genere máxima eficiencia al menor coste.

Los sistemas de control de gestión basados en inteligencia de negocio BI, deben diseñarse de tal modo que controlen todos los parámetros relevantes de la organización en tiempo real (o casi real). Podemos hacer fácil la gestión de un círculo estructural en la que **interactúan los equipos internos y externos** (colaboradores subcontratados) en base a inversiones y presupuestos previamente establecidos, objetivos y plazos delimitados, y control de KPIs.

La digitalización supone una revolución en la gestión de las empresas, y facilita la **coordinación de estructuras descentralizadas, interconectadas y rentables**.

PILOTAR – 4. Finanzas

Las empresas necesitan una adecuada combinación de capital y trabajo (talento). Sin inversión y sin riesgo no hay beneficios.

El tratamiento de las finanzas en una empresa es esencial, ya que son los recursos que nos permitirán el primer impulso del negocio, y permitir el crecimiento. El objetivo principal de una empresa también es financiero, ya que es la generación de beneficios o rendimientos adecuados al capital invertido.

Hablamos de finanzas corporativas[27], y en finanzas englobaríamos todo lo concerniente al valor, cómo aumentar el valor de las acciones de los socios, considerando que, además, el éxito en este proceso facilitará a la empresa captar a nuevos inversores, y con ello, crecer y seguir aumentando su valor.

En el ámbito financiero, las acciones básicas son dos: a) decidir en qué invertir y b) decidir cómo financiarse. Normalmente la dificultad está en cómo conseguir los fondos necesarios para la adquisición de activos, o para financiar el cirrculante.

El concepto base a tener en cuenta en finanzas, y en toda la empresa, es el **retorno de la inversión** (ROI), considerando la tasa de rendimiento (o tipo de interés) que la empresa consiga para retribuir el capital invertido. En esta tarea, hay una correlación riesgo/beneficio, para obtener un beneficio hay que correr algún riesgo. La gestión financiera ideal sería aquella que consigue elevados beneficios con mínimo riesgo y mínima inversión.

En este manual hemos insistido mucho en que la base de un negocio es la satisfacción de una necesidad o deseo (o "alivio" de una frustración o un trabajo) de un cliente dispuesto a pagar

---

[27] Corporación es una empresa propiedad de accionistas que tienen responsabilidad limitada, son propietarios, pero no directores: la responsabilidad de la administración y dirección recae en un consejo de administración, el cual normalmente nombra a un equipo directivo.

por ello, y que el precio que esté dispuesto a pagar sea el suficiente para rentabilizar el capital invertido para ofrecerle esa propuesta de valor. Es decir, podemos considerar que la base es el cliente, sin él no hay negocio; pero también podemos decir que la base es el inversor, porque sin él tampoco hay negocio.

Establecemos un cierto paralelismo entre cliente e inversor, y consideramos que en la evolución (digital) de los negocios, este paralelismo será cada vez más evidente. A medida que la empresa consigue atraer a más y mejores clientes a sus propuestas de valor, también está consiguiendo atraer a más inversores, porque reduce el riesgo para la obtención de beneficios satisfactorios para el capital que invierte en la compañía.

Muchas empresas "fintech" unen en un solo portal a inversores (financiadores) y proyectos (financiados), para dar soluciones más económicas y flexibles a las necesidades de ambos.

Principales problemas financieros de las empresas. Los mayores problemas que nos encontramos en las empresas en relación con sus finanzas, son los siguientes:

- *La empresa está en un bucle de **pérdidas** que van consumiendo los recursos, y no ha sabido reaccionar a tiempo.*
- *No ha previsto con rigor el **fondo de maniobra** necesario, que muchas veces va creciendo a medida que crece la empresa (diferencia entre período de cobro y pago).*
- *Errores graves en gestión de **stocks** o en su valoración.*
- *Distorsión entre los **valores contables de activos** y los reales.*
- *La empresa no tiene un control riguroso de **tesorería** (plazos de cobro y pago).*
- *La compañía se ha financiado inadecuadamente, por **falta de previsión**.*
- *Los **socios** no desean o no pueden invertir más, ni endeudarse más, ni prestar garantías, ni dar entrada a otros socios.*

- No se han previsto los *"saltos estructurales"* o *"crisis de crecimiento"*.
- Problemas graves e imprevistos en el **mercado financiero**.

Análisis financiero

La empresa debe tener financiado con fondos a largo plazo parte del activo corriente o circulante. Si la empresa está en financiando a corto plazo activos a largo (por ejemplo, instalaciones), está en una situación de elevado riesgo financiero.

Los ratios de análisis financiero

Los ratios son elementos de ayuda para valorar la situación financiera de la empresa. Hay muchos ratios, y muchos análisis, pero vamos a centrarnos en los más importantes.

a. **Fondo de maniobra (FM).** También llamado ratio de liquidez general. Activo corriente (AC) dividido entre el pasivo corriente (PC). Proporción de deudas a corto plazo que se pueden cubrir por *elementos del activo. FM=AC/PC*
Su resultado debe ser mayor que uno. Una parte del activo corriente debe ser financiado con financiación a largo plazo. Es un indicador que no es definitivo, ya que una empresa con FM negativo puede ser solvente.

b. *Test ácido (ROA). Es más afinado que el anterior, porque excluye a los elementos de inventario (existencias). Test ácido es el resultado de dividir el activo corriente o circulante (AC) sin el inventario (I), dividido por el pasivo corriente (PC). ROA=(AC-I)/PC*
Si es mayor que uno, la empresa puede encontrarse en situación de exceso de liquidez, puede estar perdiendo rentabilidad por disponer de recursos financieros ociosos. Si es menor que uno, la empresa tiene activos líquidos (circulantes) insuficientes, está en riesgo de incumplir obligaciones de pago.

c. *Ratio de tesorería o coeficiente de liquidez inmediata (RT). Mide las posibilidades de hacer frente a las obligaciones de pago a corto plazo. Sumamos el activo disponible AD (tesorería e inversiones financieras temporales) y lo dividimos entre el pasivo corriente. RT=(AD+R)/PC.* **Una variación sería la prueba defensiva (PD).** *Indica si una compañía puede operar a corto plazo con los activos más líquidos. PD=(Caja+bancos)/PC*

d. **Capital de trabajo (CT).** *Indica si la financiación de la empresa está equilibrada, si es suficientemente positivo. CT=AC-PC. También indica que parte del AC debe financiarse con pasivo a largo plazo.*

e. **Período medio de cobro (PMC).** *Consideramos las deudas a corto plazo (normalmente las deudas de clientes) multiplicada por los días del año, y lo dividimos por las ventas anuales. PMC=(Clientes*365)/ventas anuales*

f. **Período medio de pago (PMP).** *Mide el número de días que se tarda en pagar a proveedores, dividiendo el saldo de las cuentas de acreedores comerciales (evidentemente con IVA al hablar de pagos), dividido entre el saldo de compras, y multiplicado por 365 días. PMP=(Deudores/compras)*365*

g. **Razón de endeudamiento (RE).** *Indica el grado de endeudamiento de una empresa en relación a su patrimonio neto. Si PC es el pasivo circulante, PLP el pasivo a largo plazo, y PN el patrimonio neto, la razón de endeudamiento será: RE = (PC+PLP)/PN.*
El valor óptimo está entre 0,4 y 0,6. Si es mayor, la empresa pierde autonomía financiera (exceso de endeudamiento). Si es menor, la empresa puede tener exceso de capitales propios. Según la teoría de este ratio, aproximadamente el 40% de la financiación de la empresa debe realizarse con fondos propios.

h. **Ratio de autonomía finaciera (RAF).** *Relaciona los recursos propios con las deudas totales, informando sobre la composición estructural de las fuentes de financiación. Se obtiene dividiendo los recursos netos propios netos entre los recursos ajenos. RAF=RP/RA.*

i. **Rentabilidad financiera ROE**. *Capacidad de la empresa para remunerar el capital, a sus accionistas. Representa el coste de oportunidad de los fondos que han invertido en la empresa, frente al coste del dinero o inversiones alternativas. Resulta de dividir el beneficio neto (después de impuestos) entre los fondos propios. ROE=BN/FP.*

j. **Retorno de la inversión ROI**. *Es el valor económico generado por la empresa, en relación a la inversión realizada. Se obtiene restando al beneficio B la inversión realizada I, y el resultado se divide por la inversión. ROI=(B-I)/I. Si invertimos 100 euros, y obtenemos 200 euros de beneficios, el retorno de la inversión es del 100%, por cada euro invertido, obtenemos un retorno de 2 euros.*

La solvencia y la liquidez

Una empresa puede ser solvente y no tener liquidez. Por ejemplo, una empresa que sufre impagados repentinos e inesperados, aunque tiene el cobro asegurado. Es una empresa que temporalmente puede no tener liquidez, incluso puede que no pueda hacer frente a sus pagos, pero su patrimonio neto es positivo (el valor de sus activos es superior al del pasivo, es decir, sus deudas), y su modelo de negocio perfectamente viable. Estamos hablando de una situación de "concurso de acreedores" que teóricamente es reversible.

Una empresa puede tener liquidez y no ser solvente. Una empresa puede tener pérdidas continuadas durante mucho tiempo, hasta tal punto que su patrimonio neto es negativo, es decir, sus deudas son superiores al valor de sus activos. Pero, en un momento dado, puede vender un edificio o realizar un cobro importante de clientes, y disponer de efectivo en su cuenta bancaria, pero ello no es óbice de que no sea solvente. Una empresa que no es solvente está en situación de liquidación.

En el primer caso, una empresa que no tiene liquidez pero si que tiene solvencia, puede solicitar el concurso de acreedores, y revertir la situación. Sin embargo, en España, la mayoría de empresas que incurren en situación de concurso acaban liquidándose (sólo sobrevivieron el 7,5% entre 2008 y 2015)[28]. Las razones son muchas, pero el hecho es que esto es así, por lo que conviene evitar por todos los medios que una empresa tenga un problema de liquidez de tal magnitud que haga necesaria la solicitud de concurso.

Una situación de insolvencia debe anticiparse y evitarse a toda costa. Si la empresa se ve abocada a una situación de insolvencia de forma repentina e inevitable, tendrá que seguir de inmediato los procedimientos previstos en la ley para evitar responsabilidades de administradores, y para evitar también que las consecuencias de una liquidación sean exageradamente negativas.

La gestión financiera es fundamental para asegurar la supervivencia de la compañía, pero también para salvaguardar la responsabilidad de los administradores. En el ámbito financiero-administrativo también se encuentra el fiscal, y la presión y exigencia en este ámbito es tan elevada que exige un control exhaustivo.

Período medio de maduración (PMM)

Es el tiempo medio que transcurre entre el pago a proveedores (por la compra de materias primas u otros productos) y el cobro a clientes por la venta de productos terminados.

Depende del PMA período medio de aprovisionamiento (días que pasan desde que las materias primas son compradas hasta que se incorporan al proceso productivo), del PMF período medio de fabricación (saldo medio de los productos en curso dividido entre el coste diario de producción), del PMV período medio de venta (tiempo que transcurre desde que un producto se termina hasta su venta, y

---

[28] Según datos del Colegio de Registradores, en un artículo publicado por el diario El País el 6 de diciembre de 2015.

que se obtiene dividiendo el saldo medio de productos terminados en almacén entre los productos vendidos en un día), el PMC período medio de cobro a clientes y el PMP período medio de pago. PMM=PMA+PMF+PMC. El período medio de maduración financiero (PMMF) se calcula: PMMF=PMM-PMP.

EL PMM PERÍODO MEDIO DE MADURACIÓN

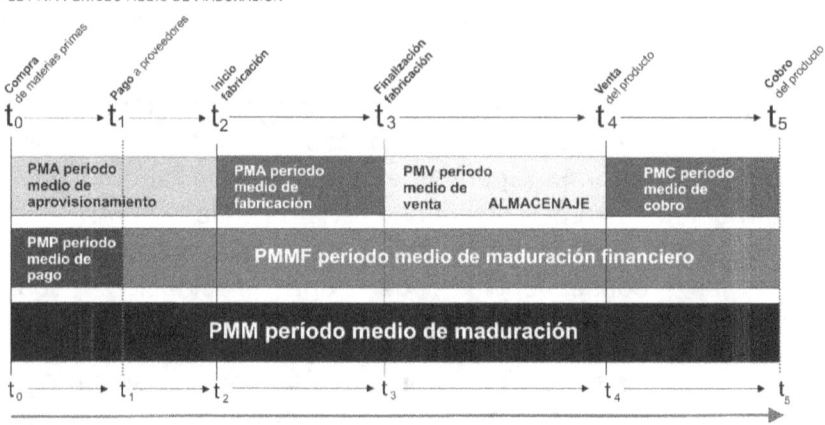

Si no conocemos el período medio de maduración, nunca podremos realizar una adecuada planificación financiera.

La empresa "compañía A" producía el producto X. La materia prima tenía que comprarla en prepago, pero en cambio, el cobro a clientes no conseguía hacerlo efectivo hasta una media de 90 días después de la venta. El tiempo medio desde la compra y pago hasta el cobro, era de más de 140 días. A medida que la empresa crecía más, necesitaba más financiación, y no podía conseguirla con fondos propios. Tuvo que plantearse aumentar márgenes o reducir su período medio de maduración, ya que se le agotaba su capacidad financiera. Esa empresa atravesó importantes dificultades para sobrevivir.

Posicionamiento financiero

Mediante el análisis de ratios y otras consideraciones, posicionaremos la situación financiera de la empresa en el presente. Hacer la previsión de necesidades financieras (plan financiero) precisa de un conocimiento profundo de la evolución de los procesos de creación de valor, y de las pruebas de aceptación en el mercado. Se definirá un proceso por etapas, en donde cada una de ellas precisará de sus recursos financieros, y de su evaluación de resultados, antes de pasar a la siguiente.

Atención a la situación del mercado financiero

En la financiación de las compañías es muy importante prever la situación del mercado financiero general. Hay ciclos en los que pueden obtenerse recursos de inversores y/o créditos bancarios (por ejemplo, cuando hay tipos de interés bajos y en otros nichos de inversión el riesgo es elevado, como puede ocurrir en construcción) y hay otras en las que no existe liquidez. Esto hay que tenerlo en cuenta a la hora de dimensionar la evolución de nuestro negocio.

En las empresas españolas, hemos detectado dos factores de distorsión frecuentes en la gestión financiera, que les suponen altos costes, en los que incurren por no recurrir a asesoramiento especializado:

a. *En primer lugar, muchas compañías acaban teniendo una dependencia y vinculación excesiva con determinada entidad financiera, que hace que acabe teniendo unos sobrecostes excesivamente elevados a cambio de la financiación de que dispone.*
b. *También hemos detectado como muchos empresarios presentan garantías exageradas para cubrir riesgos de entidades financieras.*

La transformación digital está comenzando a afectar de forma importante al mercado financiero, el desarrollo de la tecnología blockchain[29], la eliminación de intermediarios, y la reducción de riesgos para inversores y costes para las empresas, conllevarán en poco tiempo un cambio sustancial en la forma de financiarse los negocios.

Instrumentos de financiación

Como veremos en el siguiente punto, hay diferentes formas de financiarse, pero los nuevos modelos de financiación no bancaria están adquiriendo cada vez más fuerza y facilidad de acceso, por lo que son aspectos a los que se recurrirá con más frecuencia.

1. *Financiación propia. Los fondos propios son los que provienen de los socios (fundadores y otros que se puedan incorporar) y los generados por la propia empresa a través de las reservas. Cuando no son suficientes, aparece la financiación ajena. Es la base de financiación de un proyecto que comienza, y suele ser condición necesaria para que otros inversores confíen en él.*

2. *FFF. Amigos, familia y "tontos". Derivado de los términos ingleses family, friends and fools (FFF), es una de las fuentes de financiación habituales de los proyectos emprendedores, los recursos se obtienen de forma rápida y con requisitos menos exigentes que los que impone un inversor profesional o un banco (plazo de devolución, intereses). También pueden consistir en un préstamo sin intereses. El riesgo es elevado, ya que la mayoría de los nuevos negocios suelen cerrar en los tres primeros años. Podemos considerar a este grupo como parte de la financiación propia.*

3. *Préstamo y crédito bancario. Una entidad financiera nos concede un riesgo, bien en una póliza de crédito (una cantidad disponible que usaremos en función de nuestras necesidades) o*

---

[29] Detallamos en el capítulo dedicado a transformación digital las posibilidades que permitirá esta tecnología blockchain, muchas de ellas pueden transformar el mercado financiero tal como lo entendemos actualmente.

bien un préstamo bancario (devolución mes a mes). El crédito se usa para atender necesidades puntuales de tesorería, normalmente estacionales, y sólo en el corto plazo. El préstamo se utiliza en el largo plazo y puede ser subvencionado. Como hemos apuntado, parte de los activos corrientes o circulantes deben ser financiados con pasivo a largo plazo. Hoy en día, el crédito bancario es exigente en garantías y es caro (no siempre en el tipo de interés, sino en prestaciones añadidas).

4. ***Crédito comercial****. Muy usado por las PYMES, normalmente es gratuíto y no exige garantías adicionales. Consiste en el aplazamiento de pago que hacemos por las compras. Por el contrario, el crédito que concedemos a clientes nos resta financiación, y tiene riesgos de cobro.*

5. ***Leasing, renting****. Consiste en alquilar bienes en lugar de comprarlos. El leasing ofrece la opción de compra, y el renting normalmente incluye el mantenimiento de equipos. Ofrece ventajas contables y fiscales, y contemplar los equipos como coste variable y no fijo es importante desde el punto económico, y también financiero, ya que exige menos recursos para la adquisición de bienes.*

6. ***Factoring****. Consiste en el anticipo de facturas pendientes de cobro. Ahora mismo existen compañías "no bancarias" que ofrecen interesantes costes por estos anticipos.*

7. ***Crowdfunding****. Financiación colectiva o micromecenazgo, que a través de donaciones económicas o de otro tipo, consiguen financiar iniciativas de otras personas u organizaciones. El emprendedor envía el proyecto a la plataforma de crowdfunding indicando la descripción, cantidad necesaria, tiempo de recaudación, recompensas. Algunos proyectos son valorados por la plataforma, otros se valoran de forma comunitaria. Se publica el proyecto por un tiempo determinado (30, 60, 90, 120 días), y se promociona. Al final del plazo se sabe si el proyecto se financia o no. El crowdfunding puede requerir donaciones, inversión, préstamos y puede ofrecer recompensas a cambio de la petición. El crowdlending es una forma de corwdfunding, que incluye inversión, donaciones o inversión social.*

8. **Microcréditos**. *Forma de financiación que no exige aval y tiene una cuota mensual asequible.*

9. **Business angel (BA)**. *Es una persona física o jurídica que aporta financiación (de sus propios fondos) y/o experiencia a nuevos empresarios, con la intención de obtener un rendimiento (rentabilidad de la inversión). Cuentan con experiencia, y guían al emprendedor para rentabilizar el proyecto, para ambas partes. La red de contactos del business angel también puede ayudar para acelerar la startup.*

10. **Capital riesgo o venture capital (VC)**. *También llamado private equity. El capital riesgo invierte como propietario de activo de la start-up, que normalmente es una empresa de nueva tecnología o modelo de negocio, dentro de un sector tecnológico (biotech-biotecnología, TIC, software, etc.). Una vez la empresa ha madurado, el capitalista se retira obteniendo un beneficio. Estos inversores VC están interesados en empresas que tengan alto potencial de crecimiento. Normalmente deciden su inversión valorando el plan de negocio de los proyectos que se les presentan. Tenemos diferentes tipos de operaciones, como el*

    Management buy-out (MBO), *cuando la adquisición de la sociedad o una parte se realiza por parte de directivos de la misma apoyadas por una empresa de capital inversión.*

    Management buy-in (MBI), *el control de la sociedad pasa a directivos externos que invierten en la misma, apoyados por una empresa VC.*

    BIMBO o management buy in management buy-out, *la adquisición y control se realiza por directivos de la misma con apoyo de directivos externos, y ambos apoyados por la compañía VC. Este modelo fue utilizado por Netscape o Amazon para poder financiar sus rápidos crecimientos. Las entidades VC incrementan el apalancamiento financiero, a veces de forma excesiva (pueden realizar operaciones con un alto porcentaje de deudas y sólo una pequeña parte con aportación de recursos).*

11. **Subvenciones**. *Préstamos blandos o subvenciones a fondo perdido de entidades como ENISA, CDTI, fondos de la Unión Europea (H2020), o fondos gestionados por las comunidades autónomas[30].*

12. **Financiación en mercados organizados**, *como obligaciones, bonos o pagarés. Una obligación es un instrumento de deuda a largo plazo, que normalmente utilizan las grandes compañías para obtener financiación. Es un préstamo a una tasa fija de interés. También se utiliza el término bonos, préstamo de valores o pagarés para denominar a esta figura financiera. Las obligaciones son transferibles por su tenedor, y no generan derechos de voto en la sociedad financiada.*

13. **Sociedades de garantía recíproca SGR**. *Son entidades financieras que facilitan el acceso al crédito de las PYMES y mejoran sus condiciones de financiación, prestando avales ante entidades financieras, administraciones públicas, clientes o proveedores.*

14. **Préstamos de accionistas**. *Es una fórmula frecuente de financiación en la que un accionista realiza un préstamo temporal a la empresa, sin que se convierta en capital, es decir, debe ser devuelto con intereses en un plazo de tiempo estipulado.*

15. **Playfunding**. *Consiste en financiación a través de anuncios, es una forma de micromecenazgo, en la que un creador define un proyecto que requiera financiación, en una plataforma playfunding. Una vez creado el proyecto, el anunciante decide si invierte o no a través de la publicación de un spot publicitario. El player será el responsable final si reproduce el anuncio, y verifica el play mediante su correo electrónico (o bien votando a la iniciativa en la plataforma, para que consiga un anunciante).*

---

[30] En Galicia hay varias líneas, como Innova PEME, Conecta PEME, IFI Innova y otros.

16. *Crowdsourcing*. También conocida como "subcontratación voluntaria", consiste en externalizar tareas a un grupo de personas o una comunidad. La compensación puede consistir en micro-pagos, reconocimiento social (micromecenazgo) o simple entretenimiento. Existen múltiples definiciones del término. Se usa en problemas gubernamentales sin fines lucrativos (planificación urbana y de tránsito en Salt Lake City, o la revisión de patentes por pares de la Oficina de patentes y marcas de EE.UU.)

¿Cómo financiar un negocio?

1. Financiación propia
Si el promotor, socio o mayor implicado en el proyecto, no

2. FFF. Friends, Family & Fools
Las personas o empresas más cercanas, que conocen el negocio, y los que dependen de su viabilidad, pueden ser una vía de

3. Crédito bancario
Es el sistema más tradicional, y ofrece ventajas para acelerar proyectos. Los tipos de interés del mercado no son bajos. Hay que

4. Sociedad garantía recíproca
Una sociedad de garantía recíproca puede avalar o facilitar el aval ante una entidad financiera para conseguir un préstamo o

5. Crédito comercial
El crédito comercial consiste en retrasar los pagos a proveedores lo máximo posible, y en cobrar lo antes posible. Podemos usar los

6. Business angel
Además de capital, nos aporta sus conocimientos, contactos y experiencia para acompañar el proyecto al éxito.

7. Venture capital o capital riesgo
El capital riesgo invierte en startups con alto nivel de incertidumbre, y a cambio de un porcentaje del capital.

8. Leasing, renting, factoring
Fórmulas de financiación parcial que reducen las necesidades de financiación "convencional" y las complementan. Son muy

9. Subvenciones
Existen ayudas locales, autonómicas, nacionales, internacionales, sectoriales o por actividad. No siempre es fácil

10. Nuevos socios
Una crisis puede ser el momento para abrir la entrada en la empresa a nuevos socios que aporten capital y otras ventajas,

11. Crowfounding
Pequeños inversores, a través de plataformas web, invierten como "micromecenas", a cambio de alguna ventaja especial, muchas

12. Crowdlending
Préstamos al margen del sistema bancario tradicional.

13. Crowdsourcing
Externalización de tareas. En lugar de micromecenazgo, la aportación no se realiza en capital, sino en trabajo. La empresa

14. Microcréditos
Para proyectos que no tienen capacidad de garantizar préstamos convencionales.

15. Playfounding
Un patrocinador inserta publicidad en la web del patrocinado, a cambio de una prestación

El valor de un buen plan financiero

La planificación financiera requiere un trabajo específico y especializado, aunque su eficiencia depende esencialmente de que tengamos un plan de negocio que demuestre rentabilidad, y de que tengamos pruebas de que ese plan es realista, a través de ventas de productos mínimos viables y sus reposiciones.

La estructura financiera de la empresa debe acompañar a la evolución del negocio en cada una de sus fases, y debe de planificarse con antelación. Un buen diseño del plan financiero nos preparará para situaciones imprevistas.

El plan debe de evolucionar con el negocio, y debe de contemplar los "saltos de nivel" (existencia, supervivencia, éxito, despegue y madurez de recursos). También el subsector y la velocidad del crecimiento condicionarán la financiación.

En un subsector mayorista, la gestión de la financiación comercial es primordial. En una startup tecnológica con capacidad de crecimiento exponencial, la financiación del crecimiento será clave en conseguir la correcta viabilidad del negocio.

En la planificación financiera es importante contemplar el período medio de maduración, y disponer de previsiones de tesorería ajustados y precisos. El coste de la financiación imprevista es extremadamente elevado, y el mantener recursos financieros ociosos es un coste de oportunidad (un desperdicio en la búsqueda de generación de resultados en relación al capital invertido).

Un buen sistema de gestión informático ERP nos ayudará a realizar previsiones de tesorería, con el registro de pedidos y plazos de pago, y de ventas con sus plazos de cobro. También debe prever los pagos periódicos y contemplar su estacionalidad. Es frecuente que una empresa tenga necesidad de crédito en determinados períodos del ejercicio (para afrontar pagos en época de ventas bajas) y excedentes de tesorería en otros. Anticiparse ayuda a optimizar recursos y evitar sorpresas.

La previsión de las necesidades financieras futuras nos permitirá acudir a las fuentes de financiación más adecuadas para la empresa, reduciendo riesgos y obteniendo mejores costes.

Siempre se debe contemplar la distribución entre fondos propios y ajenos, y mantener un porcentaje adecuado de financiación a largo plazo frente a la financiación a corto. Una parte del activo circulante debe estar financiada con pasivo a largo plazo, y ese principio no podemos perderlo de vista nunca.

El control de gestión y el equilibrio financiero, con previsiones a corto, medio y largo plazo, son factores esenciales para conseguir eficiencia y maximizar la rentabilidad.

PILOTAR – 5. Administración

Tareas relacionadas con administración

Englobamos aquí todas las tareas necesarias relacionadas con administración: sistemas informáticos (ERP o CRM), contabilidad, control de gestión, procedimientos, funciones, calidad, y cumplimiento de normativas: fiscalidad, protección de datos, prevención de riesgos, seguros, etc.

En la "nueva" gestión, debemos de procurar que estas tareas vayan formando parte de cada uno de las acciones de cada departamento y equipo. Debemos a tender que no exista un departamento de administración como tal, éste se debe limitar al control de gestión general (normalmente en base a un buen sistema informático ERP), a la gestión de indicadores válidos KPI, generación de cuadros de mando, la contabilidad y trámites administrativos básicos y esenciales. Los equipos y departamentos deben de autogestionarse hasta el mayor grado posible.

Contabilidad

La contabilidad general es un elemento básico y primordial para la gestión de negocios, y lo seguirá siendo. La contabilidad refleja la realidad de la empresa en cada momento en su balance, y los resultados obtenidos en cada período mediante la cuenta de resultados. La existencia de normas fijas para la valoración de activos y contabilización de pasivos, y la auditoría externa de cuentas, nos da una referencia de partida muy válida para conocer la situación de la empresa y su negocio.

Pero la contabilidad, el análisis del balance y cuenta de resultados, siendo necesaria, no es suficiente para poder realizar una valoración real de un negocio. La contabilidad nos puede dar numerosos indicadores erróneos, porque se basa en la medición de empresas en un contexto de progresión aritmética y no geométrica, en entornos de mayor estabilidad, en épocas en donde la fuerza de la oferta de productos y servicios tenía más potencia frente a la demanda existente.

En definitiva, **la contabilidad tradicional mide, pero no predice**. Vamos a explicar esto un poco mejor:

*La contabilidad tradicional realiza la **valoración de activos en función del valor de adquisición, no en función del valor que aporta al negocio**. Por ejemplo, imaginemos una empresa que ha adquirido edificios para instalar oficinas, delegaciones y almacenes. Progresivamente, la empresa se ha obligado a reestructurar sus redes, con los avances en transporte y comunicaciones, ya no es rentable usar esos edificios, pero no ha conseguido venderlos ni darles un uso alternativo. Tenemos un valor contable elevado, pero una aportación de valor al negocio nulo.*

*La **revisión de valoraciones**. Puede darse el caso contrario, que hayamos adquirido un edificio por 100.000 euros hace diez años, y que una ciudad se haya extendido hacia esa zona, y ahora el valor de ese edificio en el mercado pueda ser de 1.000.000 de euros. En la contabilidad seguramente no esté reflejada esa valoración.*

*El gran problema de la **valoración de existencias**. Hay muchos productos cuyo riesgo de obsolescencia es enorme. Es posible que hayamos comprado componentes informáticos por valor de 100.000 euros hace dos años, pero por un nuevo avance tecnológico, esos componentes se hayan quedado obsoletos. La contabilidad puede permitirnos valorar esos componentes por un valor superior al real, y los auditores pueden no detectar esa diferencia de valoración.*

*Las **pérdidas ocultas**. Si compramos hace 10 años un edificio en 1.000.000 de euros, y ahora queremos venderlo y sólo vale en el mercado 500.000 euros, tenemos que aflorar una pérdida de 500.000 en un único ejercicio. Es posible que a la empresa le interese mantener ese edificio sólo para evitar la mala imagen de aflorar la "pérdida oculta en la contabilidad". Esto también puede ocurrir con las existencias y otros activos.*

*Los **compromisos y garantías en la financiación**. En los balances, es importante analizar las garantías y compromisos que acompañan* *a la financiación bancaria. Es posible encontrarse que el mantenimiento de pólizas de crédito (de renovación periódica) se haga en base a garantías personales de socios (muchas veces muy exageradas), compromisos añadidos de contratación de pólizas de seguros, u otras contrapartidas que no figuran o no se valoran en la contabilidad de forma adecuada. Hay empresas que son verdaderas esclavas de su financiación de entidades financieras.*

*Los **riesgos financieros**. La contabilidad no contempla los riegos que pueden provenir de un mercado financiero cada vez más incierto, en donde existe la posibilidad de que no haya renovación de préstamos en su vencimiento.*

*Los **niveles de evolución del negocio**. La contabilidad no va a contemplar riesgos futuros por el salto de nivel de evolución del negocio, o crisis estructurales.*

*La contabilidad no analiza la **estabilidad de los mercados de la empresa**, los riesgos que pueden suponer cambios políticos (aranceles), de variaciones imprevistas en los tipos de cambio (empresas que operan en varios países), cambios legislativos repentinos, o una rápida innovación que deje totalmente obsoleto el negocio, etc. Tampoco valora si el negocio es excesivamente dependiente de un único cliente o grupo de interés (falta de diversificación).*

*Los **costes de reconversión**. Hay empresas que disponen de estructuras no optimizadas de estructuras y/o personas, que pueden conllevar un coste de reconversión muy importante, que las contabilidades tradicionales no contemplan.*

__Análisis de puntos críticos__. Grandes riesgos para la estabilidad de la empresa, como cambios en la cúpula directiva, posibilidad de que se vea afectada por operaciones de fusión, adquisición, etc.

__Valor de la marca y fondo de comercio__. La contabilidad tradicional tampoco contempla el valor de la marca, o la facilidad de la empresa para que sus propuestas de valor sean aceptadas debido a un conocimiento previo de la marca asociado con prestigio; o el fondo de comercio que es el valor de la clientela real y de las relaciones existentes con la clientela potencial.

Control de costes. La contabilidad analítica nos permite controlar los costes y disponer de la información necesaria para para la toma de decisiones sobre rentabilidad de productos o servicios, fijación de precios o subcontrataciones, análisis de proveedores o evaluación del propio modelo de negocio.

Como vemos, a la hora de valorar la posición actual de la empresa y de establecer su posicionamiento para predecir resultados futuros, hay que trabajar con la base de información que nos facilita la contabilidad, pero hay que hacer una revisión metodológica de muchos factores para establecer una valoración real del negocio en el presente, y de su capacidad para generar negocio en el futuro.

Control de gestión

El control de gestión supone medir resultados, detectar ineficiencias, y presentar la información adecuada, en fondo y forma, para la toma de decisiones. También supone un ejercicio constante de revisión de costes. Una labor eficiente de control es una de las vías más importantes para obtener rentabilidad.

Una de las herramientas importantes para el control de gestión es disponer de un sistema informático ERP que permita registrar los movimientos de valor en la empresa, con una valoración adecuada, y con capacidades de combinación de información que permita extraer y resumir resultados que permita conocer la evolución del negocio y tomar decisiones.

En base a la información general de la empresa, debemos de generar cuadros de mando periódicos, que resuman la evolución de la empresa.

Gestión de costes

Una de las múltiples razones por las que la digitalización de los negocios debe ser pilotado por un equipo gestor cualificado, es en relación con la gestión de los costes.

En lo que llamamos contabilidad de gestión, debemos de captar, medir, valorar la circulación de valor dentro de la empresa. Y en la era digital, debemos de integrarla con la circulación de valor procedente del mercado. La tecnología nos presenta herramientas muy poderosas, económicas y que se pueden implantar de forma bastante rápida y sencilla.

Pero, al mismo tiempo, vemos por todos los lados empresas que disponen de esas herramientas pero no las usan adecuadamente o directamente, no saben sacar partido suficiente de ellas. Una de las principales carencias es no implantar un sistema adecuado de control de costes o de contabilidad analítica, íntimamente relacionado con un sistema de control presupuestario y el cuadro de mando.

El diseño de la digitalización no puede arrancar del final del proceso al origen, no podemos implementar programas, herramientas ni procesos, si no definimos antes los criterios de valoración con un orden de prioridades (de lo más relevante a lo menos), con un programa de implementación, y con la formación precisa de los equipos para un adecuado funcionamiento.

No es la misión de este manual el detallar cómo se implementa un sistema de costes, por la extensión que tendría exponer la adaptación a cada tipo de negocio, pero vamos a exponer algunos aspectos clave:

La valoración de stocks. Aunque fiscalmente no se admiten todos los tipos de sistema de valoración, nuestro control de gestión debe contemplar (aunque sea en paralelo a la contabilidad oficial) el criterio de valoración más adecuado a nuestro negocio (FIFO, LIFO, HIFO, NIFO, promedio o estándar). En función de las características de cada empresa, esta valoración debe estudiarse para materias primas, productos en curso y terminados.

Medición y tiempos en costes. En servicios exteriores, mano de obra, costes financieros, amortizaciones, provisiones, dotaciones y costes de oportunidad, tenemos que definir criterios de asignación. En particular, el cálculo de mano de obra y costes de hora/máquina serán fundamentales para disponer de datos fiables. En muchas empresas es especialmente importante la medición y gestión de los costes de oportunidad. t

Costes variables y fijos. La mayoría de los costes son variables a largo plazo, y esto se relaciona con las etapas de evolución de un negocio, también debemos analizar los criterios de diferenciación, así como detectar los semifijos y semivariables.

Implantación del sistema de costes más adecuado. En función de cada empresa, se establecerá el sistema de costes idóneo. Es un aspecto en el que muchísimas compañías no gestionan correctamente, y en el que determinadas desviaciones no detectadas a tiempo generan pérdidas de margen o pérdidas en relación a un producto o a un cliente determinado. En muchas compañías un sistema de "direct costing" puede ser suficiente (es la que aplican la gran mayoría), pero es preciso valorar si resulta conveniente un sistema de direct costing evolucionado, un sistema de costes por proceso, sistema de coste completo por secciones o el sistema de costes ABC basado en actividades.

En los sistemas de coste por pedido (orden de trabajo u orden de fabricación), que deben implantar aquellas empresas cuyos productos o servicios son únicos y no estandarizados, también es importante precisar los sistemas de gestión. Hemos visto con demasiada frecuencia que procesos bien diseñados fallan en la base por la falta de formación o diligencia de los operarios en las imputaciones de materiales o tiempo de trabajo. También es un ámbito en el que los desarrollos tecnológicos pueden ayudarnos mucho, con apps a medida que sean sencillas de usar, o con programas y sistemas de control de la calidad de la introducción de datos, o directamente con sistemas de "machine learning", IoT o incluso wereables.

También debemos de detectar los costes hundidos (que no se pueden modificar), el coste incremental (aquel que se genera si se fabrica o vende una unidad adicional por encima de determinado nivel), o aquellos que deben ser controlables.

En definitiva, antes de abordar una digitalización global, debemos de tener definida la estrategia, la estructura, los sistemas de contabilización y, de forma especialmente importante, el control de costes y su gestión.

Control general: el cuadro de mando

Recomendamos que toda organización genere un cuadro de mando mensual, o "monitorización de actividad de negocio", que refleje los siguientes parámetros:

Estrategia. Recordatorio permanente de la visión, misión y objetivos de la empresa. Todo el cuadro de mando debe de analizarse desde la perspectiva del cumplimiento de objetivos. Se analizará el cumplimiento del presupuesto anual, se analizan las desviaciones, y se tomarán las medidas correctoras.

Estructura. Se plasmará el esquema estructural de la empresa, y las variaciones respecto al período anterior. Adquisiciones y ventas de activos, contrataciones, incorporaciones, cambios, reasignaciones, evolución de los equipos de trabajo, etc. Se revisará la asignación de responsabilidades y funciones.

Finanzas. Se presentará la situación financiera de la empresa en ese momento, y los principales ratios. Se analizará el cumplimiento del plan financiero, y se decidirán las correcciones que sean convenientes. Se hará la previsión a medio y largo plazo, para poder planificar con tiempo las necesidades futuras. Se corregirán los cambios estacionales. Se prepara la iformación a inversores. También se prepara la información pública.

Administración. Se presentará el balance de situación y la cuenta de explotación en el período, con las explicaciones oportunas del porqué de esos resultados. Se revisarán los procedimientos, y se plantearán las propuestas de modificación. Se resumen los ahorros de costes, las transformaciones de costes fijos a variables, y las principales magnitudes de obtención de resultados, especialmente los no comerciales o directos de la actividad (financieros, gestión patrimonial).

Producción y operaciones. Evolución de costes de producción, detección de puntos muertos, mejoras en procesos, estadísticas de compra (ABC de proveedores y evolución), mejoras en calidad, gestión de suministros de materias primas, control de subcontrataciones, planes de mejora, contabilidad por órdenes de fabricación, detección de puntos críticos, planes de contigencia, planificación de producción y su adaptación a la evolución de las ventas.

Marketing. Requerirá un análisis muy pormenorizado. El seguimiento de la evolución de ventas, del segmento de clientes, recoger información para reformulación de la propuesta de valor. Ventas y márgenes por producto, por familia, por actividad, por área geográfica, por canal, por agente o equipo comercial. Gráficos de evolución y previsiones. También conviene valorar la evolución de los principales canales y distribuidores. Acciones correctoras. Información para trasladar a I+D+i o a producción para realizar adaptaciones en el diseño de productos o servicios. Seguimiento de las gestiones comerciales en marcha.

El **cuadro de mando debe de comenzar con un resumen de los datos más significativos**, que permita un posicionamiento rápido de la empresa y su evolución, a través de los indicadores (KPI) predefinidos. A continuacion mostraremos un primer grado de detalle y a partir de ahí una tercera parte detallará los informes finales, indicando las pruebas de objetividad de la información y el origen de los datos.

En este reporte tendremos especial cuidado en **valorar la fiabilidad de los indicadores**. Un resultado de beneficios puede ser un indicador engañoso que no nos puede permitir autoconfianza. Un pequeño indicador de un segmento de mercado nos puede dar una pista de una evolución de producto o servicio que puede tener un crecimiento exponencial, o bien una caída repentina. La información requiere de interpretación.

Los cuadros de mando se deben adaptar a cada tipo de empresa, según su tamaño, sector y subsector, o grado de evolución. Deben ser detallados en los aspectos clave, ya que son muchos los indicadores a seguir para evaluar el aprovechamiento de los recursos y la detección de debilidades y amenazas.

Business Intelligence. Los cuadros de mando en la era digital.

El concepto BI "Business Intelligence" quiere decir inteligencia empresarial. Se refiere al proceso de obtención, recopilación y análisis de datos para la toma de decisiones. En este proceso definimos procesos, y utilizamos herramientas tecnológicas.

Una de estas herramientas, que usamos en nuestras actuaciones como Interim Manager en PYMEs, es **Power BI**, *desarrollado por Microsoft, que permite la incorporación de datos procedentes de múltiples fuentes, y preparar cuadros indicativos de forma simple, en múltiples formatos disponibles, para crear informes dinámicos ágiles, intuitivos, claros y con infinidad de información.*

Las fuentes de origen de datos pueden ser

Bases de datos. De Excel, de SQL Server, de Access, de Oracle, de IMB DB2, de Sybase, Teradata, SAP, etc.

Azure. Azure es un conjunto de servicios en la nube de Microsoft. Power BI soporta múltiples conexiones de datos Azure, como Azure SQL Database, Cosmos DB, HDInsight, etc.

Servicios online. Power BI puede importar datos de SharePoint Online, Microsoft Exchange Online, Dynamics (365, NAV), Salesforce, Google Analytics, Facebook.

También permite importación de datos web, SurveyMonkey, Tenforce, o generados por Power BI.

Todas estas fuentes de origen de datos, nos permite el análisis de información relativa a finanzas, producción, ventas o recursos humanos. Y podemos integrar en esta plataforma también el análisis del marketing digital.

Con los datos importados, creamos presentaciones numéricas y gráficas en los formatos que más se adapten a las necesidades de cada empresa, con esquemas interactivos, gráficos muy visuales (incluyendo mapas), y muy fácil manejo.

Una vez diseñado el cuadro, o los cuadros de mando, podemos compartirlos con el equipo, generar informes para directivos o accionistas. Por supuesto, podemos acceder a ellos desde cualquier dispositivo y en cualquier lugar, facilitando también el teletrabajo o el análisis en itinerancia.

El análisis de la posición de la empresa y la implementación de Power BI, nos permite controlar la gestión de múltiples negocios, incluso en tiempo real. Es una herramienta muy potente, e importante para la mejora de la productividad y los resultados.

Muchas ERPs nos ofrecen herramientas de control de gestión suficientes para muchos tipos de negocio. En empresas con pocos clientes y elevados márgenes, no es necesario un control del dato como en compañías de elevados volúmenes, gran tamaño y márgenes reducidos. Es preciso realizar un análisis coste-rendimiento de cada inversión.

Además de Microsoft Power BI (Power Platform), tenemos Tableau, SAP BI, SAS BI, MicroStrategy, Oracle BI y muchísimas otras más.

Indicadores

Un **indicador clave de rendimiento KPI**, es una medida del grado de consecución de un objetivo fijado previamente, en un proceso determinado. Es un indicador de rendimiento.

Para los indicadores, se aplica el concepto SMART (como hemos visto con los objetivos): específicos (specific), medibles (measurable), alcanzables (achievable), relevantes (relevant) y temporales (timely).

La definición de KPI se realiza en el plan de negocio, y requiere precisión para hacer seguimiento de los aspectos clave.

Los procedimientos

El éxito de muchos negocios radica en la efectividad de sus procedimientos. Los nuevos negocios online (Amazon, Facebook, Coches.net, Uber, Blabla Car, etc., etc.) se basan en procedimientos gestionados a través de una app y su soporte de software. Los negocios en crecimiento, como franquicias (desde McDonalds a Re/Max), supermercados (Mercadona), etc.

De hecho, podemos decir que en muchos casos el éxito del negocio no está en la idea, ni en el producto o servicio que ofrece, sino en el **sistema de gestión**, en los **procedimientos** que sigue para gestionar su negocio, de forma descentralizada y eficiente.

Los procedimientos deben ser mejorados y deben basarse en metodología lean, es decir, eliminando tiempos muertos y otros desperdicios. También deben de buscar la autogestión de cada persona.

Los procedimientos deben de contemplar la retroalimentación del sistema, y el tratamiento de datos debe facilitar la generación de los cuadros de mando periódicos, con fiabilidad, para tomar decisiones y medidas correctoras.

La administración y la rentabilidad

De una eficiente administración general surge una organización eficiente y competitiva. La administración de la compañía tendrá información de todo lo que ocurre en la empresa, y establecerá controles en tiempo real, diarios, semanales, mensuales y anuales y de ejercicio. Velará por el cumplimiento de las normas. Las normas deben dar seguridad de que los errores se reducen, y que no se vuelven a repetir, y establecerán sistemas para eliminación de desperdicios en todos los ámbitos de la organización.

Cuadro de mando mensual - Panel resumen

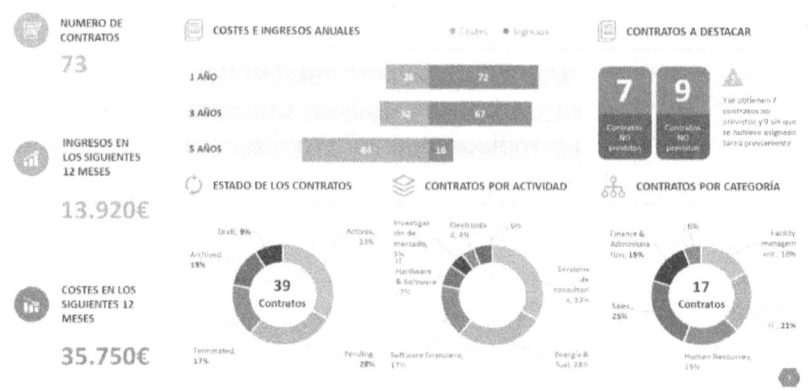

Resumen trimestral

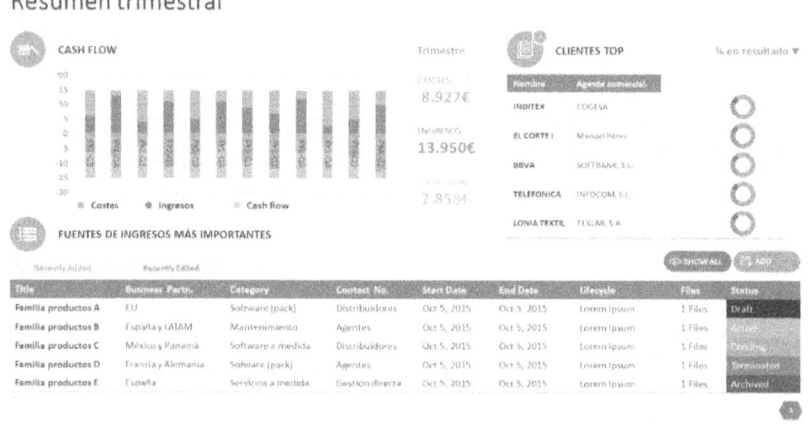

Tablero de ventas 1

ANÁLISIS DE VENTA

	VENTA PREVISTA	VENTA OBTENIDA	ÁREAS DE VENTA					% CONSECUCIÓN OBJETIVOS	COMPLETION RATE	MARGEN NETO OBTENIDO
			ESPAÑA	EUROPA	ASIA	EEUU	LATAM			
Línea 1	400	374	388	25	363	323	40	90%	90,8%	90,8%
Línea 2	300	320	279	11	268	238	30	87%	89,3%	85,3%
Línea 3	600	550	548	31	517	478	39	88,9%	86,2%	86,2%
Línea 4	800	737	761	36	725	630	95	92,9%	90,6%	92,6%
Línea 5	400	374	367	24	343	289	54	89,2%	85,8%	90%
								85,4%	88,6%	90,6%

EVOLUCIÓN VENTAS / OBJETIVO   Options

EVOLUCIÓN MARGEN GENERAL   Options

Tablero de producción 1

ANÁLISIS DE COSTES FABRICACIÓN

	COSTE FABRI PREVISTO	COSTE FABRI OBTENIDO	ÁREAS DE COSTE					% CONSECUCIÓN OBJETIVOS	COMPLETION RATE	MARGEN NETO OBTENIDO
			COMPRAS	ALMACÉN MP Y SEMI	PRODUCCIÓN EN	ALMACÉN PT	LOGÍSTICA			
Línea 1	400	374	388	25	363	323	40	90%	90,8%	90,8%
Línea 2	300	320	279	11	268	238	30	87%	89,3%	85,3%
Línea 3	600	550	548	31	517	478	39	88,9%	86,2%	86,2%
Línea 4	800	737	761	36	725	630	95	92,9%	90,6%	92,6%
Línea 5	400	374	367	24	343	289	54	89,3%	85,8%	90%
								85,4%	88,6%	90,6%

EVOLUCIÓN COSTE / OBJETIVO   Options

EVOLUCIÓN COSTE GENERAL GENERAL   Options

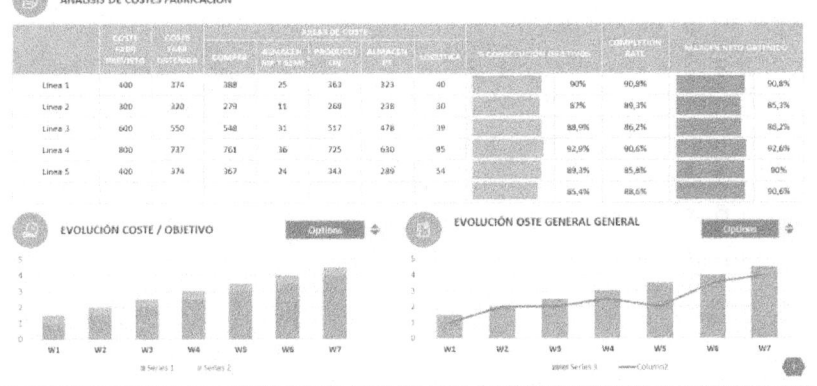

PILOTAR – 6. Marketing

El cliente es el centro

No hay negocio sin cliente. En todas las empresas, su plan de negocio, su estructura, su financiación, su sistema de administración, su producción y operaciones, sus relaciones con las personas y entre equipos, deben de girar en torno a un solo concepto. De nada nos sirve hacer el mejor producto del mundo, si nadie va a comprarlo.

Hoy en día, el concepto de marketing es un tanto ambiguo. Para nosotros, marketing se aproximaría al concepto de Kotler[31], entendiendo como tal todos los procesos relacionados con el intercambio de bienes y servicios necesarios para grupos y personas. Según este concepto, el marketing es bi-direccional:

- **C2B**. De mercado a empresa. Se recoge información del mercado para adaptar la propuesta de valor que la organización puede ofrecer, a la demanda real.
- **B2C**. De empresa al mercado. Se comunica al mercado la propuesta de valor de la empresa, de modo tal que ésta sea adquirida por un precio razonable.

Es frecuente que se asocie la palabra marketing con las actividades relacionadas con comunicación, o más concretamente, con las de promoción o publicidad.

Efectivamente, los mayores esfuerzos de la acción de marketing suelen centrarse en comunicación. Sabemos que un producto o servicio "normal" bien promocionado, tendrá éxito en el mercado. Y también sabemos que un producto o servicio "excelente" puede ser un fracaso comercial, si éste no se promociona adecuadamente.

---

[31] Proceso social y <u>administrativo</u> por el cual los grupos e individuos satisfacen sus necesidades al crear e intercambiar bienes y servicios

En todo caso, en relación con esa importante función de las empresas que es la comunicación con el cliente, no debemos de olvidar los canales y su efectividad.

Primero. El contacto personal. El famoso *"one to one", o el "face to face" (cara o cara). No hay, ni habrá, herramienta tan potente de comunicación como el contacto personal, y dentro de éste, será más favorable si se produce en determinados entornos y momentos. El rentabilizarlo, es uno de los problemas a resolver. No sólo podemos tener contactos de fuerza personales con el cliente a través de encuentros personales, también podemos contar con los eventos, reuniones, convenciones y otros similares.*

Segundo. El contacto por videoconferencia o telefónico. No es lo mismo que el contacto personal, pero sería la segunda forma de contacto en fuerza de comunicación.

Tercero. El email y la mensajería instantánea. Cada uno de ellos tiene pros y contras en función del objeto de la comunicación, por eso lo englobamos dentro del mismo rango.

Cuarto. Redes sociales.

Existen más canales de comunicación (prensa, libros, cartas en papel, etc.), pero queríamos resaltar el orden de la **fuerza de los impactos**, porque a veces hay una tendencia a endiosar la potencia de los nuevos sistemas de comunicación. Son útiles, pueden ser rentables, pueden ser efectivos, pero pensemos siempre que las mejores actuaciones son las que combinan varias actuaciones simultáneamente, y la fuerza del contacto personal es muy importante, y determinante, en la acción de numerosas empresas.

El segmento de cliente

Cuando hablamos de **"segmento de cliente"** queremos decir **aquel grupo de clientes reales o potenciales de la compañía (presentes o futuros), que paga o puede llegar a**

pagar por aquello que podemos ofrecer en nuestra organización.

Especialización. Las acciones de marketing en las empresas hoy en día requieren un trabajo específico arduo y muy especializado. Cada tamaño de empresa, cada subsector, cada zona geográfica, cada nicho sobre el que podamos actuar, requiere una estrategia comercial diferente.

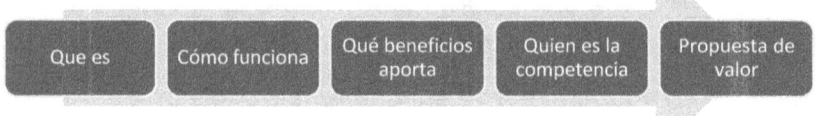

El análisis del segmento de cliente debe de atender al **individuo o consumidor**, pero también a su **entorno social**. Debemos de analizar al grupo "segmento de cliente", pero también al entorno social de cada individuo del entorno "segmento de cliente".

Para explicarlo mejor, pongamos un ejemplo. Imaginemos que somos una fábrica de motocicletas, y hemos detectado un aumento en la demanda y en las ventas en los últimos años debido a dos factores: a) las dificultades para aparcar automóviles en el centro de las ciudades y b) la capacidad de adquisición de un nuevo segmento de clientes de "mediana edad" que "rejuvenecen" al adquirir una motocicleta. Tenemos, pues, dos segmentos de cliente diferentes: uno jóvenes menores de 30 en entorno urbano 65%, y mujeres 35% (pero creciendo, ya que hace 5 años sólo representaban el 10% de las ventas). Y el otro segmento mayores de 40 años, 95% hombres, y 80% residentes en entornos urbanos. En el segmento A se valora especialmente un diseño agresivo, potencia y vanguardia; en el segmento B, comodidad, fiabilidad, seguridad y versatilidad.

El dilema es ¿hasta que punto merece la pena invertir en el desarrollo de motocicletas eléctricas? Las investigaciones de clientes indican que en el segmento A se pasarán al eléctrico sí y sólo si se mantiene el diseño agresivo, la potencia y la vanguardia, y en ello influye la opinión de los entornos sociales mayoritarios del grupo. En el segmento B, sin embargo, es más importante la imagen de ecología (por la influencia de su entorno social), y mantener la versatilidad de uso de la motocicleta, así como el ahorro en consumo, con lo que es más posible que tenga aceptación la motocicleta eléctrica. En las decisiones estratégicas debe de existir una anticipación a la demanda futura, y para ello no es suficiente con analizar sólo al cliente individuo, sino también a su entorno y las tendencias sociales.

Tenemos que conocer tres aspectos del segmento: El primero es **saber cómo piensa** nuestro segmento de cliente, conocer su psicología. Después descubrir con base en su forma de pensar, **cómo actúa** este grupo, su comportamiento. Y por último escuchar **cómo se expresa** el grupo en su entorno, su lenguaje.

Marketing mix. Las P del márketing mix son:

P - Producto/servicio. Propuesta de valor. Producción, prototipos, lotes cortos, presentación, branding, envases, estuches, embalajes, diseño, etc.

P - Precio. Costes, márgenes, conocimiento de productos o servicios competidores, valor del precio en la venta según posicionamiento empresa, flexibilidad, posibilidad de reducir costes con tiradas largas, tarifas, promociones permanentes o periódicas, etc.

P – Place (lugar). Canales de comercialización, logística (almacenamiento primario, secundario, transporte, distribuidores, canales, puntos de venta, formación, merchandising, gestión de lineales, etc.).

P- Promoción. Plan promocional online y offline, rentabilidad de acciones, indicadores, medidas, toma de decisión, acceso al segmento de clientes, acción sobre prescriptores... selección de medios, campañas promocionales, presupuestos, etc.

La promoción es necesaria para hacer un proyecto reconocible y con potencia, pero los errores en decisiones de promoción son una fuente de **despilfarro** enorme, por lo que **hay que tener especial cuidado** en el análisis.

Para una promoción efectiva, tenemos que analizar y decidir:

1. **El mensaje.** Mostrará el lema o slogan, características, beneficios y propuesta de valor, de una forma atractiva, fácil de captar y recordar. Será el resumen emocional de nuestra argumentación comercial.
2. **Los soportes.** Documentos físicos o virtuales en los que plasmaremos el mensaje (estuches, folletos, expositores, web, redes sociales). En función del público objetivo tomaremos la decisión.
3. **La forma.** El aspecto de las presentaciones, desde el logotipo al rótulo de la empresa, pasando por las tarjetas de visita, diferencian la imagen de una "gran empresa" a una organización "cutre". Crearemos formas emocionales en documentos y material de merchandising.
4. **El control.** Estableceremos sistemas de evaluación y control de todas las acciones promocionales. Un CRM permite compartir información útil entre el departamento comercial y fabricación.

P- Personas. Gestión del personal comercial: agentes, vendedores, prescriptores. Sistemas de selección, control, formación, motivación, evaluación, promoción, retribución, recogida de información de clientes y mercado. CRM, GPS, etc.

Es vital conocer las motivaciones de las personas y del equipo[32]. En la mayor parte de los casos, la retribución es uno de los factores,

---

[32] En el capítulo dedicado a la gestión de personas y equipos, analizamos en mayor profundidad estos aspectos.

pero importan otros en gran medida: buenas relaciones con el resto del equipo, respeto, educación, sentirse valorado y escuchado, o disponer de otros incentivos como la flexibilidad laboral, elegir períodos vacacionales, etc. (salario emocional).

Todas las empresas deben disponer de un sistema de control y evaluación de equipos comerciales. *Estos sistemas deben de evitar que las pérdidas de tiempo en conversaciones telefónicas emocionales interminables, los cotilleos, las opiniones subjetivas sin valor para la toma de decisiones, consuman recursos y energía.*

Vender es la acción crítica. *Normalmente no hay segundas oportunidades si se falla al primer intento. Los vendedores deben estar motivados, centrados en los objetivos, dominar argumentaciones y respuestas a objeciones, y preparar adecuadamente todas las entrevistas comerciales.*

La dirección de la empresa es la que gestiona. Aunque se insiste en que el (segmento de) cliente es el centro, y que el papel de marketing es clave en el éxito de cualquier proyecto empresarial, siempre hay que tener presente que **la propuesta de valor sale del conjunto de la empresa**: capital, talento, trabajo y considerando a todos los elementos de la empresa y grupos de interés. Todas las partes son imprescindibles, y todas las partes deben ser gestionadas y coordinadas.

Es esencial el uso de herramientas tecnológicas en la gestión de clientes. Un programa CRM ("customer relationship management")[33] permite a toda la organización realizar un seguimiento de todas las acciones con cada cliente: visitas comerciales y el resultado de las mismas, documentación comercial con presupuestos entregados, pedidos realizados, facturas, registro de todas las llamadas telefónicas y lo tratado en cada una de ellas, etc. También procuraremos la interacción con clientes en redes sociales y en aplicaciones específicas. El que el cliente pueda interactuar con la empresa en una web para tramitar gestiones, descargar

---

[33] En el apéndice se indican algunos de los CRM más utilizados.

facturas o hacer reclamaciones, ahorra costes y mejora la precisión y efectividad en las relaciones.

Conocimiento y definición del segmento.

Para una eficaz acción sobre el mercado, tenemos que disponer de información fiable sobre nuestro segmento de clientes. Tenemos que diseñar un sistema de investigación eficaz.

- *Trabajar sobre el "**cliente perfecto**" (los "clientes apóstoles" o "clientes evangelistas"). Podemos especializarnos en él y con él.*

- *Establecer sistemas fiables de **recogida de información**, que involucren a todos los equipos, empezando por los comerciales.*

- *Distinguir las **opiniones** de las **acciones** de compra.*

- *Establecer **comparativos** con productos competidores o similares.*

- *Identificar los "**valores añadidos**" que valora el cliente (atención, servicio entrega, instalación, puesta en marcha, postventa, encuestas de satisfacción, recordatorio de vigencia de garantía, servicios de mantenimiento, etc.).*

- *Tenemos que llegar a un conocimiento perfecto y profundo de la **competencia**, y de su DAFO (debilidades, amenazas, fortalezas y oportunidades).*

De las P del márketing mix a las E

Las cuatro P del márketing mix clásico son: P-Producto, P-Plaza (lugar), P-Precio y P-Promoción.

En la transformación digital, las P evolucionan a las siguientes 4E:

De P-Producto, a E-Experiencia. El producto lo transformamos en propuesta de valor. No es tan importante el producto en si mismo como la experiencia que produce en el consumidor.

De P-Precio a E-Exchange: intercambio. El precio pasa de ser considerado un concepto fijo a un convenio de intercambio. A veces se paga por productos o servicios a cambio de cesión de información o datos. El concepto de precio tradicional cambia.

De P-Place a E-Everyplace: omnipresencia. Ahora no llegamos al cliente por un único canal, sino por múltiples canales comerciales, que pueden o deben ser compatibles entre si. Página web, redes sociales, email, publicaciones, vídeos… hay muchas formas de llegar al consumidor con nuestros productos o servicios.

De P-Promoción a E-Evangelización. No sólo buscamos la compra, sino que el cliente sea un "fan" o un "evangelizador" una prescriptor de la marca, una persona "influyente" que recomienda a la marca por su vinculación con ella. Ahora no funciona la promoción tradicional, sino otras fórmulas de integración del consumidor con la marca.

El cliente digital

Los avances tecnológicos (big data, la nube) permitirán disponer de mayor cantidad de datos, mayor velocidad en su proceso, y conseguir resultados en menos tiempo. Unido a la movilidad (smartphones), podemos conformar representaciones de los hábitos de los clientes. Y más del 45% de las decisiones de compra son subconscientes.

Como veremos en el apartado de la transformación digital, el cliente es SOLOMO, social, local y móvil. Y lo será más en el futuro. Tenemos que tener muy en cuenta esta evolución para diseñar nuestras propuestas de valor y el modelo de negocio.

El cliente actual es un consumidor en una realidad digital. Es exigente, y va a requerir una atención especial:

- **Actualización**. *Quiere que las marcas adapten sus valores al ritmo de la transformación digital, y de los cambios en la sociedad y en el mundo (responsabilidad social).*
- **Humanidad**. *El cliente busca empresas de personas.*
- **Soluciones**. *Quiere que las marcas solucionen sus problemas.*
- **Comprensión**. *El cliente quiere que las marcas lo entiendan, en su diferencia.*
- **Coherencia**. *Lo que se transmite en la publicidad, tiene que ser coherente con lo que el cliente se encontrará en la compañía. No se puede engañar, ni ocular ni mentir.*
- **Innovación**. *El cliente quiere apuestas innovadoras.*

El embudo de ventas

El "embudo" de ventas (sales funnel) es un concepto metafórico que describe, de una forma gráfica, el proceso de la venta.

*Lead. En la parte más ancha del embudo, representamos los contactos, a los que llamaremos "**lead**" o dato, de los que disponemos para intentar convertirlos en clientes. Hay autores a los que llaman "lead" al "prospecto", y a los datos en esta fase del embudo, los llamaría simplemente, contacto.*

*Prospecto. Bajando, en ese embudo, llegamos a una segunda fase, que serían los **prospectos** (que nosotros consideramos como aquellos contactos que pueden ser clientes potenciales, porque pueden estar consumiendo o precisando productos o servicios como los que ofrecemos). Como hemos dicho, hay quien denomina lead al prospecto.*

*Oportunidad. El tercer nivel, sería el de "**oportunidad**" (la parte más estrecha del embudo), que son aquellos prospectos que han mostrado interés por nuestros productos. La oportunidad calificada, es el resultado de valorar cada oportunidad.*

Cliente. Ya se ha pasado por el embudo, y tenemos por fin un cliente.

En cada etapa debemos de seguir un tipo de táctica diferente. Podríamos decir que el proceso de generación de clientes pasa por etapas:

Primero, trataremos de disponer de "contactos" (por ejemplo, llegando a un público amplio e invitarlos a visitar nuestra web o nuestra tienda física), después tratamos de conseguir o detectar a los los "prospectos", que podrían ser aquellos que han visitado nuestra web (o nuestra tienda) y de los que podemos conseguir sus datos, y la "oportunidad", que son aquellos que ya han mostrado interés.

Las tácticas en estas etapas serían a) **atracción o generación** de contactos o leads, b) **cualificación** para conseguir prospectos, c) **conversión** de prospectos a clientes, d) **fidelización** de clientes y e) **relacionar** y extraer información.

EL EMBUDO DE VENTAS - FUNNEL

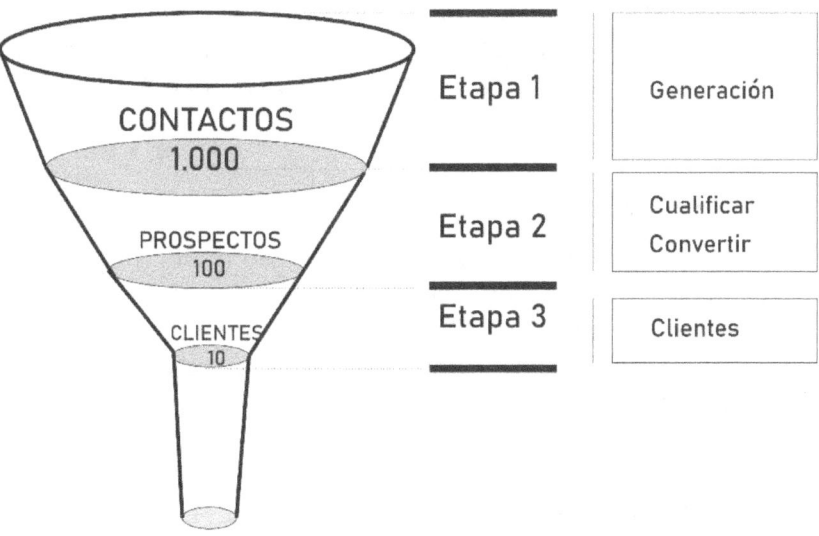

El esquema del embudo de ventas se utiliza, con numerosas variaciones, en aplicaciones de marketing digital, en estrategias de ventas, pero también para definir las estrategias de comunicación.

En la estrategia comercial de una empresa es muy importante tener en cuenta factores relacionados con nuestra compañía (tamaño, mercado geográfico, capacidad financiera, disponibilidad presupuestaria, fase de evolución), como con la estrategia comercial de nuestra acción.

*Si somos una startup, o lanzamos un nuevo producto, o abordamos un nuevo mercado, nuestra estrategia de comunicación deberá ir dirigida hacia el **TOFU** ("top of the funnel"), es decir, a la captación de contactos, o **MOFU** ("middle of the funnel) para convertir contactos en prospectos.*

*Si nuestra empresa dispone ya de una marca conocida en el mercado objetivo, pero hemos tenido un descenso en ventas y en cuota de mercado (nuestra competencia ha mejorado su posición en relación a nuestra compañía), la estrategia comercial probablemente deba de ir enfocada a la conversión (de prospectos a clientes), mediante una actuación **BOFU** ("botton of the funnel"), en la parte más baja del embudo.*

Marketing digital

El marketing digital es la revolución en marketing, es la transformación digital en estado puro y duro. A las grandes compañías les permite dirigirse directamente a su público objetivo, rentabilizando más que nunca sus inversiones publicitarias. Para las pequeñas, incluso para las micropymes, el marketing digital les permite acceder a acciones promocionales efectivas, con costes asumibles, con resultados medibles y rentables: ¡una gran oportunidad!

La publicidad digital ofrece muchas ventajas: permite a las marcas obtener **interactividad**, una **segmentación** muy precisa, y **medir** con precisión y rapidez los resultados. Puede usar sistemas de **pago** relacionados con la eficacia. Puede provocar **acción**. Puede contactar directamente con el receptor de la publicidad, **interactuando**. Permite diseñar campañas con **rapidez**, con diferentes enfoques, y también establecer pequeñas **pruebas** con presupuestos limitados para experimentar con diferentes acciones y valorar sus resultados.

El marketing digital genera oportunidades, y las pequeñas compañías deben de aprovechar la gran ventaja que disponen en este medio. Mediante Facebook o Instagram pueden llegar por muy poco dinero a su público objetivo, realizando una buena segmentación.

En el marketing "tradicional" nos encontramos, con frecuencia, con elevados desperdicios de recursos. Si anunciamos un servicio de seguros en la prensa o en la radio, pagamos por llegar a una audiencia o 'target', pero a priori no podemos conocer exactamente qué porcentaje representa el receptor que verdaderamente nos interesa. Es decir, siempre tiramos dinero a la basura. Además, el acceso a la publicidad realmente efectiva (por ejemplo, a ese programa de televisión que se ve en las horas de mayor audiencia), sólo está al alcance de grandes corporaciones con elevados presupuestos publicitarios.

Otra gran ventaja que nos ofrece el marketing digital es **el poder actuar en cada fase** del "embudo de ventas". Podemos generar acciones de A atención o atracción (TOFU), I interés (MOFU), D deseo (MOFU), A acción (BOFU) y F fidelización (BOFU). Esperamos que Mr Elias St. Elmo Lewis, que enunció el término del modelo AIDA para describir los efectos que produce un mensaje publicitario, no se enfade por que le haya añadido una F para la fidelización.

El éxito en la comunicación reside en "**llenar el embudo sin que se atasque**", es decir, generar contactos con atracción, leads o prospectos generando interés, convertirlos a clientes con el interés, materializar ventas con la acción, y mantenerlos o convertirlos en prospectos con la fidelización.

En el marketing digital **no podemos improvisar** ni actuar por intuición o impulso. El conocimiento de cómo funciona el comportamiento de los consumidores ante determinados estímulos es muy importante. El acceder a las experiencias previas de otros anunciantes nos puede ahorrar mucho dinero y tiempo en experimentos que no van a funcionar. Y, como en casi cualquier acción empresarial, el establecer un objetivo, definir un presupuesto, y establecer los KPI o indicadores de seguimiento y un sistema de recopilación y procesado de la información, serán imprescindibles para el éxito.

Tengamos en cuenta todas las profesiones y especialidades que están relacionadas con el marketing digital, para hacernos una idea de su complejidad: digital marketing manager online projecto manager, social media manager, community manager, webmaster, content manager copy, diseñador digital, responsable SEO, responsable SEM, analista digital, CRM & e-mail marketing manager, o el e-commerce manager. Pero, ¡tranquilos! Vamos a ir detallando todas estas tareas importantes en una estrategia de comunicación efectiva. Una PYME no tiene que contratar a todos ellos, y es posible que ni siquiera a una gran agencia que abarque todos estos ámbitos. Pero sí que debe establecer un plan profesional, y asesorarse por expertos.

Pero también es fácil desperdiciar inversiones en marketing digital. Vemos demasiados casos en que empresas invierten mucho dinero en la parte final (diseño de posts, vídeos, incluso en publicidad SEO) pero su falta de estrategia les impide obtener retornos en ventas. Las empresas no buscan "likes", necesitan euros: vender. Y para vender necesitamos un plan de negocio y un presupuesto que marque las pautas del plan comercial o de marketing, y éste marcará el plan de marketing digital.

En otras palabras, si tenemos un buen factor diferencial frente a nuestra competencia (que obtuvimos en el DAFO o bien mediante una reformulación de nuestras propuestas de valor), y sabemos a que cliente objetivo debemos de dirigirnos (porque hemos analizado cual es el más rentable mediante control de costes, margenes y previsión de comportamiento futuro de ese segmento), ya tenemos lo más importante avanzado. Sabemos lo que tenemos y a quien podemos dirigirnos.

Pero antes de trazar nuestra estrategia digital, es muy importante trazar un plan comercial que defina, entre otras cosas, las campañas promocionales con antelación, y que marque un calendario a toda la organización para estar preparados a tiempo.

Si tenemos una buena planificación, ahora es el momento de buscar creativos geniales para que creen contenidos, slogans, titulares, o referencias de experiencias. Con esa base, ahora vendrá la selección de canales (marketing offline u online), presupuestos y plan de ejecución.

Los elementos más importantes a tener en cuenta en marketing digital son:

La definición del público objetivo.

Es esencial. Debemos estudiar profundamente el target al que nos dirigimos. Ya hemos comentado que el conocimiento de cómo actúa nuestro cliente potencial es esencial para acertar tanto con nuestras propuestas de valor, como con la comunicación. Debemos conocer sus rasgos sociales y demográficos, qué piensa, qué siente, qué hace, cómo es, que piensa de nosotros, que piensa de nuestra competencia, que redes sociales utiliza, si visita o no nuestra web, ¡y más!

Disponemos de herramientas técnicas para ayudarnos en esta labor, desde Google AdWords, encuestas digitales (Typeform), Google Analytics, Facebook Insights, etc. Vamos a conocer al "buyer persona".

Definir el objetivo de la acción de marketing digital

Los objetivos son precisos en todas las áreas, aquí mas. Determinaremos cual será la marca o producto central de la estrategia, y debemos de definir un epicentro para esa estrategia. Ese epicentro normalmente es una página web, pero también puede ser un blog, una plataforma de e-commerce, o una app.

Definir la presencia en cada red

Daremos voz a la empresa estableciendo la presencia en la red social que resulte más conveniente para nuestra estrategia. Escucharemos lo que se dice de nuestra empresa, de nuestra competencia y el sector, estableceremos un plan de contenidos, seleccionaremos la forma en que presentaremos los contenidos, organizaremos el equipo y sus herramientas, y estableceremos el sistema de análisis.

Si somos un negocio local, Facebook seguramente sea la base más efectiva de comunicación. Si gestionamos una consultoría de ámbito nacional, LinkedIn sin duda será nuestra red.

La página web y el SEO

La página web suele ser la base de la comunicación digital. Hoy en día es la presentación de una propuesta de valor, de una empresa u organización, en la sociedad. Casi podríamos decir que sin web no hay nada, y con web hay algo (aunque detrás no haya todavía nada). Debemos de diseñarla en función de nuestros objetivos, teniendo en cuenta desde el primer momento el SEO, la medición de visitas y acciones dentro de la web, así como las llamadas a la acción. En el diseño web es esencial la imagen que se presenta al mundo.

El SEO (Search Engine Optimization) define el "**posicionamiento**" de la web, el conseguir que la web se encuentre cuando alguien busca algo relacionado con lo que podemos ofrecer, al menos en nuestra área de actuación (geográfica o sectorial). El **SEO** define las **características o acciones que hacen que nuestra web aparezca en las primeras posiciones en los buscadores**: como el más usado en este momento es, por diferencia, Google, pues será especialmente importante tratar de adaptarse al "algoritmo" que utiliza Google para el posicionamiento de sus páginas.

Esto del SEO puede parecer complejo, pero no lo es tanto, y nos ofrece una ventaja clarísima: **el posicionamiento de una web utilizando técnicas de SEO es gratis**. Cuidando el SEO podemos tener una web visible, y de forma gratuíta. Pero si no cuidamos el SEO seremos invisibles.

Para tener un buen SEO, conseguir una buena posición de nuestra página web sin pagar por ello, será muy importante el disponer de contenido de valor, relacionando ese contenido con las búsquedas más frecuentes, la "autoridad del dominio[34]", que disponga de muchos enlaces entrantes, que sea fácil de utilizar, que se cargue rápido (las fotos o vídeos no deben "pesar" demasiado) y que se adapte a dispositivos móviles. Que sea **una web de calidad**.

El **algoritmo de Google**, que decide por qué unas páginas están mejor posicionadas que otras, es secreto, y es la base del éxito de esta gran compañía. En teoría, el algoritmo sirve para unir, de la mejor forma posible, los intereses de un usuario que busca una web en base a unas palabras, con la web que mejor responda a su intención de búsqueda. Aunque este algoritmo no es conocido, son muchos los expertos que analizan por qué unas páginas están mejor posicionadas que otras, y se ha construido un gran **sistema de conocimiento SEO** que manejan los expertos en marketing digital, para conseguir un buen posicionamiento SEO de las páginas web que gestionan.

Aspectos importantes en el posicionamiento de una web, o SEO, son el evitar el "**Black Hat SEO**" (las técnicas que pueden funcionar a corto plazo, pero que no le gustan a Google), disponer de un buen **blog** actualizado y atractivo, la **densidad de las palabras clave** (el número de veces que aparecen en el texto las palabras clave, que coincidan con las que use el sujeto que busca), el que nuestros **contenidos sean enlazados** por otras webs (para ello deben presentar una buena calidad)

---

[34] La autoridad de dominio es un indicador que mide la calidad de un sitio web, a través de un software desarrollado por la empresa Moz, fundada por Rand Fishking y Gillian Muessig en 2004. Moz otorga una puntuación DA a cada sitio, y una puntuación PA a cada página (autoridad de la página).

Los **enlaces** entrantes (BackLink) son importantes en el SEO. El "LinkBuilding" es la estrategia de consecución de enlaces de calidad a nuestra web.

Las **palabras clave** o Keywords son muy importantes en el SEO. Son las palabras o frase por las que queremos que los usuarios encuentren nuestra página. El "long tail" (cola laga) es la combinación de palabras clave más específicas, sobre la base de nuestra palabra clave genérica. Si usamos long tail, cuanto más específica sea la búsqueda de nuestro usuario, mayores posibilidades tendremos de ser encontrados. Por ejemplo, si tenemos una peluquería de niños en Santiago de Compostela, será más fácil que nos encuentren si un usuario busca "peluquería de niños en Santiago", y esa es la descripción de nuestro negocio, que si sólo usamos la palabra genérica "peluquería" (ya que aquí, seríamos uno más entre los miles de peluquerías que puedan aparecer en la web).

El "**White Hat SEO**" o "SEO de sombrero blanco" es la denominación de todas las acciones de SEO que siguen las sugerencias de los motores de búsqueda (Google, Bing, Yahoo). Para un buen posicionamiento, es esencial diseñar una web de calidad que tenga en cuenta:

- *Diseño sencillo, agradable, fácil de usar.*
- *Responsive, que sea de fácil acceso y uso en teléfonos móviles.*
- *Carga rápida. Mejor de dos segundos, y no más de cuatro. Para ello, debemos optimizar las imágenes, ya que su peso influye en el tiempo de carga de la web.*
- *Títulos de las entradas, estudiados y situados entre etiquetas H1, con la palabra clave al principio. No exceder 70 caracteres.*
- *URL corta, y conteniendo la palabra clave. Sin preposiciones, artículos y sin "ñ".*
- *Que la web tenga un sitemap.*
- **Entradas**. Con la palabra clave en algún H2 (subtítulo), y entre las 100 primeras palabras de la entrada. Usaremos sinónimos para esa keyword. Añadiremos contenido multimedia, y tendremos en cuenta que los contenidos extensos posicionan mejor (entradas mayores a 300 palabras, y mejor si superan las 1000). Usaremos negritas y cursivas. Lenguaje comprensible. Llamada a la acción (comentar o compartir). Enlaces internos y externos.

Existen interesantes herramientas para ayudarnos en el SEO, como puede ser el software Search Console de Google, con interesantes utilidades, o Google XML Sitemaps (plugin para ayudar en la creación del sitemap).

Recordemos que normalmente la web es el centro de comunicación de nuestra empresa o actividad, es muy importante cuidar su diseño, la presentación, mensajes y el SEO.

El SEO es algo más que un "posicionamiento orgánico". La importancia del marketing digital ha creado profesiones muy especializadas en gestión del SEO, y algunos de estos expertos son ya jóvenes millonarios debido al valor que genera un buen posicionamiento, especialmente en el e-commerce. Si hay buen SEO, ahorramos inversiones en SEM, e incluso podemos conseguir un posicionamiento que igual no conseguimos mediante opciones de pago.

Los algoritmos de los buscadores evolucionan, pero se va conociendo el eje de su criterio de acción, favorecer a las páginas que ayudan a los clientes a encontrar lo que quieren, de forma rápida, y fácil. Tan simple, y tan complejo. Si una empresa necesita resultados de marketing, deberá tomarse muy en serio la profundización en todos los aspectos que tiene que ver con el SEO en Google o en las diferentes redes sociales, ya que puede ser clave en que consiga los resultados que pretende.

El comercio electrónico o e-commerce

Si vamos a construir una web de comercio electrónico, debemos de considerar varios aspectos importantes antes de empezar.

El primero, es que debemos de ser capaces de **ejecutar todos los procesos** que vamos a publicitar: oferta competitiva en productos y precios, disposición de los productos al precio publicitado, sistema de logística eficaz, pasarela de pago, sistema de atención a clientes y proceso para la atención de reclamaciones y devoluciones.

El segundo, es analizar muy bien a nuestra competencia, considerando que **nuestra oferta debe ser competitiva**. Normalmente, el portal de e-commerce es el instrumento de una verdadera tienda, también necesitará ser visible en el mercado. Si en una tienda física es importante su ubicación, su rótulo, el escaparate, el tamaño, la selección de productos en el lineal, la disposición y presentación del lineal, los elementos de "visual merchandising", la disposición de un proceso preciso para el suministro, exposición, venta, entrega, puesta en marcha y post-venta de los productos vendidos, también debemos de contemplar estos aspectos en nuestra tienda online, considerando a nuestros competidores. Y que debemos de hacer promoción.

Las ventajas del comercio electrónico son numerosas, ya que permite a una pequeña empresa ofrecer sus productos o servicios en todo el mundo (**deslocalización**), presentar su catálogo a cualquier cliente sin necesidad de una visita presencial, acceder a nuevos segmentos de clientes, aumentar la gama de productos a la venta.

El portal de e-commerce debe integrarse en la empresa. Normalmente la empresa dispone de varios canales de venta, pero desconectados entre ellos. La "**omnicanalidad**" exige una conexión entre todos. Tendremos un único cliente, que podrá optar entre diferentes vías para llegar a nuestros productos o servicios. En este proceso, el disponer de un CRM efectivo para recopilar toda la información relativa a cada cliente, con independencia del canal de comunicación con él, es esencial. La segunda parte de la integración tiene que ver con el ERP, integrar el producto ofertado en el sistema de gestión, en relación a la disponibilidad de stock, características, variaciones de precio, promociones… y que a la vez ese sistema nos de información en tiempo real de nuestras ventas y márgenes.

En nuestra tienda digital, deberemos ser muy buenos en su diseño, en el posicionamiento, en dinamizarla, en dotarla de contenidos de interés.

Nuestra experiencia en portales de venta de comercio electrónico data de lejos, cuando desarrollamos una aplicación B2B para una empresa mayorista de distribución en el sector de electrodomésticos. Se consiguió que el portal funcionase con efectividad y sin errores, gracias a disponer de un ERP con una base de datos fiable y actualizada, y con un portal rápido y eficiente capaz de manejar un gran número de referencias, apoyado en servidores potentes. Las ventajas fueron múltiples, se mejoró el servicio de transporte, se mejoró la oferta de productos y precios, y lo más importante, se redujeron drásticamente desperdicios, tiempos muertos y errores en los procesos, lo que se tradujo en importantes ahorros que pudieron repercutirse en la oferta comercial, haciéndola más competitiva.

Hoy en día, es mucho más fácil la generación de un sistema online desde el punto de vista técnico en relación con el proceso de información. Lo que ya no lo es tanto es la gestión logística. El usuario, en gran medida, espera un **precio de derribo** en las compras online, y eso no es compatible con un servicio adecuado en el suministro de muchos productos que requieren un transporte sin golpes ni incidencias, entrega a domicilio (a veces en condiciones complejas, en edificios sin ascensor o en zonas en las que no se puede aparcar), instalación y puesta en marcha (lo que precisa profesionales cualificados), y un *servicio* postventa que puede exigir la recogida de un aparato usado y la gestión de su entrega en una planta de tratamiento de residuos.

Un gran portal web, competitivo en servicio, productos y precio, exige una elevada inversión. Pero la tecnología y la imaginación pueden sustituir a los grandes centros logísticos más competitivos y hacer que una empresa, o una asociación de ellas, puedan generar un portal de comercio online atractivo y competitivo.

Existen muchas formas de relación en el comercio digital: el B2B (business to business) es un portal entre empresa y empresa (como podría ser el de un mayorista que vende a distribuidores, o una fábrica de maquinaria industrial que vende a otras empresas fabricantes); el C2C es la venta "customer to customer" (cliente a cliente), como la de los portales de productos de segunda mano (u otras como AirBnb o BlaBlaCar); El B2C es el más frecuente, de la empresa al cliente final (business to customer); también existe el C2B (cuando un cliente le vende a una empresa), o incluso el B2B (business to employee), cuando una empresa genera un portal de venta exclusiva para sus trabajadores.

Tipos de portales de venta online:

- **Brand Store o tienda de marca**. Por ejemplo, una marca de bicicletas (Trek) que genera una "experiencia de producto y compra online".

- **Tienda multimarca**. Es un portal especializado, que vende productos de diferentes marcas. Por ejemplo, Sprinter para productos deportivos.
- **Marketplace**. Un super portal de comercio online, como Amazon o eBay.
- Hay otros como portales de compra colectiva, outlets, de excedentes, etc.

El e-commerce nos permite la deslocalización, abrirnos a nuevos mercados y segmentos de clientes, hacer pruebas piloto con nuevos productos o servicios, nos permite automatizar la venta, disponer de cobro seguro.

Los mayores errores en el e-commerce los encontramos en fallos de diseño del modelo de negocio digital, por no contemplar correctamente las relaciones con la logística, desde el coste de los envíos a la calidad de éstos en función del tipo de producto, errores en gestión de precios y márgenes, y muy frecuentemente en la gestión de devoluciones o incidencias. También encontramos errores muy graves en falta de gestión de SEO en aspectos bastante elementales. También es frecuente que algunos negocios lancen ofertas de comercio electrónico sin planificación alguna, sin SEO, sin SEM... como abrir una tienda en el medio del desierto.

Los contenidos

Una de las funciones más valiosas del marketing es comunicar. Si no conseguimos que nuestro comprador potencial conozca nuestra propuesta de valor, no conseguiremos venderla. La comunicación se basa en el contenido, debemos de partir del qué tenemos para comunicar para pasar al cómo debemos comunicarlo.

En las acciones del "top of the funnel" (TOFU), aquellas en las que buscamos contactos, en las MOFU ("middle of the funnel) en las que buscamos prospectos, tendremos que pensar en la actuación de difusión del "know-how", hacer imagen de marca de nuestra empresa o difundir el "expertise" o capacidad en la resolución de problemas relacionados con los que pueda precisar el mercado.

En estas acciones tienen especial importancia la gestión de contenidos, y la difusión de éstos. Y el marketing de contenidos tendrá especial relevancia en la venta de determinados productos, y especialmente servicios (por ejemplo, asesoramiento, servicios a empresas, fiscalidad, etc.)

Cuando tenemos que dar a conocer una nueva marca, o bien un nuevo producto o servicio, los contenidos de carácter educativo tienen buena respuesta.

El **marketing de contenidos** consiste en crear y difundir contenido relevante, útil y valioso, que busca atraer al público objetivo a nuestra marca o productos, iniciando el proceso de gestión del "embudo de ventas" para convertirlos a clientes.

En este apartado hablaremos de la creación de los contenidos, la difusión la podremos hacer por varias vías, tanto on-line (e-mail marketing, blog, publicaciones en LinkedIn), como off-line (publicaciones en revistas del sector o especializadas, intervención en eventos públicos, conferencias, participación en programas de radio o televisión relacionados con nuestra especialidad, etc.).

En la definición de la estrategia de contenidos, tendremos que definir los objetivos. Para ello investigaremos el mercado, analizaremos a los clientes potenciales, recopilaremos información sobre los canales que utilizan, definiremos las etapas…

Algunas claves para crear los contenidos son:

- *Fuerza. Los contenidos deben ser divertidos, creativos e impactantes. Hay que arriesgar para ser tenidos en cuenta. Tienen que tener interés para el cliente potencial. Deben ser actuales. Los títulos tienen que ser potentes.*
- *Diferentes. Debemos de marcar un estilo propio en nuestra forma de comunicar.*
- *Compromiso e implicación (engagement). El cliente potencial debe detectar que estamos implicados en la interacción: ofreceremos valor. Tenemos que buscar la solución de problemas de nuestra audiencia.*
- *Acción. Además de crear llamadas a la acción, debemos de incitarlas, podemos crear concursos, un descuento, u ofrecer un regalo.*

La fase más apasionante del marketing de contenidos es cuando conseguimos que éste sea generado por los propios usuarios (Used

Generated Content), como, por ejemplo, cuando los usuarios de LinkedIn colocan sus artículos en esta aplicación.

El blog

Un blog es una página web especializada en la publicación de artículos (también llamados "entradas", "post" o "publicaciones"). Un blog puede formar parte de una página web, o bien ser una web independiente.

Los blogs pueden resultar muy interesantes para muchas marcas y empresas, y también pueden ser el eje de las estrategias de marketing de contenidos o inbound marketing[35].

Cada publicación necesita un título, imaginativo, impactante, que tenga en cuenta el SEO. Añadiremos imágenes, que deberían ser originales, impactantes, ingeniosas, divertidas (quizás también algo provocativas). Un primer impacto en un primer párrafo directo y contundente. Un concepto que será bien explicado. Y conviene que hagamos una llamada a la acción.

Un blog debe ser planificado y con estructura simple. Debemos de darle un toque personal, los usuarios quieren esa conexión, sentir lo que siente el bloguero, sus pensamientos y sus sensaciones.

Un buen blog es importante en el SEO, cuidaremos las palabras clave y las "etiquetas" (los famosos "hagstags").

La base de datos

La base de datos es el centro del marketing. Diríamos más, la mayoría de las empresas necesitan dos bases de datos potentes, bien gestionadas, seguras y protegidas, y con sistemas eficientes de entrada y salida de información. Una de

---

[35] El inbound marketing es una metodología que combina técnicas de marketing y publicidad "amistosas", con el fin de contactar con un usuario al principio de su proceso de compra y acompañarle hasta la transacción final.

ellas sería la que alimenta al sistema de gestión ERP (producción, administración, control de gestión y finanzas), y otra la que sirve de base para las decisiones en relación con ventas y marketing, el CRM.

Es vital que diseñemos los sistemas para recoger los datos de nuestros clientes, en el sentido más amplio posible, contemplando cualquier información que nos ayude a comprender sus comportamientos de compra.

La base de datos, gestionada por un buen CRM, nos permite disponer de información muy importante de la relación con el cliente (contacto, prospecto, cliente), medir el esfuerzo en cada parte del embudo y la rentabilidad del equipo comercial, definir KPIs, y diseñar acciones comerciales. Nos permitirá realizar segmentaciones, analizar la efectividad de las técnicas de captación de contactos, y las de conversión de contactos a clientes.

Una buena base de datos nos permite automatizar numerosas tareas, desde la gestión de programas de fidelización (por ejemplo, ofreciendo valor añadido, o felicitando el cumpleaños), o aplicación de tácticas de venta (aviso de cuando un producto vendido puede necesitar sustitución o renovación), también la gestión del servicio postventa, seguimiento de incidencias o reclamaciones, y mucho más.

Hoy en día hay muchos medios de captar contactos, y excelentes aplicaciones para gestionar la base de datos.

Uno de los usos más importantes de la base de datos en marketing es en telemarketing, que aunque no encaje directamente en las acciones de marketing digital per se, si que forman parte del conjunto de acciones coordinadas relacionadas con el marketing en su conjunto, y que puede ser una acción vital si parte de una buena base de datos, como para alimentar ésta.

El e-mail marketing

El marketing a través de email fue durante mucho tiempo una herramienta potentísima para llegar de una forma directa a nuestros clientes. Su expansión, como herramienta usada por cada vez más compañías, ha obligado a que los programas de gestión de correo electrónico hayan aprendido a clasificar los correos promocionales como "spam", y a que pierdan efectividad.

Otra razón relacionada con cierta pérdida de eficacia es la implantación de normativas de protección de datos personales en numerosos países.

No obstante, todavía es una herramienta muy útil, principalmente porque es un medio de contacto más eficaz que otros. El e-email marketing nos permite:

- *Segmentación del receptor:* geolocalización, datos demográficos, intereses, cumpleaños, historial de las compras, etc.
- *Personalización de mensajes, campañas "a medida".*
- *Contenidos de diverso tipo muy efectivos. Nos permite enviar instrucciones de uso, garantías post-venta, vídeos de demostración, catálogos online, atención a clientes VIP, etc.*
- *Interacción con el contacto.*
- *Rentabilidad por el bajo coste de la gestión de envíos masivos.*

Un buen email debe de tener un buen título y encabezado, un contenido cuidado y que despierte el interés, llamadas a la acción, botones y enlaces relacionados con la legislación de protección de datos, y los datos de contacto con la empresa.

En las gestiones TOFU, en las que intentamos captar contactos, o convertir los contactos en prescriptores, podemos usar el email marketing combinado con otras acciones. Enviamos un email, llamamos al día siguiente para comprobar su recepción. Intentamos en esa llamada que se lea el contenido del email (lo que supone muy poco esfuerzo y compromiso por parte del cliente), y en la segunda llamada, una vez leído el email, podemos concertar una entrevista para explicar mejor nuestra propuesta.

Algunas aplicaciones de utilidad para el email marketing: Mailrelay, MailChimp, Benchmark Email.

Apps y PWA

La expansión del uso de los smartphones es rápida. En 2018, la mitad de los jóvenes en España (entre quince y veinticuatro años), utiliza el teléfono móvil como única herramienta de acceso a internet. Pasamos cuatro horas al día, de media, usando nuestro móvil[36].

Para una compañía, el desarrollo de una app de intercambio de información con nuestros clientes es una revolución en la mejora de la efectividad, y en ahorro de costes.

Un usuario de banca puede operar desde su smartphone sin necesidad de ser atendido por una persona físicamente: consultas de saldo, extractos, transferencias, información fiscal y otras muchas actuaciones puede realizarla directamente al sistema de la entidad financiera. Esto supone un ahorro de costes y un incremento de la precisión (eliminación de errores) en los procesos, inimaginable hace pocos años.

Una PWA es una "aplicación web progresiva". A diferencia de una app, nos permite trabajar sin conexión online, con mayor rapidez y con menor consumo de datos.

Las empresas que intercambian datos con un volumen elevado de clientes, deben plantearse desarrollar apps o pwa avanzadas, que permitan la interactuación, la recogida de información, o que el usuario interactúe directamente con el sistema de la compañía. Es un grado muy avanzado de comunicación.

Hoy, todas las estrategias de marketing deben de realizarse pensando en el uso del móvil smartphone. "Los móviles primero". Esta tendencia ya iniciada, tendrá mucha más

---

[36] García, Isra y otros. Márketing digital para Dummies.

influencia en un futuro inmediato con el despliegue de las redes 5G, que multiplican por 10 ó 20 la velocidad y mejoran la precisión de las actuales 4G.

Estamos acompañando a muchas empresas que están implantando apps a medida, económicas y de rápida programación, para actividades relacionadas con mantenimiento de extintores, servicios de asistencia técnica y similares. También hemos realizado implantaciones de apps muy funcionales y económicas en pymes, para repartidores o equipos de trabajo en movimiento, a través de Microsoft Power Apps (integrada con Microsoft Power Platform). Ahora el hacer una app a medida para su empresa, o para sus clientes, está al alcance de cualquier PYMe.

Social media marketing

Las redes sociales son otro fenómeno técnico-social de gran importancia, derivado de la transformación digital. En particular, Twitter, Facebook, Instagram o LinkedIn son portales que conectan a millones de personas en todo el mundo, en los que cada usuario puede incorporar el contenido que le interese (texto o fotografías) y en donde numerosas personas pueden leerlo y emitir opiniones, o compartir la publicación.

Muchas empresas han descubierto la enorme potencialidad de estas herramientas para promocionar sus productos o servicios. Más adelante hablaremos de la publicidad digital (pagada) en redes sociales, pero podemos sacar también rendimiento promocional a muchas acciones en redes sociales sin coste (aparente, aunque parezca "gratis", realmente se paga un precio.

Recordemos que el precio que se paga por el uso de aplicaciones "gratuitas" se relaciona con la cesión de derechos de uso de datos de carácter personal, o relativos a nuestra ubicación geográfica, edad, intereses, estado civil u otros. Precisamente de este "valor" es del que nos podemos aprovechar con la utilización ingeniosa de recursos para aprovechar las bases de datos de las redes sociales, y las posibilidades de segmentación.

Si queremos utilizar las redes sociales como herramienta de marketing digital, debemos de comenzar por la creación de **contenidos** de valor. Podemos utilizar la segmentación. Podemos programar publicaciones (un día las preparamos, y se van publicando progresivamente en el tiempo). También podemos generar concursos, o utilizar "ganchos" para incrementar el número de seguidores (y con ello, de contactos a visualizar nuestras publicaciones promocionales).

Para pequeños negocios locales, desde restaurantes a peluquerías, el uso inteligente de la promoción en redes sociales puede producir un efecto constante de difusión de marca, pero también para generar clientes y realizar ventas concretas.

Por ejemplo, si generamos un perfil personal-empresarial, y seguimos primero una estrategia de captación de contactos en nuestra zona de influencia, podemos conseguir en poco tiempo acceder a un mercado local importante. Para ello, podemos pedir contacto a aquellas personas que ya están enlazadas con nuestros contactos. Una vez alcanzada una masa de contactos representativa, crearemos contenidos de interés (patrocinios de eventos locales, concursos, ofertas, formación, demostraciones) y con una presentación cuidada (vídeos, fotografías, textos con argumentarios). La difusión constante de nuestra propuesta de valor nos dará valor competitivo a un coste verdaderamente bajo.

__Facebook__ supera en 2019 los 2.200 millones de usuarios en todo el mundo. En España, dispone de 24 millones de perfiles creados. Más de la mitad del total de la población española posee un perfil en Facebook, lo usan personas de todos los sexos (el 54% mujeres, el 46% hombres), y de todo tipo de edad (42% menores de 39 años, y 51% mayores de 40 años). Es una herramienta muy potente para el marketing digital.

__Instagram__ es la red que más crece, pasando de 800 millones en 2018 a 1000 millones de usuarios en 2019 (+25%). En España, cuenta con 15 millones de "instagramers". El 56% son perfiles femeninos y el

*46% masculinos. Es la red social de los millenials: hasta el 66% de
los perfiles son de jóvenes entre 18 y 39 años.*

LinkedIn *es una red social imprescindible en el ámbito profesional.
Permite una excelente segmentación, y conectar con profesionales y
empresas de todos los países, con 610 millones de contactos, una
cifra muy importante considerando los perfiles que interactúan en
esta red. En España cuenta con ¡más de 10 millones de usuarios!,
que normalmente tienen un poder adquisitivo más alto que la media.*

Recogiendo información: la monitorización

El "Social Media Intelligence" es el concepto que trata de
entender a los usuarios para saber qué ofrecerles. Una de las
grandes ventajas del marketing digital es la elevada capacidad
de obtener información del público que interactúa con nuestras
actuaciones.

*Para obtener información de los usuarios, debemos establecer
sistemas de monitorización, estableciendo los temas, las palabras
clave, los conceptos sobre los que vamos a realizar seguimiento. A
continuación, realizaremos una labor de **depuración**, filtrando la
información obtenida para resumirla en aquello que realmente tiene
interés para tomar decisiones. La fase siguiente es el **análisis**,
trabajamos los datos con el objetivo de obtener concusiones.*

Los datos obtenidos y analizados debemos de contrastarlos y
enriquecerlos con otras informaciones, de dentro o de fuera de
la empresa, "mushup" o **enriquecimiento**. Y después de este
paso, podremos tomar **decisiones**.

*Existen múltiples herramientas para monitorizar: Google Alerts,
Hootsuite, BrandWatch, o Social Mention. Con Evernote, Storfy o
Delicious dispondremos de herramientas de organización y
etiquetado de contenido.*

*Debemos de estar preparados para una "**crisis de reputación
digital**", diseñando una estrategia previa y configurando alertas. Si
se produce la crisis, debemos de responder en cada área, localizando
el origen del problema, ofreciendo respuestas inmediatas, con*

transparencia, y dialogando con la audiencia de forma constructiva y atenta, sin eludir responsabilidades.

Publicidad digital

Las empresas canalizan ya la mayor parte de sus inversiones publicitarias en Internet. La razón principal es la rentabilidad, y esta rentabilidad se debe a la alta capacidad de segmentación de receptores de los impactos, por la eficacia de los mensajes (se puede llegar en el momento oportuno), y porque podemos obtener información rápida y fiable del éxito de nuestras acciones, y corregirlas para mejorar su efectividad.

Las posibilidades de pago por impacto o por click, y de dirigirnos realmente a quien tenemos que dirigirnos, evita despilfarros y optimiza los costes.

La publicidad digital permite a muchas PYMES llegar al público objetivo con tanta eficacia como las grandes compañías, con costes contenidos.

Un falso mito es que la publicidad digital no llega a todos los segmentos de edad. No sólo no es cierto, sino que además, sí que hay consumidores que sólo son receptores en medios digitales.

Hay sistemas de pago de publicidad digital muy diversos. Cada uno de ellos pueden ser aconsejables según la estrategia de actuación en cada parte del "embudo" de ventas.

El CPM es el coste por mil impresiones. CPC es el coste por click (interacción). CPL es coste por lead, cuando un usuario, además de la acción (click), realiza otra (como una suscripción). CPA es el coste por adquisición o compra, el más rentable, sin duda. CTR es coste por el ratio clics por cien. También puede ser un coste fijo por utilizar un espacio publicitario por un tiempo (como ocurre en los medios de comunicación no digitales).

En Branding (TOFU) usaremos CPM. En tráfico (MOFU) iríamos hacia CTR o CPC. En conversiones nos iremos a CPA.

El 85% de los ingresos de Google, que es la segunda empresa del mundo en capitalización, provienen de los anuncios (110.000 millones de dólares). Este dato nos da una pista sobre la rentabilidad de la publicidad digital hoy, y la potencia que irá adquiriendo en los próximos años.

Anuncios en buscadores y SEM. Son los anuncios que encontramos en Google, Bing o Yahoo. Por ejemplo, si ponemos "zapatos" en Google, en los dos o tres primeros resultados pondrá la palabra "anuncio": son pagados (aunque ya veremos cómo, no vale sólo con pagar para que Google te posicione arriba).

El SEM, Search Engine Marketing, también conocido como "posicionamiento de pago", da cabida a múltiples acciones de marketing para ser "encontrable", de forma rápida. Y eso tiene valor.

La publicidad en buscadores nos permite que el anuncio se muestre en el momento en que el usuario busca algo ('timing'), no es intrusivo, tiene un retorno más directo (cuando se actúa en el BOFU, en la parte baja del embudo de compra), permite llegar a un público objetivo muy amplio, posee una gran potencia de segmentación, y permite una visibilidad rápida de una idea o propuesta.

*Publicidad digital en **Google Adwords**. Google es el buscador más usado, y nos permite anuncios de imagen o de vídeo. El precio que finalmente paga el anunciante resulta de una especie de "subasta", que combina lo que la empresa está dispuesta a pagar y la importancia que puede tener ese anuncio para el usuario que está navegando en internet. Lo bueno es que se paga CPC, es decir, sólo hay coste si el usuario hace click en nuestro anuncio.*

Publicidad digital en redes sociales. Se basan en la información de usuarios recogidas en las "cookies", y en el gran volumen de datos que poseen sobre intereses, gustos y comportamientos de la información que facilita el mismo usuario (el usar las redes sociales no es tan "gratis" como parece)[37]. Sus ventajas son enormes:

- *Primero, por la **potencialidad**, casi todo el mundo tiene un perfil abierto en alguna red social (Facebook tiene 2.200 millones de usuarios activos, 24 millones en España).*
- *Segundo, permite una **segmentación** muy precisa, porque saben muchísimo de nosotros (Whatsapp ayuda a generar información para Facebook e Instagram, son de la misma empresa).*
- *Tercero, porque tienen muchos **formatos** publicitarios (display, vídeo, texto, publicaciones promocionadas integradas).*
- *Cuarto, porque los anuncios son baratos y **eficaces** (si están bien configurados).*
- *Quinto, porque sirven para cualquier **etapa** de decisión del consumidor (TOFU, MOFU o BOFU) dentro del "embudo de ventas".*
- *Sexto, porque podemos obtener **estadísticas** muy completas y un "remarketing" asequible.*

*Para la efectividad de los anuncios en Facebook, debemos **definir con claridad lo qué se quiere anunciar, y para qué** (fase del embudo de compra: reconocimiento, consideración o conversión): en función de la fase en que queramos actuar, la estrategia será diferente. Elegiremos con cuidado al **público** objetivo (ubicación, edad, género, lenguaje, intereses, etc). Seleccionaremos un presupuesto. Y finalmente, decidiremos el **formato** y cómo medir el **rendimiento** del anuncio.*

La venta de servicios B2B con LinkedIn Sales Navegator. Uno de los grandes problemas con los que se encuentran las

---

[37] Este modelo de publicidad digital, comenzó en 2009, sólo tiene ahora mismo 10 años de historia.

empresas que dirigen su venta de productos, y especialmente servicios, a otras empresas (B2B) es el cómo realizar los contactos de una forma rentable.

Una fórmula muy interesante de conseguirlo es a través de LinkedIn Sales Navegator

- *Nos permite una **selección de múltiples filtros** para encontrar a nuestro cliente potencial. Esta función se llama "Lead Builder". Estos filtros nos permiten buscar por nombre de la empresa, por cargo de la persona a buscar, por sector, por ubicación, por palabras clave en el perfil, por tamaño de la empresa, por la función que desempeña la persona que buscamos (compras, ventas, finanzas), y otros treinta filtros.*

- *Nos permite **enviar mensajes directos** (denominados InMails) a los contactos seleccionados (que no tienen porque ser contacto). Es como enviarle un email, sin las restricciones de la legislación de protección de datos.*

- *Podemos **guardar búsquedas** (hasta 15) y recibir alertas cuando aparezcan personas que cumplan los criterios seleccionados.*

- *Podemos visualizar todas las **visitas a nuestro perfil**.*

- *Podemos guardar perfiles para crear una **lista de clientes potenciales**, sean o no contactos.*

- *Tiene un **coste asumible** para cualquier pyme. Estamos hablando de 72 euros/mes o 720 euros/año (2019) para la versión Professional. La versión Sales Navegator Team tiene un coste de 121 euros/mes o 1.119 en pago único anual.*

Otros aspectos a tener en cuenta en marketing digital

El display y el video. El storytelling. Tenemos muchos formatos de banners[38]. El diseño del formato, la elección de imágenes o vídeos, será muy importante en el impacto de la campaña.

La compra programática. Es la compra automatizada de espacios en medios digitales, poniendo en contacto a anunciantes y medios en un mercado que permite ajustar los precios a tiempo real en función de la oferta y la demanda. El sistema es parecido a una subasta. RTB (Real Time Bidding) es el nombre de este sistema.

Co-branding. Cuando dos marcas se unen para hacer una campaña conjunta, el resultado puede ser muy potente, si son complementarias.

Influencers. Personas que tienen una muy elevada presencia en internet (youtube, Instagram) y que pueden promocionar productos de los anunciantes. Hay que tener cuidado con los "falsos influencers", pero puede ser una vía rentable de promocionar determinados productos, o de captar nuevas audiencias.

Analítica web

Una potencia muy fuerte del marketing digital es la posibilidad de analizar datos, y tomar decisiones. Esta potencialidad

---

[38] Superbanner (cabecera de una web), Floor Ad (parte inferior), robapáginas, rascacielos, skin (fondo), minibanner, botón, intersitial (todo el espacio antes de dar entrada a la web) o Brand Day (espacio en una web para otros anunciantes, combinando varios formatos). Tendremos en cuenta la medida, el "peso" en megas, y el tipo de archivo.

también nos permite usar el sistema tan efectivo de la "prueba y error".

La **recopilación de datos** supone controlar las campañas publicitarias, el análisis de las acciones SEO (sin coste), la medición de contenido, o estadística web (tráfico, flujos de comportamiento, clicks, velocidad del sitio, análisis del embudo de conversión).

Tenemos diferentes técnicas para recopilar datos, uno es el "píxel de conversión" (que mide cuando el usuario activa o visita lo que queremos medir), otra es el "tag o código de seguimiento", que se implementa en una zona de las páginas de la web y recopila los datos del usuario (usada por Google Analytics).

Para la analítica web, disponermos de varias aplicaciones útiles, como Gogle Analytics, Kissmetrics, Adobe Analytics, o Yandex (¡que llega a grabar en vídeo el comportamiento del usuario en nuestra web!)

En la **generación de informes** o reporting, medimos la eficacia de las acciones de marketing digital, y nos permite modificar la estrategia de inmediato.

Ya hemos comentado que Power BI puede ser una herramienta potente en el control de eficacia de las acciones de marketing digital, pero hay más como IFTT o Zapier (para automatizar tareas), Tableau o QlikSense para monitorear.

PILOTAR – 7. Producción y operaciones

Tareas que englobamos en producción y operaciones

I+D+i. Diseño de productos. Formulación. Creación de prototipos y muestras.

Producción. Planificación, control de materias primas, producción directa y subcontratación. Etiquetado y estuchado.

Operaciones. Almacenaje y conservación. Logística. Logística inversa. Post-venta.

Calidad. Procedimientos operativos en producción y operaciones. Normas de calidad y otros requisitos oficiales (registros, normativa sanitaria, etc.). Medición de productividad y KPI's. Supervisión de procesos, también los subcontratados.

En una empresa que busca rentabilidad económica, **la acción de producción y operaciones debe estar subordinada a criterios de mercado**. La empresa debe definir el segmento de cliente, los trabajos, satisfacciones o eliminación de frustraciones del cliente que va a cubrir con su propuesta de valor posible. Es entonces cuando producción se dedica a investigar, diseñar, realizar prototipos, y en su caso, fabricar productos (o servicios) con valor añadido para responder a esa necesidad, contemplando almacenaje, transporte, conservación y servicios post-venta.

Push y pull. Los sistemas push (basadas en la tecnología) son frecuentes en startups. Surge una idea que se considera va a tener aceptación en el mercado, y se pone a la venta. Los sistemas push (basadas en el mercado) son las que garantizan mayor eficiencia en el aprovechamiento de los recursos invertidos.

Lean management y lean startup. Para la eficiencia del proyecto, utilizaremos técnicas derivadas de "lean startup" y lean management, basándonos en:

- Uso del sistema de prueba y error, con metodología científica.

- Apoyarnos en indicadores objetivos válidos y realistas, cuidando los indicadores engañosos ("vanidosos").
- Utilización de prototipos y muestras y validarlas en el mercado antes de comenzar la fabricación.
- Creación de productos mínimos viables en lotes cortos, para minimizar el riesgo, atendiendo a la propuesta de valor integral, y someterlas a pruebas en el mercado.
- Localizar y eliminar desperdicios en todo momento.
- Usar el circuito crear-medir-aprender, para mejorar y encajar la propuesta de valor a la demanda de clientes.
- Generar modelo de negocio con la experiencia.
- Formar y gestionar adecuadamente los equipos de trabajo, dotándolos de presupuesto suficiente, y haciéndoles partícipes de los éxitos del negocio.

Uno de los retos en la industria no son los procesos, sino la **sincronización**. La sincronización debe realizarse con el departamento comercial, con los sistemas administrativos, con los suministros de materiales, con los subcontratistas, e internamente entre I+D+i y producción.

Los conceptos de mejora contínua y calidad total buscan la eficiencia permanente, disminuír costos, tiempos muertos y retrasos. Es preciso producir con alta calidad, y de forma barata.

Calidad

Los sistemas de calidad en producción son los encargados de controlar y asegurar la calidad de los productos finales de una organización, a través de los procesos de producción de la misma. Pero el concepto de calidad en la empresa es más amplio, ya que incluye también a todos los procesos de la empresa, incluyendo los circuitos de comunicación interno y de relaciones con clientes.

La calidad se define en la norma ISO 9000 como "el grado en el que un conjunto de características inherentes cumple con los requisitos", y se basa en normas y directrices. De la ISO 9000 se deriva la 9001, mediante la cual la organización demuestra su capacidad para proporcionar de forma coherente productos o servicios que satisfacen los requisitos del cliente y los reglamentos aplicables.

La calidad debe estar presente a lo largo de todo el proceso de producción. Debe integrarse en la cultura de la organización. Es clave para asegurar confianza (de clientes, de los equipos de la empresa), y también es clave para asegurar la eficiencia de la producción. La calidad ahorra muchos costes, mejora el clima laboral, asegura la confianza en la empresa y en su desarrollo, y es esencial para que la empresa pueda crecer.

*Tenemos **razones financieras**: una mala calidad genera altos costes y provoca pérdida de clientes, por lo que reduce beneficios en relación con los recursos invertidos. **Razones comerciales**: un estándar de calidad alto puede absorber problemas en subida de costes, mejora la fidelidad de los clientes, mejora la imagen de marca (y con ello, el lanzamiento de nuevos productos bajo esa marca). **Razones técnicas**: la calidad mejora las prestaciones técnicas, la utilización (fiabilidad, vida útil, mantenimiento más reducido o más sencillo), y también la mejora técnica. **Razones administrativas-organizativas**: la calidad promueve procedimientos que mejoran los sistemas de comunicación interna y reduce riesgos. **Razones de prestigio**: mejora las relaciones con grupos de interés (asociaciones de consumidores, clientes o proveedores, administraciones públicas). **Razones relacionadas con el desarrollo de personas**: mejora el ambiente interno de la organización y la retención del talento.*

La **calidad** reduce despilfarros, repeticiones, rechazos, reclamaciones y devoluciones. **Rebaja los costes y eleva la productividad**. Refuerza la **imagen** de la empresa, ayudándola a retener talento y clientes, a su supervivencia y a su desarrollo futuro.

Fases de implantación de un sistema de gestión de calidad

- **Fase 1. Evaluación y planificación**. Definir el sistema de calidad que se va a implantar y establecer el equipo de trabajo del mismo, resultando muy importante contar con los servicios de un interim manager y consultoría. Es vital contar con el apoyo contínuo del equipo de dirección. Se nombra un coordinador responsable. Se elabora un presupuesto y un plan de formación, y se diseña un sistema con la participación de todos los miembros de la organización. Las preguntas clave son:
  - *Proyecto o tarea: ¿Qué hay que hacer?*
  - *Objetivos: ¿Qué debemos / queremos? ¿Para qué queremos lograrlo?*
  - *Resultados: ¿Qué debe obtenerse? ¿Cómo reconocemos el logro de los objetivos?*
  - *¿Con qué "inputs" contamos?*
  - *¿Qué "inputs" necesitamos?*
  - *¿Cuáles son las condiciones básicas para la implantación?*
  - *¿Qué medidas concretas han de llevarse a cabo para lograr ese resultado?*

- **Fase 2. Implantación y documentación**. La normativa exige que el sistema de gestión de la calidad se encuentre documentado. Dicha documentación debe ser sencilla, eficaz y reflejar de la realidad de la empresa. Los documentos básicos que deben contener el sistema de calidad son:
  - *Manual de gestión*
  - *Procedimientos*
  - *Instrucciones de trabajo*
  - *Documentación externa*
  - *Planes de calidad*
  - *Registros*
  - *Política de gestión*
  - *Complementariamente se podrá recurrir a documentación externa como la legislación vigente, manuales de uso, documentación de proveedores, documentos técnicos, etc.*

  Las etapas en las que se preparará la documentación de calidad son tres:
  - **Manual de calidad**: Descripción de la empresa y su historia, política y objetivos de calidad, difusión de esta política.
  - **Mapping de procesos**: Definición de los procesos y niveles de procesos, y sus interacciones.
  - **Procedimientos.** Documentar la estructura y desarrollo de los procedimientos que se estimen oportunos.

- **Fase 3. Auditoría del sistema.** Terminada la segunda fase, se realizará una auditoría al sistema para comprobar su correcto funcionamiento, que debe indicar en qué medida el sistema de calidad ha sido implantado y funciona en la práctica. Una vez que el sistema de gestión de la calidad esté funcionando y las primeras auditorías internas del sistema se hayan realizado con éxito, será el momento de decidir si se desea certificar o no siguiendo la norma ISO 9001:2008.

En la era digital, debemos de combinar que los procesos de calidad se simplifiquen y automaticen mediante control vía programas o apps informáticas. Se deben usar ordenadores y dispositivos móviles para conseguir las validaciones de forma rápida y efectiva, y evitar el papel, la firma manual y otros sistemas de trabajo obsoletos tecnológicamente.

Uno de los problemas que se presentan en la práctica con los sistemas de calidad, es que determinados procedimientos (ISO 9001) son, también en si mismos, generadores de desperdicios en tiempos muertos y recursos materiales, por exceso de burocracia. Se puede dar la paradoja de que, para recoger un formulario del almacén, haya que perder tiempo y esfuerzo en rellenar, firmar y supervisar otro formulario.

Controles de calidad en los procesos productivos. El control de calidad parte de un elemento, producto o servicio que se realiza, a fin de comprobar el cumplimiento de los requisitos previamente establecidos. El grado de calidad será "el indicador de las propiedades y características de aquellos productos / servicios que se destinan a una misma utilización y para los que se mantiene una relación entre prestaciones y coste". Comprobamos la conformidad del producto en relación a las especificaciones de diseño, e identificamos las causas de la variabilidad para establecer métodos de corrección y prevención.

Cada vez es más frecuente que las empresas (por ejemplo, la empresa A) subcontraten o "alquilen" tareas o instalaciones productivas que hace poco parecía que debían formar parte esencial

171

de la estructura exclusiva de la empresa. Por ejemplo, hay marcas de televisores que diseñan el producto, pueden fabricar algún componente (que a su vez, también venden a marcas "competidoras") y "alquilan" la planta de producción a una fábrica especializada (de la empresa B), con una cadena de montaje eficiente y flexible. En la cadena de montaje de la empresa B se montan productos de la marca A, B y C, cada una de ellas con sus especificaciones de diseño, de componentes, y con sus supervisores. Y cada marca A, B o C, disponen de oficinas independientes en la empresa B, para realizar sus propios controles de calidad.

También tenemos el caso de un grupo empresarial X que engloba varias marcas de productos similares, vamos a exponer MARCA A (alta calidad, diseño y precio elevado), MARCA B (media) y MARCA C (económica). Las diferencias sustanciales entre un producto similar pero con marca diferente, estará en la calidad de sus componentes y en la frecuencia de los controles de calidad.

La reacción en cadena de la calidad. Como hemos visto hasta ahora, una calidad alta repercute en todas las fases del proceso de producción de una organización.

W. Edwards Deming lo resume de esta manera: Mejora de la calidad –> Pocos fallos, pocos retrasos, mejor uso de recursos y costes reducidos –> Mejora de la productividad –> Captura de Mercado con mayor calidad y precios más bajos –> Permanencia en el negocio –> Proporciona trabajo y más trabajo.

*"Si deseas **mejorar** las características de un **proceso de producción**, debes comenzar por interesarte en la **calidad** de lo que sea que estás haciendo. Mejorando la calidad de lo que estás haciendo conduce a: **menos despilfarro**, **menos coste**, **productividad más alta**, mejor calidad y **más satisfacción** por parte de todos".* Myron Tribus.

Investigación, desarrollo, innovación

La I+D+i se relaciona con las inversiones para realizar investigaciones en conocimientos técnicos y científicos. En la empresa, estas inversiones deben de estar orientadas a la rentabilidad, y en un entorno de cambio digital, son necesarias para generar propuestas de valor diferenciadas que permitan la supervivencia de la empresa.

La investigación y desarrollo se dirigen a la mejora u obtención de nuevos productos, procesos o materiales. También se persigue la generación de conocimiento. En estas actividades están implícitas la creatividad y la innovación.

Ventajas de la I+D+I:

1. Independencia tecnológica de la empresa y conocimiento exclusivo de la tecnología que se genere.
2. Explotación comercial de las innovaciones, mediante marcas y patentes.
3. Acceso a ventajas fiscales y subvenciones públicas.
4. Produce efecto aprendizaje y efecto experiencia, aumentando la generación de conocimientos en las áreas de negocio.

Inconvenientes de la I+D+i:

1. Inversiones de recursos elevadas.
2. Resultados a largo plazo.
3. Incertidumbre en los resultados. Altos niveles de riesgo.

A pesar de los riesgos, **la I+D+i es muy importante para garantizar la continuidad de la empresa en el tiempo**. Sin mejora, sin innovación, no hay progreso. Pero la decisión de cuándo, cómo y cuánto invertir en I+D+i es complejo, y debe de considerar:

1. Relación entre presupuesto/resultados esperados.
2. Capacidad para gestionar los proyectos y "monetizarlos".

Como ya hemos indicado, es vital generar innovación y diferenciación en las propuestas de valor. Tenemos la sensación de que la I+D+i es sólo para grandes empresas y para determinados sectores, pero eso no es así. Todas las empresas pueden innovar y mejorar su propuesta de valor con costes asumibles y con riesgos controlados:

- *Innovando en diseño de marca o presentación de productos.*
- *Innovando en la forma de usar los canales comerciales.*

- *Innovando en generar servicios añadidos al producto o servicio (servicios de entrega, postventa, actuaciones de fidelización o en la venta de productos o servicios complementarios).*
- *Rediseñando los productos.*

Vivimos en la era en la que se esperan productos buenos, baratos, fáciles de encontrar, fáciles de comprar, de pagar, de recibir, de instalar, de aprender cómo usarlos, de almacenar y conservar. Y el consumidor valora que además sean bonitos, en una caja atractiva, con un manual bien impreso, que ofrezcan una "experiencia" en el desempaquetado y en la primera utilización, que puedan expresar su opinión de esa experiencia, que tengan un sistema fácil de devolución si no les gusta… la innovación puede aplicarse en muchas fases del proceso de percepción de valor del consumidor.

En las grandes empresas existen departamentos de investigación y desarrollo dependientes de las más altas instancias directivas. Su misión es responder a los análisis del mercado para generar propuestas de valor que les asegure un buen posicionamiento. Su metodología de trabajo es científica, y es responsable del diseño de las propuestas de valor.

Diseño de hipótesis y teorías de leyes. Se buscan resultados y experiencias. Se desarrollan soluciones para problemas prácticos, mediante métodos propios de las ciencias naturales e ingeniería. Se preparan muestras y prototipos para ser testados, y ahora no incluyen sólo productos, sino todo el proceso de propuesta de valor para el consumidor. Se preparan las producciones en serie, tratando de comenzar con lotes muy cortos, e ir perfeccionando el producto con la retroalimentación del mercado.

Innovar es conseguir algo nuevo. Pero no olvidemos que la innovación que genera valor, es que el consumidor perciba algo como innovador. Y en este sentido, puede ser una nueva combinación de productos y servicios ya existentes, o una nueva forma de comercializarlos.

Por ejemplo, lo que ha hecho Airbnb, o las empresas de servicio de mensajería, es enlazar mejor ciertos deseos de consumidores con ofertas existentes (o latentes) de productos y servicios.

Innovar en las PYMES. Anticiparse al mercado, cambiar la forma de hacer las cosas, adaptarse al entorno, transformarse digitalmente… la innovación en las pymes está relacionada con la aplicación de nuevas tecnologías, y en la **redefinición y optimización de sus procesos.**

Si no se hace diferente, si no se innova, sólo queda competir por precio, y en esa guerra siempre se sale perdedor.

En las PYMES hay mayor dinamismo, más flexibilidad interna y más capacidad de respuesta frente a circunstancias cambiantes, pero tienen menos posibilidades de financiación, menos recursos materiales y humanos que las empresas más grandes.

En **España, según Luis Pardo**, consejero delegado de Sage España[39], **se destina un 1,24% del PIB en materia de inversión e innovación**, mientras que, **en Europa, este porcentaje se eleva hasta el 3%.**

Sin embargo, **el potencial innovador de las pymes españolas supera al de cualquier otro país europeo.** Así lo reflejaron las ayudas concedidas a pequeñas y medianas empresas españolas por el Instrumento Pyme, en Horizonte 2020, la mayor iniciativa de la Unión Europea para estimular la investigación y la innovación en los países de la Unión. La tecnología, biomedicina, producción de videojuegos, internet, aplicaciones móviles y el turismo son, sobre todo, las principales áreas y las que tienen mejor proyección de futuro. Existen diversas **herramientas** de análisis para innovación en Pymes[40].

---

[39] III Foro Actitud SAGE

[40] Algunas herramientas para ayudar a la innovación en las PYMES son: **Consumer Barometer**: permite **conocer las tendencias de consumo por sectores**, países, género y edad. Resulta muy útil para saber comportamientos de compra. **Target Map**: herramienta de visualización de datos basada en el **conocimiento compartido** permitiendo personalizar y comparar según zona de actuación y temática. Trata información de todo tipo, como la distribución del PIB por países,

El diseño como innovación

El padre del diseño industrial, Dieter Rams, afirmaba que "**el buen diseño es innovador**". Diseño es el espacio en el que nacen los proyectos, donde se plasman las ideas de los clientes a través de personas, diseño abarca la construcción de servicios, productos y toda una propuesta de valor para personas o grupos de personas.

No podemos pensar en diseño como "sólo" la creación de un logotipo, un manual de imagen corporativa o cómo presentamos los catálogos o la publicidad. **Diseño es todo un centro de innovación**, que debe de participar en todos los procesos. Diseño puede ser arte, pero hoy se concibe como herramienta para alcanzar objetivos, para conseguir clientes, para mejorar la implicación del talento interno, es fundamental en la aportación de valor.

Creemos que el uso del diseño como innovación es especialmente útil en las PYMES para la generación de calidad y valor diferenciador, y ayuda a la internacionalización.

The Danish Design Centre (DesignLadder) (2001), con su herramienta "escalera del diseño" revela que al interior de las empresas, un mejor posicionamiento del diseño está asociado a mayor crecimiento en utilidades y un claro efecto positivo en las exportaciones. explica por qué compañías que experimentaron un aumento en el uso de diseño como herramienta, lograron un 40% adicional de ingresos comparadas con empresas que mantuvieron o disminuyeron el uso de diseño, existiendo una correlación positiva entre el diseño y empleabilidad[41], donde la creación de puestos de trabajo es más alto en compañías que contrataron servicios de diseño

---

tendencias políticas o mapas de emprendimiento. **Negocios CO. 50 ejemplos de colaboración empresarial**: No se trata de una herramienta propiamente dicha, sino de un **e-book** descargable. Negocios-CO, realizado por Co-Society, contiene **ejemplos prácticos de colaboración entre empresas muy diversas**, que puede inspirar y orientar a las pequeñas y medianas empresas.

[41] The Economic Effects of Design – National Agency of Enterprise and Housing (Dinamarca, 2003)

frente a las que no lo hicieron. La encuesta reveló que un 50% de las empresas no incorporan el diseño en su gestión, mientras que sólo un 6% posee una base sólida en diseño, exponiendo el tremendo potencial de mercado para incorporar diseño en la actividad empresarial.

En España, cerca del 70% de las empresas afirma tener en cuenta, de alguna manera, el diseño en su estrategia. Un 62,5% percibe y emplea el diseño para mejorar la imagen externa de la empresa, mientras que solo un 19,6% ve al diseño como un proceso creativo que permite desarrollar nuevas ideas empresariales[42]. **Las empresas que más crecen son las que ven una relación más estrecha entre inversión en diseño e incremento en la facturación.** De acuerdo a lo indicado por DesignLadder, un 14% de las empresas españolas se encuentran en el "no diseño", mientras que un 28% incorpora al diseño como herramienta de gestión estratégica.

Industria 4.0.

Industria 4.0 y "Cuarta revolución industrial" son expresiones que denominan una hipotética cuarta mega etapa de la evolución técnica-económica de la humanidad, que está comenzando y se desarrollará en la segunda década del siglo XXI. La **inteligencia artificial** será el eje de esta transformación, relacionada con la acumulación de grandes cantidades de datos (big data), tratados mediante algoritmos de proceso, con una ágil interconexión entre sistemas y dispositivos digitales.

El objetivo de la industria 4.0 es generar fábricas inteligentes (smart factories), que son extremadamente flexibles y adaptables, y que asignan muy eficientemente los recursos. Se basarían en la combinación del internet de las cosas[43], sistemas "ciberfísicos", cultura del "hágalo usted mismo" (maker) y enlazando con la coordinación cooperativa en todas las unidades productivas de la economía.

---

[42] Estudio del impacto económico del diseño en España – Sociedad Estatal para el desarrollo del diseño y la innovación (España, 2005)
[43] Explicamos mejor estos conceptos en la sección dedicada a transformación digital.

Ya podemos seleccionar un automóvil "a medida": partiendo de un modelo base, modificamos accesorios como ruedas, tapicería, color y otros extras. En la industria 4.0, una vez realizamos el encargo, un programa informático gestiona automáticamente los pedidos a proveedores, recoge la confirmación de plazos de entrega, gestiona los transportes y almacenes, y un sistema automático de producción asigna día y hora para el comienzo de la fabricación de nuestro automóvil y la fecha de entrega. Y, además, con un sistema de trazabilidad apoyado en cámaras que nos indica en cada momento, con el mayor grado de detalle, la situación del proceso, en el que casi no interviene ninguna decisión humana porque todo está preprogramado y previsto.

La Industria 4.0 es un nuevo hito todavía no consolidado, que va a marcar importantes cambios sociales en los próximos años. Intercomunica cadenas productivas entre sí, y con los mercados de oferta y demanda.

Flexibilidad. La Industria 4.0 preveerá con antelación situaciones fortuitas, y tendrá preparado sistemas alternativos para mantener la producción. Se reducen procesos intermedios.

Personalización. La Industria 4.0 facilitará la fabricación de productos a medida para cada usuario, sin requerir mayores costes ni ralentizar la producción en serie.

Mejoras logísticas. El blockchain y las mejoras de la I4.0 permitirán máximas optimizaciones en almacenaje y distribución.

Simulación. Se puede producir una réplica virtual de parte o totalidad de la cadena, lo que permite testar procesos productivos complejos.

Disminuir el uso de recursos. Se consumirá menos energía y materias primas, y además se mejorarán las previsiones en necesidades de suministro

PILOTAR – 8. Desarrollo de personas y equipos

El talento

Las personas que trabajan, dedican la mayor parte de su tiempo a las funciones laborales y relacionadas con estas tareas (incluyendo las horas invertidas en formación, preparación de material, desplazamientos, y las horas de trabajo efectivo). Para las empresas, el aprovechamiento del talento es esencial, porque es un recurso costoso y con el que es muy fácil generar desperdicios, y porque es un elemento clave de generación de valor.

*Según el diccionario, el talento es la especial capacidad intelectual o aptitud que una persona tiene para aprender las cosas con facilidad o para **desarrollar con mucha habilidad una actividad**.*

Una organización que gestiona mal el talento puede perder mucho dinero (y otras muchas cosas que valen tanto o más que el dinero), y en cambio, si lo gestiona bien, además de obtener mayores beneficios, de generar organizaciones estables y en crecimiento, se puede conseguir que el desempeño laboral y profesional sea mucho más agradable para todos. La excelencia sólo es posible con un ambiente laboral que estimule la creatividad, la innovación, y el trabajo en equipo.

El talento debe cuidarse mucho, a nivel individual, y a nivel colectivo. Como veremos, cada persona es diferente, y los equipos deben de aunar talentos complementarios, a la vez desarrollan una propia personalidad conjunta, propia y singular.

Para realizar una correcta gestión del talento es clave el conocer lo que motiva a las personas y a los equipos, sobre todo en base a investigaciones objetivas que demuestren relaciones causa-efecto.

Un problema de todas las organizaciones, y sobre el que se hace poco: la insatisfacción laboral

Quizás la mayor fuente de problemas en las organizaciones tenga su origen en aspectos relacionados con las personas. Uno de los más importantes es la **insatisfacción laboral**, y ello depende de tres factores clave: el ambiente, la predisposición y el comportamiento.

El ambiente del puesto: condiciones físicas del puesto de trabajo, la jerarquía de la organización, los estilos directivos, las relaciones con el resto del equipo y similares.

La predisposición. Tendencia personal a percibir las experiencias como buenas y malas. En este punto tan importante, hay que considerar dos argumentos fundamentales[44]:

- *La satisfacción laboral es más bien **estable** durante períodos que oscilan normalmente **entre los dos y cinco años.***
- *La predisposición a la percepción de estabilidad no es **genética**. Habría hasta un 50% de peso genético, pero los hábitos pueden cambiar esta predisposición, actuando sobre aspectos como el ejercicio, alimentación o cambio en nuestros sistemas de creencias. Con una motivación adecuada, y nuestra voluntad, podemos cambiar nuestra percepción del puesto de trabajo.*

El comportamiento. Se ha encontrado una elevada correlación entre la satisfacción laboral y la aplicación de fortalezas personales, como los talentos, los conocimientos y las habilidades.

En resumen, nuestra felicidad y productividad laboral tiene bastante que ver con nuestra **actitud**, y con el uso de nuestras fortalezas personales.

---

[44] Jobcrafting. Convierte el trabajo que tienes en el trabajo que quieres. Por Belén Varela.

Vivimos en una cultura que busca más la reducción de debilidades que la potenciación de las fortalezas, y esta estrategia supone desperdicio de recursos.

Las motivaciones de las personas

Si no tenemos empatía para entender qué es lo que mueve a las personas[45] a trabajar, a relacionarse, o a ser eficientes, es muy difícil conseguir rentabilizar el talento y el negocio.

Para conocer lo que mueve a las personas, disponemos de muchas teorías y estudios, posiblemente ninguno de ellos perfecto (la personalidad humana es demasiado compleja y variable como para etiquetarla), pero debemos de conocer alguno de ellos para entender mejor cuales pueden ser las fortalezas y objetivos de cada persona, detectar los aspectos que le pueden llevar a insatisfacción o baja productividad, y actuar para que los equipos sean eficientes.

La insatisfacción laboral es una fuente de ineficiencia, de desaprovachamiento del talento,

La pirámide de Maslow. Maslow reflejó que hay "niveles" en las motivaciones de las personas. En primer lugar, se busca la satisfacción de las necesidades "primarias" o físicas (alimentación, hogar, seguridad), después vamos ascendiendo en niveles en la pirámide, pasando a buscar satisfacciones relacionadas con la salud psicológica, la relación con otras personas, a autosatisfacción, etc.

---

[45] El libro de Dale Carnegie: "Cómo ganar amigos e influir sobre las personas", es un clásico que inició una línea de preocupación por este tema. Constituye una primera reflexión sobre aspectos que hacen que las personas se motiven y actúen. Ha sido y es un éxito mundial de ventas. s

PIRAMIDE DE MASLOW

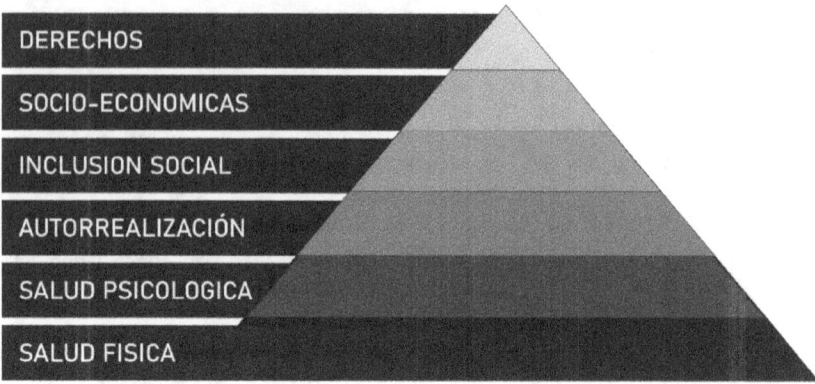

DERECHOS

SOCIO-ECONOMICAS

INCLUSION SOCIAL

AUTORREALIZACIÓN

SALUD PSICOLOGICA

SALUD FISICA

El esquema de Maslow es muy cuestionado (falta de pruebas empíricas, falta de la definición del individuo hecho sociedad, distintas concepciones de la felicidad en función de las personas). No es válido en todos los casos, porque diferentes personas pueden tener diferentes motivaciones, o en grado distinto. Pero Maslow fue un innovador, que se centró en la parte positiva y motivacional de las personas, y permitió a muchos profesionales entender que existen muchos más factores que el salarial para conseguir la implicación y la motivación de los trabajadores en los objetivos de las organizaciones.

El método MBTI. En las personas, podemos indicar algunos tipos básicos de personalidad. Según el indicador Myers-Brigs, basado en un test de personalidad muy popular, se describen en 16 tipos, basado en los trabajos de Carl Gustav Jung, del que toma 8 funciones psicológicas. Los factores que se analizan son dicotomías con extremos:

- Extraversión E frente a intraversión I.
- Intuición N o sensación S.
- Pensamiento T o sentimiento F.
- Juicio J o percepción P

A través del test posicionamos a cada persona dentro de un cuadro, y de el salen los 16 tipos, que con las siglas en inglés serían: grupo a, los extrovertidos sensoriales ESTJ, ESTP, ESFJ, ESFP; grupo b los introvertidos sensoriales ISTJ, ISTP, ISFJ, ISFP, los extrovertidos intuitivos ENTJ, ENTP, ENFJ, ENFP; y los introvertidos intuitivos INTJ, INTP, INFJ, INFP

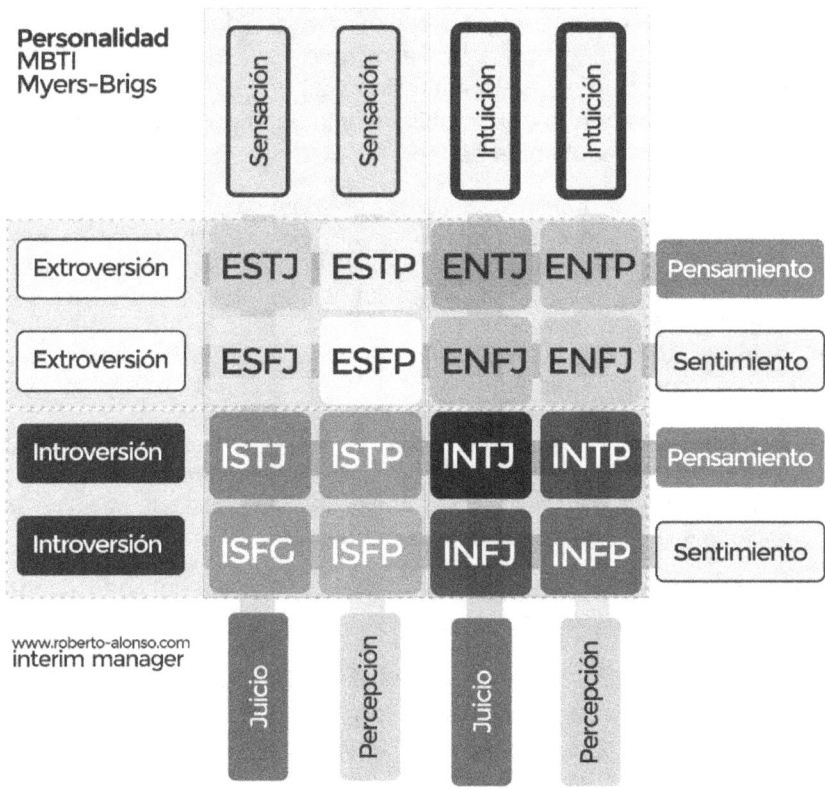

De este cuadro salen 16 tipos de personalidad. Este método tiene críticas que indican que no nació mediante el uso del método científico, y que estos tipos de personalidad son demasiado ambiguos como para poder ser utilizados para definir patrones de comportamiento.

Pero lo importante del esquema que nos ofrece el modelo MBTI es la percepción de las múltiples personalidades existentes, que cada *persona "es un mundo", y sin entender sus intereses, o aquello que hace que les apasione, es muy difícil gestionar equipos.*

Los cuatro tipos. Según William Revelle, en un análisis de perfiles de más de 1,5 millones de personas en todo el mundo, han encontrado cuatro tipos de personalidades con "densidad más alta", en la que podrían englobarse la mayoría de personas. Analizaron las siguientes características: la estabilidad emocional (neroticismo), la extraversión, la apertura, la amabilidad y la escrupulosidad. Los tipos de personalidad resultantes serían:

a. ***Personalidad promedio****. Aquellas personas con altos niveles de neuroticismo (inestabilidad emocional), alta extroversión, y apertura baja.*
b. ***Personalidad reservada****. Altos niveles de estabilidad emocional, pero con carácter poco abierto o neurótico. Se consideran personalidades agradables y concienzudas.*
c. ***Personalidad egocéntrica****. Son personas extrovertidas pero poco francas, poco amables y poco escrupulosas. Se centran en si mismas, y resultan poco agradables a los demás.*
d. ***Modelo a seguir****. Tienen poco neuroticismo, es decir, tienen estabilidad emocional, y presentan alto nivel de extroversión, apertura, amabilidad y escrupulosidad. Un rasgo que predomina en mujeres, que podría cultivarse con la edad, y que son considerados "modelos a seguir".*

Este estudio de Revelle, también indica que la personalidad puede modificarse con el paso de los años.

Tenemos que considerar que **existen múltiples motivaciones para el ser humano, no son las mismas para todos los individuos,** y éstas **pueden ser variables en el tiempo.**

Los **intereses de las personas** individualmente y la de los **grupos** o equipos **pueden no ser coincidentes.** Tener en cuenta estos principios es esencial en la gestión de empresas y organizaciones.

La singularidad de cada persona

Cada persona dispone de recursos singulares, entre ellos:

- El **cuerpo**, y su estado de salud y capacidad.
- El **carácter**, y cómo lo gestionamos.
- La **inteligencia**, o mejor dicho, las inteligencias.
- El **tiempo** disponible.
- Los **intereses** que motivan. El motor de nuestra voluntad: los valores morales, los intereses, las pasiones. No son las mismas para cada persona.

*El **cuerpo** y la **mente** necesitan cuidado, no sólo para el desempeño laboral, sino también para poder disfrutar de la vida. El ejercicio físico influye en la salud mental (memoria, inteligencia, creatividad, agilidad), y también genera bienestar psicológico.*

*El **carácter** es un elemento positivo. Es nuestro factor diferencial. Pero debe entrenarse y educarse para controlar "explosiones emocionales" fuera de momento y lugar. El control del carácter, para que saque su fortaleza en el momento y dosis adecuadas, es una de las mayores cualidades personales.*

*La **inteligencia** es la facultad de la mente que permite aprender, entender, razonar, tomar decisiones y formarse una idea determinada de la realidad. Desde los años 80 en que el doctor Howard Gardner de la Universidad de Harward[46] desarrollase la teoría de las inteligencias múltiples, diferenciamos varios tipos de inteligencia:*

---

[46] Jobcrafting. Belén Varela.

- *Inteligencia lingüística.*
- *Inteligencia lógico-matemática.*
- *Inteligencia musical.*
- *Inteligencia corporal y cinética.*
- *Inteligencia interpersonal.*
- *Inteligencia espacial.*
- *Inteligencia intrapersonal.*
- *Inteligencia existencial.*
- *Inteligencia naturista.*

*¿A que es apasionante? Seguro que podemos analizar en las personas de nuestro entorno más cercano, cómo algunas tienen muy desarrolladas algunas de estas capacidades, y otras en muy poca medida. Esta diferenciación de inteligencias, combinada con otras intrínsecas de cada persona (carácter, características físicas o factores emocionales-pasionales), y las complementariedades personales por razones de edad (las características personales cambian con el tiempo), sexo, cultura o creencias, hacen que la conjunción de personas complementarias en **equipo** sean lo que permita conseguir los más elevados rendimientos.*

*El **tiempo** disponible es un factor clave de productividad personal y profesional, por eso le dedicamos un capítulo aparte y específico en este manual[47].*

Los intereses determinan la pasión. Las personas nos inclinamos a hacer un esfuerzo cuando lo consideramos importante, y esta actuación puede acabar formando parte de nuestra actividad. Hay personas más apasionadas por naturaleza, pero debemos de aprender a generarla y canalizarla, ya que es un proveedor natural de motivación y vitalidad. Detectamos la pasión:

- *Cuando la actividad está en línea con las propias capacidades.*
- *Cuando alguien se dedica plenamente a esa actividad ("en cuerpo y alma").*
- *Cuando el trabajo realizado se valora como importante.*

Un recurso de las personas y de los directivos es conseguir apasionarse y apasionar: la influencia de una persona sobre otra

---

[47] Parte 3.1. Productividad. "Cambia el trabajo duro por trabajo inteligente".

puede ser elevada, y si no se puede conseguir exactamente lo que
se quiere, puede ser muy inteligente adaptar lo que se tiene:

- **Amplificando** *lo que hacemos, aumentando la competencia, la*
  dedicación o la importancia. Podemos ser expertos de lo que nos
  interesa, generar más impacto de nuestra acción, o incrementar
  su importancia.

- *Introduciendo un **interés** (o pasión) personal, como puede ser*
  una razón de servicio social, o una dedicatoria a alguien especial.

Actitud, competencia e inteligencia

Para entender mejor los factores que influyen en el desempeño
laboral o profesional, vamos a partir primero de un concepto
importante, y es que cualquier posición de trabajo se puede
definir a través de tres dimensiones, una son las **funciones**,
otra son las **relaciones**, y otra, a la que llamaremos
perceptiva.

- En relación a las **funciones**, se describen básicamente
  objetivos, funciones y responsabilidades del puesto, y se
  definen las competencias precisas: los conocimientos,
  habilidades y actitudes para desarrollarlo.

  Cada puesto de trabajo conllevará unas labores inherentes
  al puesto, es "lo que se espera" (labores in-rol), pero nada
  ni nadie impide que, además de las funciones definidas,
  aportemos otras labores que puedan mejorar la experiencia
  de trabajo o los resultados de la organización (labores
  extra-rol).

En un análisis clásico de competencias para el desempeño laboral,
se consideraban estos aspectos: capacidades directivas, sentido de
la responsabilidad, capacidad de organización, visión,
competitividad, esfuerzo , ambición, determinación, confianza en sí
mismo, mentalidad independiente, creatividad, autonomía, respeto a
la autoridad, paciencia, reactividad, control del estrés, facilidad para
hablar en púbico, abrirse a otros, diplomacia y persuasión.

- En torno a las **relaciones**, abarcan las que se mantienen en el puesto con clientes, compañeros, superiores, subordinados, o colegas. Las relaciones son muy importantes, tanto las de conexión duradera, como las "microconexiones". Y también se debe tener en cuenta la necesidad de pertenencia al grupo que tienen la mayoría de personas.

  Las principales causas de abandono del trabajo tienen como origen las relaciones.

- *En relación a la* **percepción***, nos referimos al concepto que cada persona tiene de su rol profesional, y que en gran medida puede modelarse.*

La satisfacción en el trabajo tiene mucho que ver con el concepto que se posee del propio trabajo:

- *Algunas personas focalizan sus objetivos en su calidad de vida fuera del entorno laboral, y el trabajo sólo es un medio para conseguir ese objetivo.*

- *Para otras personas, el trabajo es una forma de obtener una escala social, de conseguir autorrealización. Hay quienes priman una posición socialmente valorada que otras prestaciones (como pueden ser salariales, de conciliación, o de niveles de estrés o salud).*

- *Hay quienes identifican su trabajo con su personalidad, el trabajo forma parte de su esencia vital. Podríamos englobar aquí a aquellas personas de las que decimos que "trabajan por vocación".*

En todo este entorno, la capacidad de la **actitud**, de la **voluntad**, es determinante. Y los directivos deben de tratar de motivar en las personas, tratando de que conviertan su trabajo en una "**obligación**" en una "**pasión**".

En este camino, es posible que tengamos que formarnos en algo que no sepamos y que sea importante, pero no podemos olvidar que será mucho más efectivo **desarrollar nuestros**

puntos fuertes, nuestros talentos naturales, es el camino en que podamos llegar a la excelencia, combinando inteligencia y experiencia.

El salario emocional

El salario emocional comprende las compensaciones no económicas que puede recibir un colaborador.

Una persona trabaja para desarrollar su vida, y normalmente este intercambio se reduce principalmente a través de una retribución económica, por por dinero, esa es básicamente la primera motivación de fondo. Las necesidades materiales son las que necesitan una atención más rápida y tangible, pero las necesidades emocionales también son fundamentales en la vida laboral de un ser humano. Podríamos decir que **una persona puede trabajar por dinero, pero no se conforma solo con dinero.** Si obtenerlo le significa mucha tensión e incomodidades, no estará dispuesto a dar lo mejor de sí en favor de la organización.

El **jobcrafting**[48] es la labor de adaptación personal del puesto, para convertir el trabajo que se tiene en el trabajo que se quiere. Es una tarea que interesa al propio trabajador, pero que también debe interesar al empresario para conseguir estabilidad, productividad, y lo que es más importante: excelencia. Cuesta lo mismo un equipo de alto rendimiento que otro que no lo es.

---

[48] Concepto introducido por Amy Wrzensniewski y Jane Dutton, y tema central del del libro de Belén Varela, con el mismo nombre.

PRODUCTIVIDAD CON
BIENESTAR DEL
TRABAJADOR

MEJORAS EN EL RENDIMIENTO Y RESULTADOS

1. LA FATIGA: ENEMIGO DEL TRABAJADOR Y DE LA PRODUCTIVIDAD

El 38% de los trabajadores sufre de fatiga. 2/3 de los trabajadores fatigados pierden productividad en el trabajo. Supone perder 5 semanas al año

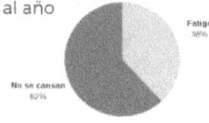

2. LA FELICIDAD EN LA EMPRESA

Los trabajadores que se declaran felices son un 12% más productivos. Si tienen un jefe en quien confían, aumentan un 10% su productividad.

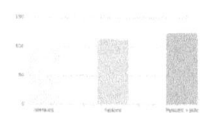

3. UN BUEN CLIMA LABORAL TIENE UN EFECTO DIRECTO EN LA ATRACCION Y RETENCION DE TALENTO

El coste de captación y retención de talento es elevado. Los trabajadores valoran más aspectos que el trabajo, y los tienen en cuenta en sus elecciones.

 ## 4. MEDIDAS A TOMAR

Horarios flexibles y conciliación. Ayudas a la formación. Espacios para comer y charlar con compañeros. Espacios de descanso. Sentirse escuchados. Posibilidades de promoción.

5. EL SALARIO EMOCIONAL NO ES CARO, Y PRODUCE MUCHOS BENEFICIOS

Incrementa la productividad un 33%. Reduce un 66% de días perdidos. Reduce el ausentismo laboral.

Naturalmente, pensamos que el compromiso puede ser comprado aumentando el salario. En la realidad, **subir sueldos** a cambio de una mayor implicación **solo es un paliativo que funciona hasta que una mejor opción —económicamente hablando— se presenta ante el trabajador o colaborador.**

El compromiso no se compra, se gestiona

Resumimos algunas conclusiones a las que llegó OCCMundial:

- *El salario emocional incrementa un 33% de la productividad del personal.*
- *El salario emocional **reduce un 66% de los días perdidos** por baja eficiencia o incumplimiento de las metas.*
- *El salario emocional **reduce un 51% del ausentismo laboral** por accidentes, indisposiciones o problemas personales de los empleados.*

Los datos mencionados hablan de una clara relación basada en ganar-ganar; sin embargo, **todavía existen muchas suspicacias o prejuicios por parte de las compañías.** Se requiere una **transformación cultural** que vaya en sintonía con las nuevas necesidades o demandas de las personas. Y por otro lado, es necesario que todos los individuos que componen la fuerza laboral de un país sepan valorar y corresponder estas facilidades.

En los estudios que sustentan los principios Lean Startup, y en los que se basan las compañías de mayor crecimiento en estos momentos, analizan que **la interacción adecuada entre reuniones de equipo y trabajo individual producen los mayores rendimientos a efectos de productividad.**

Ejemplos de salario emocional

__Horario flexible__. Diversos estudios apuntan a que pasar ocho horas diarias (o una hora fija de entrada) en una oficina no asegura la alta productividad del personal. Bajo un horario tradicional se pierden horas en distracciones, cansancio, estrés y ansiedad. Con la *flexibilidad laboral, el empleado puede cumplir su jornada completa sin necesidad de pasar tarjeta todos los días a la misma hora. Por supuesto, esta facilidad demanda culturas organizacionales poco ortodoxas y perfiles altamente responsables.*

Teletrabajo. *En urbes donde la congestión de tráfico dificulta llegar temprano al trabajo, además de comprometer las horas destinadas a dormir y otras actividades, trabajar desde casa es una de las mayores tendencias en lo que se refiere a remuneración emocional. Esto supone un considerable ahorro de tiempo y dinero, lo cual es muy valorado por los colaboradores con hijos y por las nuevas generaciones de empleados.*

Formación. *Seguir especializaciones o cursos de extensión es un requisito para crecer profesionalmente y para **conservar el puesto actual**. Son muy valoradas las empresas que facilitan el desarrollo profesional, ya sea con descuentos, acceso a plataformas e-learning o programas de especialización gratuitos para los colaboradores más destacados.*

Fechas especiales. *Todos tenemos asumido que nuestro cumpleaños, aniversario matrimonial o cualquier otra fecha especial, no es motivo para faltar a las responsabilidades laborales. Por eso se interpreta como un enorme gesto que se nos deje el día libre en dichos ocasiones. Cada vez más centros de trabajo tienen este detalle con su personal.*

Espacios de distracción. *El entorno físico de un centro de trabajo puede volverse cansino a la vista. ¿Qué mejor que espacios para la recreación, la conversación informal, el ejercicio o incluso la siesta? Está claro que muy pocas organizaciones disponen de la cultura y recursos necesarios para implementar oficinas como las de Google, pero no es necesario ir tan lejos. Con ambientar adecuadamente los espacios según determinada actividad y hora, se puede hacer mucho.*

El presentismo no es productividad. Todavía es frecuente que se valore a un trabajador por el número de horas que permanece en la oficina o dedica a su trabajo. Está demostrado que una persona sólo es productiva durante un tiempo determinado al día, y que el resto del tiempo es perdido. El presentismo es un síntoma de ineficiencia, el trabajador no puede conciliar su trabajo con su vida personal, sin un descanso adecuado, no hay rendimiento. En gran medida, la valoración del presentismo como índice de rendimiento se debe a que las empresas (grandes y pequeñas) no tienen un sistema adecuado de medición del desempeño y de evaluación del rendimiento. En definitiva: no conocen el valor que aportan sus trabajadores. Esto es una fuente de desperdicio enorme, desmotiva al generador de valor, y genera mal ambiente laboral, y con ello, descenso de productividad.

Una persona no es un robot ni un ordenador. Cada persona es una combinación única de conocimientos, experiencia y emociones. El talento permite generar ideas, comprender a las otras personas que influyen de forma decisiva en la organización: clientes, proveedores, compañeros, directivos, e influir de forma decisiva en la generación de valor.

Una persona no actúa de forma estática y predecible en el tiempo, está influida por multitud de circunstancias personales y profesionales, y no todas estas influencias condicionan de la misma forma a todos. Un ambiente de trabajo agradable, la conciliación con su vida personal, el que sufra una enfermedad o una situación traumática, problemas de relación, o simplemente el paso de tiempo realizando las mismas funciones, pueden afectar al rendimiento individual, y también en la influencia positiva o negativa en el equipo.

Los equipos. Su eficacia. Su gestión. Equipos dinámicos y comunicados.

Para el funcionamiento inteligente de una organización, hay que dar pasos hacia la autogestión. En primer lugar, se deben crear unas reglas de juego, normas que regulen las relaciones:

- Calendario de **reuniones** departamentales, procedimiento, asistentes, quien fija el orden del día, modera, escribe las conclusiones, las somete a aprobación y quienes son los responsables de la ejecución.

- Después cada **individuo** o grupo debe ser consciente de las tareas que debe desarrollar, y el plazo para alcanzarlas. Dispondrá de flexibilidad y medios. **Existirá un sistema organizado de seguimiento de sus actuaciones**[49].

Con independencia de las reglas de juego de cada equipo de trabajo, la organización debe disponer forzosamente de una definición de los **procedimientos** y procesos clave, y de un manual de **funciones** que defina con claridad atribuciones y responsabilidades.

Cada persona debe tener muy claro a quien supervisa y quien le supervisa. También a quién debe de enviar cada tipo de informes que debe preparar, y el ok que debe recibir a la entrega. Debe tener información con antelación de cambios en programaciones de elementos conjuntos.

La actuación sobre la gestión de personas y equipos deberá contemplar las siguientes áreas: selección, formación, motivación, retribución y promoción.

---

[49] Por ejemplo, si es un comercial, el CRM recogerá todas sus gestiones diarias con clientes. Si es una persona con funciones administrativas, deberá de hacer un reporte diario de las tareas realizadas y el tiempo invertido en cada una. En un operario de producción, tiene que anotar el tiempo invertido en cada tarea (además de incluir el material empleado con el mayor grado de detalle posible). Estos procesos deben estar automatizados e informatizados.

Criterios
Supervisión
Responsable
Proceso

Selección

Promoción

Facilitación promoción
Proceso y baremos

Formación

Herramientas
Procedimientos
Formadores
Evaluación

Retribución

Retribución por objetivos
Salario emocional

Motivación

Supervisión
Motivaciones individuales
Incentivos emocionales

Herramientas de trabajo colaborativo

Es preciso entrenar a los componentes de equipos en el uso de herramientas tecnológicas colaborativas que permitan una interacción eficaz, y máximo aprovechamiento del tiempo. Cada empresa debe seleccionar las herramientas que más se adaptan a el trabajo de cada equipo (por ejemplo, Trello puede ir muy bien para un equipo que esté desarrollando proyectos creativos, y para un equipo comercial lo más aconsejable es un CRM[50]).

El instruir y entrenar a los equipos en el uso de las herramientas permitirá mucho ahorro de tiempo y dinero, evitar errores y mejorar la coordinación. Pero con cuidado, estas herramientas nunca sustituyen a los contactos personales formales e informales que son esenciales para el buen funcionamiento del trabajo organizado.

---

[50] En el apéndice se detallan algunas de las herramientas CRM disponibles en el mercado.

Existen múltiples herramientas de trabajo colaborativo, entre las cuales podemos destacar Yammer, Asana o Trello.

Para videoconferencias, conviene utilizar herramientas de calidad (y de pago) para realizar comunicaciones efectivas a distancia. Podemos usar también Skype o Google Hangouts.

También el uso de carpetas compartidas en Google Drive, One Drive de Microsoft o la menos aconsejable Dropbox.

Para el seguimiento de incidencias hay varias aplicaciones profesionales para el seguimiento de "tickets" como OTRS (Open Ticket Request System), GLPI o RT (Request Tracker).

Un buen CRM[51] regula las relaciones con clientes entre varios departamentos y también la gestión de servicios post-venta o servicios técnicos.

La gestión de equipos

En la gestión de equipos, imprescindible en startups o en empresas colaborativas, es preciso tener en cuenta varias reglas de juego.

En nuestra experiencia, **la gestión de equipos no es fácil**. Posiblemente, en casi todos los grupos o equipos humanos, en el primer momento, haya un coordinador, un líder o un promotor que marca en gran medida la dinámica del grupo, pero una vez el grupo está creado, su desarrollo tiene vida propia, depende de sí mismo.

Varios equipos promovidos por la misma persona, con objetivos similares, pueden funcionar de forma muy diferente. Por ello, afirmamos que **el rendimiento del equipo depende de la capacidad y compromiso de sus componentes.** Hay que procurar integrar a personas capaces y responsables,

---

[51] En el apéndice de herramientas tecnológicas, se establece un catálogo de aplicaciones de utilidad en diferentes ámbitos de gestión empresarial, con especial atención a sistemas ERP y CRM.

comprometidas, y motivarlas para que participen adecuadamente. Hay personas que, por sus características de personalidad, no se encuentran demasiado cómodos en determinadas actuaciones de equipo, pero pueden aportar mucho.

No obstante, **el rendimiento de un equipo eficiente es muchísimo más elevado que el de sus componentes por separado.** Merece la pena el esfuerzo, sobre todo porque los resultados de un trabajo en equipo no son inmediatos, el proceso por el que un equipo llega al alto rendimiento requiere un tiempo, técnica, cualidades individuales, mucho entrenamiento, y trabajo conjunto para conseguir coordinación.

Factores que apoyan el alto rendimiento en los equipos: son, básicamente, 1) la capacidad y complementariedad de sus y miembros, 2) la responsabilidad y disciplina, 3) la actitud, 4) la capacidad empática, 5) la capacidad de comunicación, 6) la confianza y 7) unas reglas o procedimiento eficaz de funcionamiento.

1. **Capacidad y complementariedad de los miembros.** Existen dos tipos de compatibilidades:
   a. La **complementariedad en conocimientos o experiencia** de los miembros del equipo
   b. La **complementariedad psicológica**:
      - *Combinar personas introvertidas y extrovertidas.*
      - *Combinar personas de distinto sexo.*
      - *Combinar grupos de edad o generaciones diferentes.*
      - *Combinar a personas de diferentes culturas o creencias.*
2. La **responsabilidad y disciplina** en el cumplimiento de normas del grupo.
3. La **actitud positiva** respecto al trabajo en equipo.
4. Capacidad **empática** y un alto **respeto a las opiniones** de los demás.
5. Capacidad de **comunicación**.

Una persona que no responda a un mínimo de actitud, responsabilidad, respeto, capacidad de comunicación o aporte (conocimientos, experiencia o ideas), debe ser excluida del equipo. Puede ser que no haya adaptación a ese grupo concreto, en cuyo caso puede valorarse el integrarla en otro, o bien puede que sea una persona que pueda aportar valor trabajando individualmente. Un equipo que cuente con miembros que no dan el mínimo, está frenado, y hace perder el tiempo a personas que tienen capacidad y voluntad.

6. **Confianza**. Se debe conseguir que en el equipo haya un nivel de confianza suficiente. Esto se consigue con encuentros constantes, con una cierta frecuencia, y prolongados en el tiempo. La frecuencia. No debe ser excesiva, ni demasiado baja.

En un grupo de reciente constitución, un buen ritmo puede ser una reunión semanal, guiada y moderada, de hora y media de duración. Se debe buscar que haya 15 minutos de charla informal antes de la reunión, y 30 minutos posteriores, también de encuentro informal. Estas reuniones deben ser presenciales, y conviene que se utilicen técnicas para avanzar en el conocimiento mutuo (romper el hielo, comunicación, ensayos de casos prácticos para conocer el proceso conjunto de toma de decisiones).

*En un grupo que esté más consolidado, por compartir tareas durante un período más prolongado, **las reuniones pueden ser más espaciadas en el tiempo**, y deben **complementarse con contactos online** mediante alguna plataforma de comunicación como Yammer o Trello, complementada por el correo electrónico, alguna llamada por videoconferencia (Skype) y llamada telefónica en caso necesario. Debe evitarse la comunicación por whatsapp (invasiva, no facilita respuestas meditadas, no facilita la planificación del tiempo por el receptor).*

*Para mejorar el conocimiento y la confianza, se deben promover **encuentros personales** entre dos personas, es decir, que cada miembro del grupo pueda tener un contacto personal con cada uno de los demás, y puede convenir establecer un objetivo, o incluso un guion, para estos encuentros. También pueden crearse subgrupos (de tres o cuatro personas) dentro del equipo, para misiones concretas con sus objetivos.*

7. **Reglas**. Hay unas normas básicas de funcionamiento que permiten que los equipos puedan optimizar su rendimiento:

*Hay un **moderador y responsable**. Esta persona es responsable de excluír a miembros del equipo, convocar las reuniones, dinamizarlas, gestionar los tiempos, y motivar a sus componentes.*

__Convocatoria y orden del día__. Cada reunión se convoca con suficiente antelación, e indicando los temas que se van a tratar, para que los componentes los lleven adecuadamente preparados. Si son reuniones periódicas, conviene que se fijen con mucha antelación para evitar problemas de agenda de sus componentes.

__Las reuniones tienen hora de comienzo y de finalización__. Se comienza a la hora en punto, y los que lleguen tarde deben ser penalizados.

__Existe un tiempo limitado de intervención de cada miembro__. Al conocer con antelación los temas a tratar y el tiempo disponible, deberá tener preparado cómo aprovechar el tiempo disponible.

__La participación en el encuentro informal es obligatoria__. Forma parte esencial del encuentro, ya que es en dónde muchas veces se consigue avanzar, cuando no hay la formalidad del "todos me están escuchando" y el miedo a equivocarse.

Requisitos básicos para el rendimiento de los equipos, que no garantizan el éxito, pero sin los cuales no será posible obtener valor:

1. **Recursos seguros**. Un equipo puede contar con un presupuesto escaso, pero debe ser seguro. Un presupuesto demasiado elevado es tan perjudicial como un presupuesto demasiado bajo. Los equipos de nuevos proyectos (mini-startups) son a la vez más fáciles y más difíciles de gestionar que las sucursales tradicionales: requieren un capital total mucho menor, pero este **capital debe ser absolutamente seguro** y no puede alterarse.

2. Autonomía. Los equipos necesitan **autonomía** total para desarrollar y comercializar sus nuevos productos/servicios

durante un mandato limitado. Deben ser **capaces de concebir y ejecutar experimentos**. Se recomienda que los equipos de una startup sean **multifuncionales**.

3. **Participación en beneficios**. Los emprendedores necesitan una **participación** personal **en el resultado de sus creaciones**. Por ejemplo, opciones sobre acciones u otras formas de participación en la propiedad. Los equipos tienen poca confianza en recibir a largo plazo una participación en la propiedad de sus innovaciones, por lo tanto, los equipos no suelen estar motivados para asumir riesgos reales.[52]

Coordinación de equipos. Cada equipo tiene que tener un **responsable-coordinador**, que debe de presentar las siguientes aptitudes:

- *Capacidad de **motivación**. Tanto personal, como del equipo de trabajo.*
- *Capacidad **comunicativa**. El equipo es partícipe de un proyecto mayor.*
- *Capacidad de **reacción**. Tomar las decisiones oportunas, en el momento adecuado.*
- *Capacidad **empática**. Hay que ponerse en el lugar de otras personas.*
- *Capacidad de **adaptación**. Vamos a trabajar en un entorno cambiante.*

Debe de velar por la asignación de tareas a cada miembro (o sub-equipo), con cuantificación y plazo de ejecución.

---

[52] En Europa, los sistemas para hacer partícipes a trabajadores de los beneficios directos de sus acciones, pueden encontrarse con problemas de aplicación derivados de la normativa laboral y la estructura de relaciones laborales de cada país.

Técnicas de trabajo en equipo – dinámicas de grupo[53].

Hay numerosas técnicas para conseguir una integración rápida del grupo y un conocimiento mutuo, indispensable para adquirir confianza y poder resolver trabajo en equipo. Apuntamos algunas de ellas:

1. *Técnicas para "romper el hielo" (ice-breakers).*
- *Reuniones dos a dos y que uno presente a otro.*
- *Un juego conjunto que sirva para relajarse y divertirse, mientras se conocen los miembros del equipo.*

2. *Técnicas de generación de ideas.*
- *Brainstorming o "tormenta de ideas". Se genera una situación que promueva que todas las personas del equipo aporten ideas, sean o no "tonterías" aparentes. Después, en grupos más pequeños, se analizan todas y se priorizan, teniendo en cuenta el coste y riesgos del desarrollo de cada idea y su implementación.*
- *Técnica 6.3.5. En grupos de 6 personas, cada participante anota tres ideas breves, sólo tiene 5 minutos para escribirlas. Después pasarán su hoja al compañero, en donde repetirá el proceso de escribir 3 ideas nuevas en 5 minutos.*

3. *Técnicas de comunicación.*
- *Dibujo secreto. Uno de los participantes hace un dibujo que los demás no pueden ver. Comenzará a describirlo verbalmente, intentando que los compañeros lo copien en sus papeles a través de sus explicaciones.*

---

[53] Chehaybar, E. (2012). Técnicas para el aprendizaje grupal: grupos numerosos. *Universidad Nacional Autónoma de México.* González, I., De León, C. Estrategias de aprendizaje en grupo. *Universidad de Córdoba (Departamento de Educación).* Kaneko Aguilar, J. (2013). Taller dinámicas de grupo aplicadas a la selección de personal. *Universidad César Vallejo.* Marle Nazzaro, A., Strazzabosco, J. (2003). Dinámicas de grupo y formación de equipos. *Federación Mundial de Hemofilia.* Pastoral Juvenil Coyuca. Técnicas y dinámicas para trabajar en grupo.

- *Juego de cartas*. *Se preparan varias cartas con palabras como: libertad, niño, mesa, cielo. Al comenzar, el participante piensa un mensaje y se lo transmite al vecino a través de cinco cartas (cinco palabras). El compañero recibe las cartas con las palabras, y escribe en una hoja lo que ha querido decirle. Prepara de nuevo el mensaje con nuevas cartas, sucesivamente. Al final, se observa la diferencia entre lo que se quiso decir y lo que interpretó el compañero.*

4. **Técnicas de resolución de problemas**.
- **Estudio de casos**. *Se expone una situación, y el grupo realizar un análisis exhaustivo, desde múltiples visiones para obtener conclusiones. El objetivo es la interacción y el diálogo. Se puede ofrecer un guión.*
- **Cubos solidarios**. *Se divide el grupo en 3 subgrupos. Cada subgrupo debe realizar 15 cubos de 5x5 en una hora. El material que tienen son, el grupo 1: 2 cartulinas, 1 regla, 2 lápices, 3 tijeras y 1 pegamento. El grupo 2 tiene lo mismo, pero 1 tijera menos, y el grupo 3 lo mismo pero sólo 1 tijera. Se pone de manifiesto la competitividad, la individualidad.*
- **El globo aerostático**. *Se expone un caso hipotético, en el que un meteorito cae en el océano creando una ola gigante que deja sumergidos todos los continentes del planeta. Pero cinco personas (los miembros del grupo), se encuentran volando en un globo aerostático. Cada una de esas personas asume uno de los siguientes roles: un sacerdote o una sacerdotisa, un enfermero o enfermera, un asesor político, un periodista de la prensa rosa, un profesor de educación primaria y un funcionario del Instituto Nacional de Estadística. Después de un tiempo, el globo comienza a perder aire, pero se divisa una isla, rodeada de tiburones hambrientos. La única forma de llegar a la isla es tirando a uno de los pasajeros. La misión del grupo es asegurar la continuación de la especie. La decisión se tiene que tomar por unanimidad, ninguno de los ocupantes puede abandonar voluntariamente el globo, y todos deben exponer sus argumentos. Mediante esta prueba se analiza el proceso de toma de decisiones en un grupo, los procesos de comunicación, la capacidad de cooperación, la iniciativa y el liderazgo.*

- *Juego de roles*. Se distribuye a los participantes en parejas y se les da un caso que tienen que resolver representándolo. Por ejemplo: me ha pedido una compañera que la sustituya mañana, porque dice que tiene una boda, y no me apetece nada hacerlo.
- *La isla desierta*. Estamos en un barco y se hunde, y somos los únicos supervivientes en un bote que puede llegar a una isla desierta si se aligera el peso. En el bote hay 12 objetos: pañales, una pistola sin munición, 20 litros de agua potable, un paquete de cigarros, una caja registradora con dinero en diferentes monedas, 5 kg de carbón, hilo y anzuelos, preservativos, 2 botellas de whisky, 1 paracaídas sin instrucciones, 1 mechero de oro y 1 espejo.

La técnica 5PQ para la resolución de problemas

Los cinco porqués. La idea central de los cinco porqués es relacionar directamente las inversiones con la prevención de los síntomas. El sistema toma el nombre del **método de investigación** de formular la **pregunta «¿por qué?» cinco veces** para entender qué ha pasado (la causa fundamental). **En la base de cualquier problema aparentemente técnico hay un problema humano.** Preguntando y respondiendo por qué cinco veces, podemos llegar a la causa real del problema.

1. En el nuevo producto hay una característica que no funciona. ¿Por qué? Porque ha fallado un servidor. 2. ¿Por qué ha fallado el servidor? Porque un subsistema oculto se utilizó de forma inadecuada. 3. ¿Por qué se usó de forma inadecuada? Porque el ingeniero que lo usaba no sabía cómo usarlo adecuadamente. 4. ¿Por qué no sabía usarlo adecuadamente? Porque nunca le enseñaron. 5. ¿Por qué no le enseñaron? Porque su director no creía en enseñar a los nuevos ingenieros y porque él y su equipo estaban «demasiado ocupados».

La empresa colaborativa. Ventajas e inconvenientes.

Las empresas que están desarrollando esquemas de gestión exitosos, aprovechan al máximo las posibilidades de colaboración empresarial y profesional, llevándolas a los máximos niveles que puedan alcanzar.

*Hay empresas que consiguen fijar procedimientos para todas las áreas operativas, y consiguen gestionar ideas de negocio con demanda en el mercado, **centrando la gestión en aplicaciones informáticas**.*

Por ejemplo, casos como Uber, Idealista, Blablacar, Coches.net, etc. Plataformas que gestionan la compra-venta de productos y servicios, sin que dispongan de stock físico, ni personal de compras, ni de ventas.

En el caso extremo de estas empresas, consiguen que sus propios clientes sean los comerciales del negocio, a través de recomendaciones, invitaciones a amigos, etc. (como en el caso de Facebook o Linkedin).

En otros casos, empresas más "convencionales" de producción, o de prestación de servicios, se están gestionando **sistemas de organización colaborativa**, en las que la estructura central (propietaria de la "marca" y diseñadora de procesos y procedimientos) no es la que diseña (o fabrica) los productos o servicios, ni dispone de equipo comercial propio[54].

*Existen distintos grados de **descentralización**, desde la subcontratación de determinados servicios o procesos de la cadena, hasta el grado máximo.*

*En todo caso, la generación de valor más eficiente es cuando la estructura central controla el desarrollo del sistema comercial, el marketing, la propiedad industrial, los procesos, la formación, y **subcontratar todo lo externalizable**.*

---

[54] Por ejemplo, tendríamos el caso de la correduría multinacional OVB, que comercializa productos de otras aseguradoras, a través de una red de comerciales autónomos vinculados.

Las empresas ágiles utilizan el trabajo "free-lance" en finanzas, marketing, desarrollo de personas, contratan formadores, coaches, interims managers o profesionales especializados por proyecto o a tiempo parcial. Incluso se llegan a subcontratar direcciones comerciales, direcciones financieras u otros puestos que en la gestión tradicional se consideraban puestos directivos en exclusiva para el negocio.

En las empresas colaborativas, también tenemos que definir los procesos de **selección**, **formación, motivación, retribución y promoción**; pero todavía de una forma más precisa que en el caso de personal asalariado.

Las limitaciones sociales y normativas

En muchas ocasiones, los esquemas ideales de gestión de equipos chocan con normativas laborales o de otra índole, que impiden su aplicación. Es el caso de empresas sujetas a convenios colectivos que regulan buena parte de los procesos (retribución, promoción) en base a baremos basados en conceptos no ligados a la productividad.

En estos casos, no obstante, hay diferentes fórmulas de incentivar la generación de valor añadido, a través de expertos en el cambio de paradigma en la gestión del negocio.

Los grupos de presión en las corporaciones

Es frecuente encontrar, especialmente en las grandes compañías, grupos de interés entre trabajadores veteranos, directivos intermedios o directivos superiores, que anteponen sus intereses personales o de grupo a los intereses de la organización. Guían la prioridad de sus actuaciones en función de como les beneficia: eliminando competidores, mejorando sus condiciones de trabajo, aumentando su salario, más tiempo o días libres, elusión de responsabilidades o mejorar sus facilidades de ascenso. Y no sólo se detectan en actitudes individuales, sino que pueden ser verdaderos grupos organizados de personas que se apoyan mutuamente en este tipo de actitud de "supervivencia colectiva". Este tipo de actuaciones son muy frecuentes, y son un lastre para la productividad, hasta tal punto que pueden comprometer seriamente la viabilidad del negocio.

Responsabilidades legales

En el desarrollo de personas y equipos, es esencial prestar especial atención a la normativa legal, y a precauciones propias de una empresa socialmente responsable (RSC). *En el ámbito directivo, se debe contar con un programa "corporate compliance" que preserve las* **responsabilidades de administradores, gerentes y directores**.

- *En el ámbito directivo, se debe contar con un programa "corporate compliance" que preserve las* **responsabilidades de administradores, gerentes y directores**.
- *En el ámbito operativo, la prevención de riesgos es vital. Deben de generarse procedimientos específicos para* **eliminar riesgos de accidentes o enfermedades laborales**.
- *Con el* **equipo humano de la empresa y demás grupos de interés**, *se pondrá especial precaución en la defensa de sus derechos en relación a protección de datos, no discriminación, acoso laboral o sexual, etc.*

La empresa también deberá revisar sus sistemas de protección ante contingencias imprevistas (catástrofes de todo tipo) o responsabilidad civil por sus actuaciones.

Manual de funciones

Hemos tratado en varios capítulos la importancia vital de definir con precisión y corrección las funciones y responsabilidades de cada miembro del equipo, más especialmente en los que ocupan lugares en la parte más alta del organigrama.

El manual **documenta y valora los puestos de trabajo**, integra **competencias**, establece el **organigrama**, define áreas de resultados, analiza y describe **funciones**, facilita la prevención de **riesgos**, y hace posible la elaboración de planes de **formación** y el desarrollo de procesos de **selección**.

Su contenido debe incluir la **identificación** (y denominación) del puesto, **la finalidad o misión, área de eficacia-resultados** (lo que se espera), las **funciones-actividades-tareas**, las **relaciones jerárquicas y funcionales**, las **responsabilidades** que asume (incluyendo confidencialidad), las **condiciones de trabajo**, los **riesgos** potenciales, los **requerimientos** del puesto y las **competencias** profesionales precisas.

Evidentemente, el manual coordina y distribuye funciones y responsabilidades entre los miembros de la organización.

Debemos de impulsar un cambio mental y de cultura: convertir nuevas ideas en nuevos hábitos, y convertir estos nuevos hábitos en nuevos comportamientos.

Algunas reglas de juego prácticas

En toda organización de personas, hay reglas de juego que permiten que los equipos funcionen y cooperen.

En nuestra experiencia, hemos recopilado una serie de normas para que los equipos puedan generar rendimiento satisfactorio:

- *Definir la figura del **moderador o líder**, que tenga atribuciones para velar por el cumplimiento de normas mínimas de convivencia.*
- ***Las reuniones se programan**, tienen un orden del día previo, todos los asistentes las preparan, y tienen una hora de finalización.*
- *Los **rumores**, chismes, opiniones subjetivas, "ruidos" deben identificarse y eliminarse completamente. Se evitarán grupos de whats app y similares (que difunden opiniones sin contrastar o informaciones falsas o manipuladas, o expresiones ambiguas, sin*

entonación, o sin fórmulas de cortesía que producen malentendidos graves) y que nunca pueden ser vías oficiales de comunicación de la empresa.

- Los **asuntos personales** *de los miembros del equipo (creencias, aficiones, vida familiar, orientación o vida sexual, patrimonio, raza, nacionalidad, clase social, etc.) no son asunto ni de la empresa, ni del negocio, ni de los demás miembros del equipo, excepto en el caso en que su situación personal pueda afectar a la buena imagen o el trabajo desempeñado en la empresa.*

- Los **"grupillos de poder o de intereses"** *que surgen en todas las organizaciones, deben eliminarse completamente. No pueden tomarse nunca en consideración acuerdos que se tomen por partes fuera de los ámbitos oficiales de la empresa (reuniones oficiales).*

- **Las desacreditaciones personales,** *juicios de valor, faltas de respeto o educación, deben eliminarse completamente. Cualquier actuación que tenga que pueda asociarse con "mobbing", acoso sexual, discriminación o similares, debe ser cortada de forma radical.*

- *Las comunicaciones oficiales, los acuerdos, los objetivos, deben de* **escribirse** *para que no haya interpretaciones erróneas.*

- *Debemos de tener en cuenta siempre las diferentes* **motivaciones de las personas,** *sus "líneas rojas" y tratar de entenderlas y respetarlas, siempre y cuando sean compatibles con los intereses generales de la organización.*

- **Se felicita en público y se critica en privado.**

- *El trabajar en una empresa o proyecto no obliga a los miembros del equipo a no disponer de su* **espacio privado y personal** *fuera de los horarios de trabajo habituales en el negocio.*

- *Todos los miembros del equipo tienen la obligación de* **defender a la organización y a sus compañeros** *en su ámbito profesional.*

- **Una opinión sin respaldo probatorio es sólo una opinión subjetiva.** *Las decisiones de las empresas deben de apoyarse en datos fiables.*

Consejos para mejorar el rendimiento

Marcar objetivos, profesionales y personales (van unidos), anuales, trimestrales, mensuales y semanales. Dividimos los objetivos "ambiciosos" en etapas. Controlamos periódicamente la consecución de esos objetivos.

Planificar adecuadamente nuestra agenda, en función de las prioridades, y con la adaptación a nuestro reloj interno, o ritmo circadiano (realizar las tareas más difíciles o complejas en nuestro mejor momento del día, y dejar las rutinarias para las horas más "bajas").

Llevar una vida saludable y equilibrada, dedicando el tiempo necesario al descanso y al enriquecimiento personal.

Trabajar en el control de nuestras debilidades (por ejemplo, en el dominio de explosiones exageradas de carácter), y especialmente en potenciar nuestras fortalezas personales en nuestro puesto de trabajo.

Cuidar mucho el lenguaje (hablado y escrito), usar fórmulas de cortesía siempre, en el saludo, antes de introducirse en un tema "profundo", y en la despedida. Tratar siempre a nuestros interlocutores con educación y respeto.

Buscar motivación para la creatividad, para reforzar nuestra voluntad, y nuestra seguridad. Se consigue con influencias positivas, personas que nos ayuden a reflexionar, participando en acciones formativas, o buscando inspiración en acciones culturales, recreativas o profesionales (en otros sectores). Tratar de cambiar tareas rutinarias por tareas creativas.

Realizar las pausas necesarias, reponiendo energía en el momento adecuado, evitando tóxicos en la alimentación y ¡en las compañías!.

Realizar un balance semanal de consecución de los objetivos planteados en la semana anterior. Valorar en que se ha desperdiciado tiempo y dinero. Analizar con realismo nuestra propia responsabilidad cuando no se logra un objetivo, antes de culpar a otros o a las circunstancias.

Trabajar mucho en la comunicación con los compañeros del equipo, buscando vías de diálogo, cooperación y entendimiento. Saber escuchar muchas veces es la mejor forma de convencer. Relegar los egos por debajo del bien común.

Encontrar el sentido social de nuestro trabajo y el de nuestros compañeros de equipo, y transmitirlo.

PILOTAR – 9. Otros aspectos clave

Responsabilidad social corporativa RSC / RSE

La RSC es la contribución activa de una empresa a la mejora de la sociedad, "devolviendo" lo que "recibe" para su funcionamiento. Supone un sistema de gestión específico implicado en toda la actividad, y debe incorporarse en los procedimientos de trabajo.

La responsabilidad sociale empresarial engloba los conceptos de **sostenibilidad, cumplimiento de normas, igualdad, no discriminación, acción con los grupos de interés,** e **integración en la sociedad**[55]

Una empresa socialmente responsable va más allá del marco legal para responder a expectativas de la sociedad en general, pero también de clientes, trabajadores, proveedores y accionistas. La RSC (o RSE en las empresas) se implanta voluntariamente, no es obligatoria, y supone incorporar políticas, prácticas y procedimientos encaminados en trabajar esencialmente en el respeto en los derechos humanos y en la sostenibilidad medioambiental.

Los ámbitos de la RSC

La **RSC** abarca **tres ámbitos: medio ambiente, personas, y empresas (reputación y rentabilidad).** La RSC forma parte de los procesos que generan rentabilidad a la empresa.

---

[55] Es frecuente que el concepto de RSC o RSE se utilice erróneamente. En este trabajo sólo se hace una ligera aproximación al concepto, que debería desarrollarse conforme a las directrices de la ISO 26000

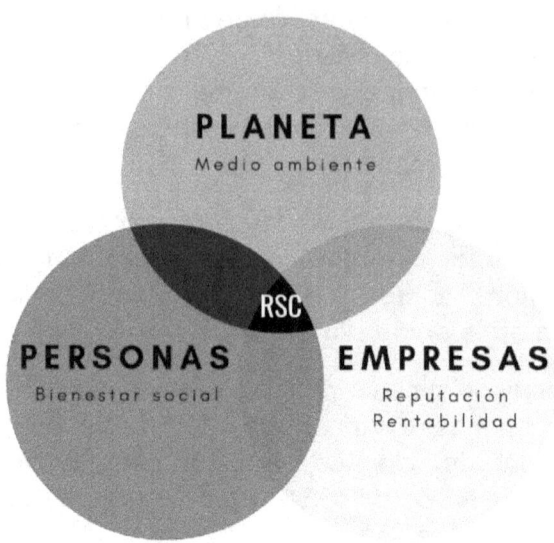

RSC

RESPONSABILIDAD SOCIAL CORPORATIVA

PLANETA
Medio ambiente

RSC

PERSONAS
Bienestar social

EMPRESAS
Reputación
Rentabilidad

La RSC no debe confundirse con beneficencia. Una organización que no es comprometida con la protección del medio ambiente, y que hace muchas donaciones benéficas, no hace RSC.

Las siete materias fundamentales de la RSC se describen en el cuadro adjunto: gobernanza de la organización, derechos humanos, prácticas laborales, medio ambiente, prácticas justas de operación, asuntos de consumidores, y participación activa/desarrollo de la comunidad.

Para la empresa, la RSC **mejora su imagen** de marca, aporta un **diferencial** de valor, puede aumentar el número de **clientes** a medida en que éstos son más exigentes en relación a la ética en los negocios, la RSC facilita el **acceso a nuevos mercados**, **reducen los costes** de producción, mejoran la **credibilidad** de la empresa, fideliza. Implantar la RSC supone adelantarse, de forma voluntaria, a la implantación de procesos normalizados que posiblemente en el futuro sean obligatorios, o muy relevantes para la valoración de las empresas como suministradores de productos o servicios.

Si se pudiese resumir en pocas palabras, la RSC es respetar los derechos humanos y el medio ambiente.

Gestión patrimonial

La gestión patrimonial abarca dos aspectos que deben diferenciarse.

a) *La gestión de activos que formaron o forman parte de la actividad productiva, pero cuya gestión debe diferenciarse, para maximizar rendimiento y reducir riesgos.*

b) *La gestión patrimonial familiar o empresarial, que busca la diversificación de riegos, y no centrar todas las inversiones en una única actividad productiva (sobre todo si ésta presenta riesgos de inestabilidad).*

Diferenciación de gestión patrimonial y gestión de negocio. En la gestión empresarial debe de diferenciarse la actividad de los elementos productivos, y procurar usar esos recursos en coste variable.

Ello quiere decir, que si la empresa tiene una nave industrial o un edificio de oficinas, la empresa productiva debería pagar un alquiler (a precios de mercado) por el uso de las instalaciones que le sean necesarias, sean o no propiedad de la empresa, y cambiarlas (ampliando o reduciendo) en función de las necesidades productivas (que a su vez, derivan de la demanda de mercado).

Por otra parte, la empresa debe crear una sociedad gestora del patrimonio o inmuebles, que puede que alquile a la empresa de producción en su totalidad o en parte, pero que obtendrá rendimiento por los mismos por el valor de mercado. La inversión patrimonial también puede refugiarse en otros activos, como la participación en otras empresas, inversiones financieras temporales, etc.

Gestión patrimonial familiar. Durante los próximos 50 años se producirá una enorme transferencia de patrimonio de padres a hijos en familias inversoras. Si no hay una planificación adecuada de la actuación de las llamadas "family office", se puede perder mucha potencia en la creación de riqueza.

Un family office FO es una plataforma de inversión que gestionan patrimonios[56], normalmente propiedad de un único grupo familiar: inversiones financieras, inmobiliarias y empresariales; con su fiscalidad, resolución de problemas de sucesión, etc. Suelen tener como objetivo la transferencia de patrimonio entre generaciones.

---

[56] Normalmente superiores a 100 milones de dólares.

Tercera parte

Acelerar

Parte 3. Acelerar

TECNICAS BÁSICAS DE MANAGEMENT

Para conseguir eficiencia en el trabajo de personas y equipos, es preciso conocimiento y entrenamiento en algunas materias fundamentales: nociones de gestión comercial, transformación digital, herramientas tecnológicas (CRM, ERP, herramientas colaborativas, hojas de cálculo cuando sea necesario, manejo de maquinaria), productividad o negociación.

Vamos a centrarnos en productividad, ventas y negociación, ya que la base del rendimiento estará en proponer valor para el cliente, reducir desperdicios, y conseguir el mayor rendimiento de personas y equipos.

Entendemos que todas las personas que trabajan en un equipo, deben disponer de formación en estas áreas fundamentales, pero también en otras como jobcrafting, RSC, o en principios Lean. También es muy importante que conozcan las herramientas tecnológicas que utilice la empresa para control de gestión (ERP), comercial (CRM), herramientas de comunicación (Trello, Yammer, Asana, Slack, gestión de correos, reglas para una correcta interactuación en los canales), y herramientas de marketing digital (en el caso en que proceda).

ACELERAR – 1. Productividad

La productividad comienza por las personas, y de ahí pasará a los equipos. Consiste en "cambiar el trabajo duro por trabajo inteligente", en esencia, que cada persona domine su tiempo, realizando un programa de actividades planificadas (la tradicional agenda de trabajo), pero reflexionando sobre la importancia de cada una de ellas y el tiempo que se le dedica.

A partir de la productividad individual podemos trasladar los mismos principios a los equipos. Eliminaremos "desperdicios" de tiempos perdidos, y evitaremos los "ruidos" o distorsiones que no aportan nada (o que son tóxicas) y nos centraremos en las actitudes que generan valor.

1. **La gestión del tiempo es importante para las personas.**

Cada persona debería de ser consciente de lo que hace y por qué lo hace. Su vida debería estar orientada por sus prioridades, y no actuar a merced de las circunstancias. Si una persona se marca unas metas, unos objetivos alcanzables en función de sus prioridades en la vida, deberá tomar sus decisiones y establecer la importancia de sus inversiones de tiempo y esfuerzo, en función de esas prioridades. Lo mismo ocurre en el trabajo: la empresa tendrá unos objetivos, que se traducen en objetivos individuales. Si una persona es miembro de un equipo, debe conocer cuál es su objetivo, lo que se espera de su trabajo en resultados. Deberá pues, gestionar su agenda de tareas y sus actitudes en base a este foco, a los objetivos que debe alcanzar. En lo profesional y en lo personal, cada persona tiene que tomar el control, cambiar hábitos si es necesario, y salir de su "área de confort".

Analízate y obtén un diagnóstico

Encuentra el problema
Analízate. Y busca ayuda para que te analicen. ¿Consigo lo que quiero? Si la respuesta es no, es que algo estoy haciendo mal.
Alguien desde afuera puede observarnos con más objetividad y realismo que nosotros mismos.

Conócete a ti mismo
Nadie es perfecto. Tenemos fortalezas y debilidades. El conocernos es esencial para sacar lo mejor y hacerlo productivo.
Potenciaremos nuestras fortalezas y controlaremos nuestras debilidades.

Focaliza
Con una pequeña parte de nuestro tiempo, conseguimos la mayor parte de nuestros resultados. Tendremos que centrarnos en las tareas productivas y reducir al mínimo las improductivas.

2. **La importancia de hacer un buen diagnóstico.**

- **Primero**, **localicemos los problemas**. Debemos fijar nuestras prioridades (personales y profesionales), y analizar si el tiempo que hemos invertido en cada tarea en un período (por ejemplo, en el último año) tiene relación con ese orden de prioridades. Este ejercicio deberemos hacerlo de forma semanal, mensual, trimestral y anual para revisar si nuestra programación de tiempo en tareas es la adecuada, en relación a nuestros objetivos. En ese proceso, es conveniente buscar apoyo externo: es frecuente que podamos observar bien las distorsiones de uso del tiempo en otras personas, pero no tan fácil verlas en nosotros mismos. Si no conseguimos lo que queremos, algo estamos haciendo mal.

- **Segundo**, tratemos de **conocernos a nosotros mismos**. Nadie es perfecto, lo debemos de asumir. Tanto nosotros como nuestros compañeros tenemos fortalezas y debilidades, y de lo que trata el trabajo en equipo es sumar lo mejor de cada uno. Conocer las virtudes y defectos es esencial para sacar lo mejor de nosotros mismos y trasladarlo a los demás. Y en ello también están los "ciclos" (¿eres de mañana o de tarde? ¿te afectan más de lo normal los cambios de estación, climáticos o de hora?)
- **Tercero**, tenemos que **focalizar**. Con el 20% de nuestro tiempo podemos obtener el 80% de nuestros resultados.

Sí que puedes

Tanto si crees que puedes, como si crees que no puedes, en ambos casos tendrás razón.
La fé y la voluntad son los pilares del cambio.

Planifica

Haz lo que te apasione, pero sé realista. Por mucho que te guste cantar, si no tienes buena voz, no triunfarás.
Pero no dediques tu vida a algo que odias.
Fija tu objetivo, y haz tu plan para conseguirlo.

No postergues

Lo que tengas que hacer, hazlo ya. No dejes para mañana lo que es prioritario, que normalmente es lo que menos te gusta hacer.
Lo más importante, primero.

Prioriza

No te disperses, ni busques disculpas.
Muchas veces lo más urgente nos impide hacer lo que es verdaderamente importante.

Divide en etapas

Los grandes proyectos se alcanzan dividiéndolos en pequeñas partes, alcanzables en plazos razonables.

Disciplina

Nada podremos conseguir sin disciplina y entrenamiento.
El éxito no tiene excusas: o rindes, o no rindes.

3. Fijar los objetivos. Planificar y priorizar

- **Si que se puede**. Tanto si crees que puedes, como si crees que no puedes, en ambos casos tienes razón (Henry Ford).
- **Planificar**. Haz algo que te apasione, pero siendo realista. No todos podemos ser cantantes de ópera, por mucho que nos guste. Pero dedicar la vida a algo que odiamos, no es el mejor camino para ser feliz o progresar.
- **No postergues**. Lo que tengas que hacer, hazlo ya. No dejes para mañana lo que es prioritario, que normalmente

es lo que menos te gusta hacer. Ahora se usa el término "procrastinación".

- **Priorizar**. Muchas veces lo urgente no es lo importante. No podemos dejar de hacer lo importante por culpa de urgencias o interrupciones imprevistas (las cuales debemos de gestionar).
- **Dividir en etapas alcanzables**. Si tu objetivo es muy ambicioso, divídelo en trozos. Esta técnica es muy útil para alcanzar grandes objetivos, y válida para el desarrollo de proyectos complejos.
- **Disciplina y entrenamiento**. Nada podemos conseguir sin disciplina y entrenamiento. La excelencia no busca excusas: o se rinde, o no se rinde.
- **Orden**. Una planificación adecuada de actividades aprovecha el tiempo, ahorra dinero (billetes de avión) y evita distorsiones no productivas. Organizaremos nuestra vida en función de nuestros objetivos:
  - *Calendario y agenda. El calendario marcará las actuaciones, en función de las prioridades. La agenda estará al servicio de las prioridades mensuales y semanales. Planificaremos con antelación lo que haremos cada día.*
  - *Los* **espacios de trabajo** *deben estar ordenados, limpios, diáfanos y agradables.*
  - *Eliminamos el* **papel**.
- **No perderemos el tiempo**. No hay tiempo para todo, pero sí para lo importante.
  - *Whatsapp. Es un gran "ladrón de tiempo". Cuando se trabaja, no se usa.*
  - *Teléfono. Mal usado, es el peor enemigo. Utilizado con inteligencia, es un aliado.*
  - *Interrupciones. Visitas inesperadas, despachos abiertos… las interrupciones son el peor virus para la productividad.*
  - *Reuniones. Tratar de evitar las improductivas. Planificarlas. Prepararlas. Poner hora de inicio y fin. Levantar acta. Marcar la frecuencia adecuada para cada tipo de equipo. Complementarla con contactos no presenciales organizados.*
  - *Televisión. Pérdida de tiempo no productiva.*

- **Tomar notas**. Llevar siempre papel y bolígrafo. Olvidamos la mitad de lo que nos dicen.

4. Controlar nuestra vida

Formarse. Se pueden buscar numerosas vías de formación, medios por cuenta propia, libros, se pueden buscar vídeos e información en internet. Asistir a seminarios. Si queremos ser expertos en un tema, tenemos que formarnos para serlo.

Aprovechar la tecnología. Ordenadores, programas, móviles… si usamos con inteligencia la tecnología, puede ayudarnos mucho a aprovechar el tiempo. Agendas sincronizadas en todos los dispositivos, y compartidas con otras personas, aplicaciones de trabajo colaborativo, etc.

Desarrollar creatividad. Todos tenemos capacidades creativas, tratemos de potenciarlas y usar técnicas para desarrollarlas.

Aprender a comunicar y a negociar. *El buen comunicador usa la DIPLOMACIA, sabe ESCUCHAR, e interactúa con los demás interlocutores. Necesitamos ARGUMENTOS: son como la munición de las armas.*

Eliminar el cansancio. *Cuidar la alimentación, la salud, evitar tóxicos, hacer deporte, dormir las horas suficientes, son hábitos esenciales para ser productivo. El ejercicio da bienestar, elimina estrés, ayuda a reflexionar y a descansar.*

Reducir el estrés. *Delegar, descansar, tener un hobby, desenganchar el móvil, leer… y no agobiarse ante los problemas, que seguro vamos a tener, y serán gestionables si tenemos previsto que vendrán, y preparada la solución.*

Preparémonos para las crisis. *Vamos a tener 2 ó 3 crisis al año: fallos técnicos, fallos de equipo, siniestros, accidentes… preparémonos con antelación para lo que puede venir, y reaccionaremos antes para encontrar soluciones.*

La técnica "pomodoro"4P. Consiste en trabajar en una tarea de forma ininterrumpida en períodos de 25 minutos, con 5 de descanso en cada uno de ellos. Sin interrupciones. Después del 4º "pomodoro" la pausa estará entre 20 minutos y 1 hora. Funciona muy bien porque np se basa en el tiempo, sino en el objetivo. Cada tarea estará terminada en los 25 minutos.

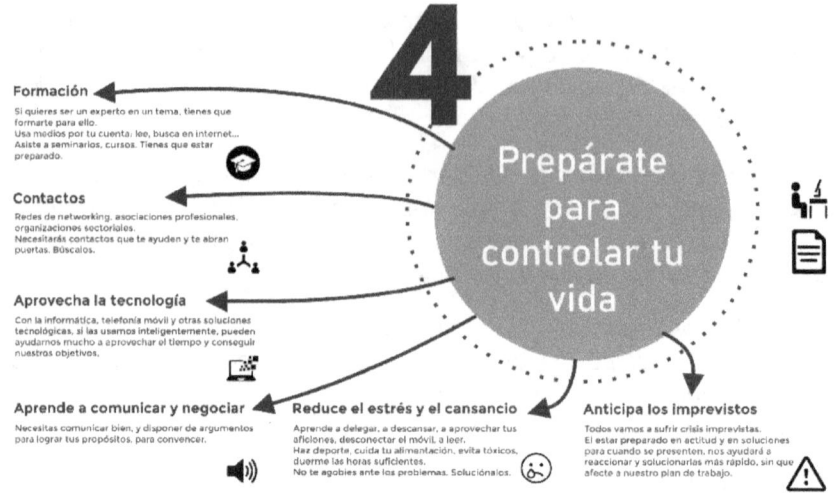

Formación
Si quieres ser un experto en un tema, tienes que formarte para ello.
Usa medios por tu cuenta: lee, busca en internet...
Asiste a seminarios, cursos. Tienes que estar preparado.

Contactos
Redes de networking, asociaciones profesionales, organizaciones sectoriales.
Necesitarás contactos que te ayuden y te abran puertas. Búscalos.

Aprovecha la tecnología
Con la informática, telefonía móvil y otras soluciones tecnológicas, si las usamos inteligentemente, pueden ayudarnos mucho a aprovechar el tiempo y conseguir nuestros objetivos.

4 Prepárate para controlar tu vida

Aprende a comunicar y negociar
Necesitas comunicar bien, y disponer de argumentos para lograr tus propósitos, para convencer.

Reduce el estrés y el cansancio
Aprende a delegar, a descansar, a aprovechar tus aficiones, desconectar el móvil, a leer.
Haz deporte, cuida tu alimentación, evita tóxicos, duerme las horas suficientes.
No te agobies ante los problemas. Soluciónalos.

Anticipa los imprevistos
Todos vamos a sufrir crisis imprevistas.
El estar preparado en actitud y en soluciones para cuando se presenten, nos ayudará a reaccionar y solucionarlas más rápido, sin que afecte a nuestro plan de trabajo.

Factores que influyen en la productividad: en las industrias y en las empresas de servicios, tenemos los siguientes factores que influyen en la productividad:

Factores de diseño

- El *diseño* de los productos y servicios debe contemplar una producción eficiente.
- La *estabilidad* en el diseño (o en el diseño de la base) en el tiempo, ayuda a la productividad.
- *Materiales* de calidad. Reducen descartes por productos defectuosos.
- *Maquinaria* de calidad con buen mantenimiento, mejora la productividad.
- *Calidad* del producto. Requiere calidad en los procesos de producción.
- *Tamaño de la empresa*. Las empresas grandes son más productivas (en España, las empresas de más de 250 trabajadores son un 65% más productivas que la media).

Factores de organización del trabajo

- *Espacio de trabajo* disponible y cómo se usa. Utilizaremos el mínimo recorrido de materia prima y herramientas productivas que son precisas en el proceso. Un espacio adecuado permite realizar operaciones sin interrupciones. La iluminación, la temperatura, o el ruido, influyen en la productividad.

- **Método de trabajo eficiente**. La gestión del tiempo en producción es clave. El exceso de cansancio en operarios produce errores, accidentes y bajas.
- **Planificación de compras**. Las materias primas y componentes deben estar disponibles en el momento que se precisen.

Factores relacionados con personas

- **Formación**. Una adecuada formación y práctica en el manejo de equipos.
- **Motivación**: una valoración correcta de sus condiciones de trabajo, salario económico y emocional, mejora de forma importante la productividad.
- **Estado físico**. Las personas saludables, descansadas y nutridas son más productivas.
- **Puntualidad y reducción del absentismo**. Aumentan la productividad.

Factores externos

- **Internacionalización**. Las empresas exportadoras son más productivas estadísticamente, aunque es posible que lo segundo lleve a lo primero.
- Hay una **relación entre ventas y productividad**. Si hay un pedido urgente que atender, la productividad aumenta.
- La **innovación** en la empresa aumenta la productividad.
- Los **ciclos económicos** afectan a la productividad. Una situación de crisis puede hacer que la productividad aumente.

Lean Manufacturing. Los 7 desperdicios del Lean.

El "lean manufacturing" es un sistema de gestión y elemento de cultura organizacional basado en personas. El foco es el análisis del valor añadido en producción e identificación de desperdicios.

Un desperdicio es un proceso o actividad que usan más recursos de los necesarios y presentan daños en el sistema de producción. En general se identifican 7 desperdicios:

Los DESPERDICIOS
LEAN management

1. Sobreproducción
2. Tiempos muertos
3. Transporte
4. Procesos inapropiados
5. Stocks innecesarios
6. Defectos
7. Movimientos innecesarios
7+1. Talento humano

1. Sobreproducción. *Suele ser la causa de la mayoría de los otros desperdicios. Es la fabricación de más unidades que las requeridas por los clientes, o producir antes de que sea necesario. Las causas son el "por si acaso" ("just in case"), el dejar que las máquinas trabajen al máximo de capacidad o una incorrecta planificación de producción.*

2. Tiempos muertos. *Se refiere al tiempo durante el proceso productivo en el que no se añade valor, es decir, es el tiempo perdido en el que operarios y clientes esperan por material, reparaciones de máquinas, instrucciones, etc. También se conocen como "cuellos de botella", cuando una fase va más rápida que la siguiente. Las causas pueden ser un mal uso de la automatización, procesos desequilibrados, averías imprevistas, tiempos largos en el arranque del proceso, mala gestión de compras, problemas de planificación, etc.*

3. Transporte. *Todo tipo de **movimiento innecesario de productos y materias primas** debe ser minimizado porque se trata de un desperdicio que no aporta valor añadido al producto. El transporte cuesta dinero, equipos, combustible y mano de obra, además de que aumenta los plazos de entrega del producto, y aumenta los riesgos de daños. Las causas suelen ser la mala distribución de materiales en planta, flujos de producto discontinuos, grandes lotes de producción, tiempos largos en suministro, almacenes grandes o mal organizados.*

4. Sobreprocesamiento o procesos inapropiados. *La optimización de los procesos y revisión constante del mismo es fundamental para* reducir fases que pueden ser innecesarias al haber mejorado el proceso. Realizar trabajo extra sobre un producto es un desperdicio difícil de detectar ya que muchas veces el responsable de éste no sabe que lo está haciendo. Se resume en tomar pasos innecesarios para procesar artículos y proveer niveles de calidad más altos que los requeridos por el cliente. Posibles causas: el hacer algo "por si acaso", hacer cambios en productos sin cambiar antes los procesos, mala comunicación, burocracia innecesaria en las supervisiones, autorizaciones o exceso de información, etc.

5. Stocks innecesarios. Es el excesivo almacenamiento de materia prima, productos en proceso o productos terminados dentro de la planta, que no agrega ningún valor al cliente. Muchas empresas utilizan el inventario para minimizar el impacto de las ineficiencias en sus procesos. Un inventario que sobrepase lo necesario para cubrir las necesidades del cliente tiene un impacto negativo en la economía de la empresa y así emplea espacio valioso y recursos financieros ociosos. Un inventario extra es una fuente de pérdidas de productos ya que se convierten en obsoletos, sufren daños, generan más tiempo del necesario invertido en recuento y control y errores en la calidad escondidos durante más tiempo. Las causas pueden ser: exceso de precaución por posibles ineficiencias o problemas inesperados, productos complejos, defectos en el diseño del producto, problemas de fiabilidad en suministros de proveedores, mala comunicación, etc.

6. Defectos. Por naturaleza los defectos de producción y los errores de servicio no aportan valor y producen un desperdicio enorme, ya que consumen materiales, mano de obra y en general insatisfacción en el cliente. **Siempre es preferible prevenir los defectos en vez de buscarlos y eliminarlos.** También son considerados defectos como desperdicios la repetición o el reproceso de trabajo en los productos. Causas: falta de control en el proceso, baja calidad, mantenimiento mal planificado, falta de formación en operarios o mal diseño en la producción.

7. Movimientos innecesarios. Cualquier movimiento de personas o equipamiento que no añada valor al producto es un desperdicio. Todo movimiento extra como subir o bajar escaleras de más, incluso caminar innecesariamente es un desperdicio. Causas: baja eficiencia de los trabajadores, malos métodos de trabajo, mala distribución de la planta o falta de orden, limpieza y organización.

7+1. Talento humano. *Este desperdicio se refiere a no utilizar ni aprovechar la creatividad, la innovación o la inteligencia de la fuerza de trabajo. Sus causas pueden ser: una cultura y política de empresa anticuada que subestima los operadores, insuficiente capacitación o formación a los empleados, salarios bajos que no motivan a los trabajadores o un desajuste entre el plan estratégico de la empresa y la comunicación del personal.*

Ninguno de estos desperdicios del lean manufacturing aporta un valor añadido al producto o al servicio que paga un cliente, son considerados daños de producción o de procesos dentro de la empresa por lo cual afectan el sistema de gestión de la compañía y representan un costo adicional directo.

Como empresa se deben tener muy en cuenta estos desperdicios porque su eliminación o reducción lleva a una mejora de la rentabilidad y por tanto a ser más competitivos, dando una mayor eficacia, eficiencia y flexibilidad al proceso productivo.

Todas las personas de la empresa se deben convertir en **especialistas en la eliminación de desperdicios**, para lo cual la organización debe propiciar un **ambiente** que promueva la **generación de ideas para su localización y eliminación**".

Kaizen

Kaizen es un proceso de mejora contínua, basado en acciones concretas, simples y económicas, y que implica a todos los trabajadores de una empresa, desde los directivos hasta los trabajadores de base. Implica un cambio de actitud en el trabajador y también en la empresa, la una no puede existir sin la otra (algo parecido a la filosofía taoísta que establece el yin y el yang).

Con Kaizen se busca que la compañía y las personas se encuentren bien hoy, pero que la empresa sea impulsada con herramientas organizativas para mejorar resultados constantemente.

Partiendo del principio de que el tiempo es el mejor indicador aislado de competitividad, actúa en grado óptimo al **reconocer y**

eliminar desperdicios en la empresa, sea en procesos productivos ya existentes o en fase de proyecto, de productos nuevos, del mantenimiento de máquinas o incluso de procedimientos administrativos.

Su metodología trae consigo resultados concretos, tanto cualitativos como cuantitativos, en un lapso relativamente corto y a un bajo costo (por lo tanto, aumenta el beneficio) apoyado en la sinergia que genera el trabajo en equipo orientado a objetivos.

El Kaizen como herramienta hace parte de lo que se denomina sistema de producción, y es complementario a otras herramientas (como la estandarización, con los 5s y TPM, entre otros). Existen sistemas de producción que pueden ser adaptados a cualquier organización. Existen muchos tipos de Kaizen, entre los más comunes están los círculos de calidad (grupos kaizen), kaizen 2 días 2 horas (kaizen Nissan), karakuri kaizen, teian kaizen y kaizen kobetsu.

La aplicación de cada tipo de kaizen dependerá de la necesidad y madurez de cada empresa. Por ejemplo los grupos Kaizen que están compuestos por 5 personas y un asesor están destinados sobre todo al desarrollo humano y tienen como resultados adicionales mejoras en indicadores de calidad, productividad o seguridad y ergonomía, pero nunca debe perderse el foco de que su principal función es el desarrollo del trabajador; es por esto que en empresas maduras la oficina que lidera el Kaizen pertenece al área de recursos humanos.

Círculos de calidad - grupos kaizen. Basados en el **círculo de calidad** desarrollado por Kaouru Ishikawa[57]. Están compuestos por 4 integrantes, un líder y un asesor metodológico, tienen planes a un año para resolver problemas utilizando la ruta de la calidad. Se usan para mejorar procesos de calidad. 1. Definición del problema. 2. Reconocimiento de las características del problema (observación). 3. Búsqueda de las principales causas (análisis). 4. Acciones para eliminar las causas (acción). 5. Confirmación de la eficacia de la acción (verificación). 6. Eliminación permanente de las causas

---

[57] **Kaoru Ishikawa** (1915 - 1989), fue un químico industrial japonés, administrador de empresas y experto en el control de calidad, cuyo aporte fue la implementación de sistemas de calidad adecuados al valor de procesos empresariales. El sistema de calidad de este teórico incluye dos tipos: gerencial y evolutivo. Se le considera el padre del análisis científico de las causas de problemas en procesos industriales, dando nombre al diagrama Ishikawa, cuyos gráficos agrupan por categorías todas las causas de los problemas.

(estandarización). 7. Revisión de las actividades y planeación del trabajo futuro.

Kaizen 2 días 2 horas o kaizen Nissan. Se especializa en mejoras de productividad modificando los puestos de trabajo. En el caso del Kaizen 2 días, un grupo de trabajo interdisciplinario trabaja en la mejora de un puesto de trabajo analizando y aplicando los cambios inmediatamente. La aplicación del Kaizen 2 horas normalmente la hace el supervisor de línea y estrictamente se dedica este tiempo a implementar mejoras rápidas para disminuir el tiempo de ejecución de las labores.

Kaizen kobetsu. Las mejoras enfocadas son actividades que se desarrollan individualmente o con la intervención de las diferentes áreas comprometidas en el proceso productivo, con el objeto maximizar la efectividad global de equipos, procesos y plantas; todo esto a través de un trabajo organizado individualmente o en equipos interfuncionales, empleando metodología específica y concentrando su atención en la eliminación de los despilfarros que se presentan en las plantas industriales. Existen 3 tipos:

- Kobetsu Kaizen Flash: **problemas de baja complejidad**, expuestos en las reuniones diarias de 5 minutos, deben ser resueltos en un máximo de 3 horas. Es usual que la solución se implemente a través del colaborador que la propuso o alguien de su mismo rango. Es común que el equipo se integre entre 5 y 12 personas, con un líder incluido.

- Evento Kaizen: **oportunidades de mejora más complejos** que serán resueltos en un límite de 8 horas. En este caso de igual forma es usual que la solución sea resuelta por el trabajador que propone la resolución u otra persona de su mismo puesto.

- Kobetsu Kaizen: **Nivel mayor de complejidad**. En este caso intervienen equipos multidisciplinarios utilizando herramientas más complejas. Su duración es de 16 horas, máximo, distribuidos en 3 horas al día.

Kaizen teian. Tiene como principio, que **todas las ideas son inútiles si estas no se implementan**. Conlleva un gran compromiso de parte de los empleados e incluye que todas las áreas, se animen a entrar en esta nueva cultura. Se tiene muy presente un concepto en lean, que el octavo desperdicio que se puede tener es el talento humano.

En esta rama se tiene la idea de acumular pequeñas mejoras, con el objetivo de un progreso sostenido. Para esto es necesario que los trabajadores estén directamente relacionados a la mejora, esto es usualmente, mediante un **buzón de sugerencias**. Es muy importante mostrar el apoyo a todos los colaboradores dispuestos a sugerir cambios, al inicio algunos de ellos, pueden no ser beneficiosos o útiles, pero es esencial que se demuestre el **agradecimiento** por el aporte y la intención. Si bien es usual que se ofrezcan ciertos beneficios o **incentivos** por las sugerencias de mejora, se insiste en que estas no sean económicas ni ostentosas, ya que se puede cometer el error, que los empleados terminen participando solo por los beneficios dando aportes que no aporten un beneficio, únicamente para cumplir con el compromiso y no para realizar una mejora continua.

Agile

Las metodologías Agile surgen de un colectivo profesional que decide independizarse de los modelos tradicionales de gestión, publicando el Manifiesto Agile, en el que se recogen los principios y valores de este movimiento, dirigido a mejorar la gestión de proyectos.

El sector de las nuevas tecnologías y el software fue el primero en aplicar el modelo, con excelentes resultados, que se han visto confirmados entre los años 90 y 2000 en otras áreas.

En Snowbird (EEUU) se bautizó a estas herramientas como Agile, y algunas de las más importantes fueron Agile Modeling, Agile Unified Process, Crystal Clear, Extreme Programming y, especialmente, Scrum.

Los principios del manifiesto Agile son:

1. **Satisfacción del cliente.** Es la base de todo. Se alcanza a través de la entrega de productos de valor que cubran una necesidad.
2. **Bienvenidos los nuevos requisitos.** Cambiar sobre la marcha no es dar un paso atrás. Cualquier sugerencia o solución es bienvenida si se trata de mejorar el producto.
3. **Entregas por semanas.** La división del trabajo en fases productivas es la base de la metodología. En lo posible, ejecutar una cada semana.
4. **Es posible medir el progreso.** La evolución de los procesos no es un elemento subjetivo. Se puede medir con indicadores concretos.
5. **Desarrollo sostenible.** La forma de ejecutar los proyectos debe garantizar en sí misma su continuidad. No es una cuestión de hacer por hacer.
6. **Trabajo cercano.** Los líderes de los proyectos deben ejercer su labor en el mismo terreno donde tienen lugar las tareas y no desde los despachos.

7. **Conversación cara a cara.** El gestor responsable debe comunicar de forma eficaz sus mensajes, mejor si se hace de forma presencial. Se recomiendan reuniones periódicas tanto con el cliente como con sus colaboradores.
8. **Motivación y confianza.** Los procesos sólo tendrán éxito si quienes los llevan a cabo son personas motivadas y que interactúan en climas de confianza y solidaridad.
9. **Excelencia técnica y buen diseño.** Las formas nunca deben perderse, así como tampoco la calidad del trabajo. Todo es un conjunto.
10. **Simplicidad.** Las tareas han de ser lo más sencillas posible. Si alguna no puede ser ejecutada en esos términos, debe ser dividida en iteraciones hasta que se reduzca su nivel de complejidad.
11. **Autogestión de los equipos.** Si bien debe existir una figura que monitorice los equipos de trabajo , éstos deben ser capaces de organizarse por sí mismos. El exceso de jerarquías crea dependencia entre los colaboradores.
12. **Adaptación circunstancias cambiantes.** Los proyectos no suelen terminar de la misma forma en que empezaron. Es indispensable que quienes los ejecutan puedan adaptarse a las distintas circunstancias que puedan surgir.

ACELERAR – 2. Negociación y persuasión

La formación y entrenamiento en negociación también ayuda de forma importante a mejorar resultados en la gestión de equipos, con proveedores, entidades financieras y clientes, en base a la premisa: **"no consigues lo que mereces, sino lo que negocias"**. Los éxitos o fracasos dependen muchas veces de la capacidad para cerrar acuerdos satisfactorios para varias partes.

Pautas para mejorar las habilidades negociadoras:

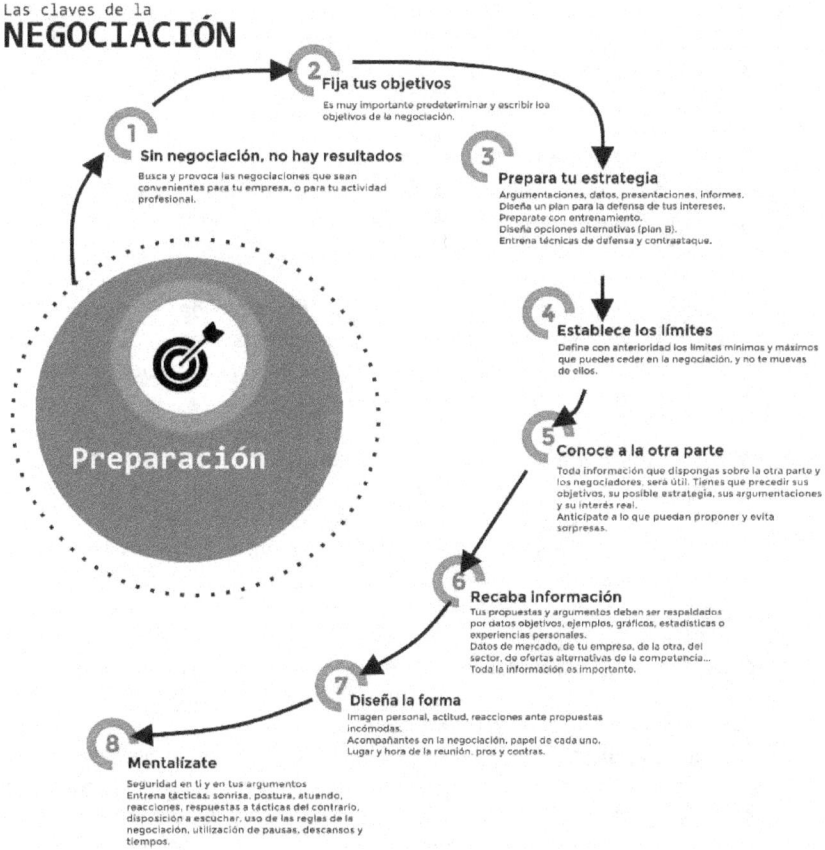

Las claves de la
NEGOCIACIÓN

2 Fija tus objetivos
Es muy importante predeterminar y escribir los objetivos de la negociación.

1 Sin negociación, no hay resultados
Busca y provoca las negociaciones que sean convenientes para tu empresa, o para tu actividad profesional.

3 Prepara tu estrategia
Argumentaciones, datos, presentaciones, informes. Diseña un plan para la defensa de tus intereses. Prepárate con entrenamiento. Diseña opciones alternativas (plan B). Entrena técnicas de defensa y contrataque.

4 Establece los límites
Define con anterioridad los límites mínimos y máximos que puedes ceder en la negociación, y no te muevas de ellos.

5 Conoce a la otra parte
Toda información que dispongas sobre la otra parte y los negociadores, será útil. Tienes que precedir sus objetivos, su posible estrategia, sus argumentaciones y su interés real. Anticípate a lo que puedan proponer y evita sorpresas.

6 Recaba información
Tus propuestas y argumentos deben ser respaldados por datos objetivos, ejemplos, gráficos, estadísticas o experiencias personales. Datos de mercado, de tu empresa, de la otra, del sector, de ofertas alternativas de la competencia... Toda la información es importante.

7 Diseña la forma
Imagen personal, actitud, reacciones ante propuestas incómodas. Acompañantes en la negociación, papel de cada uno. Lugar y hora de la reunión, pros y contras.

8 Mentalízate
Seguridad en ti y en tus argumentos. Entrena tácticas: sonrisa, postura, atuendo, reacciones, respuestas a tácticas del contrario, disposición a escuchar, uso de las reglas de la negociación, utilización de pausas, descansos y tiempos.

Preparación

Fase 1. Preparación de la negociación. Es la fase más importante de la negociación, y a la que frecuentemente no se le presta la suficiente atención. Es conveniente que tengamos presente un procedimiento de preparación de negociaciones, en la que tenemos que tener en cuenta lo siguiente:

1. *Promover negociaciones. Sin negociación, no hay resultados. Lo más importante de la negociación es poder tener con quien negociar. Sin contactos, no hay negocio. Primero buscaremos esos contactos que nos puedan generar negocio: clientes, proveedores, colaboradores... para ello seguiremos técnicas específicas para buscar contactos (incluímos networking, telemarketing, visitas personales, etc.).*

2. *Fijar los objetivos. Es fundamental que antes de la negociación tengamos claro qué queremos (y podemos) obtener de ella, y fijemos ese objetivo. Una negociación sin objetivo definido es como el barco que va a la deriva porque no sabe a dónde ir.*

3. *Preparar la estrategia. Si ya sabemos que queremoso lograr de la negociación (objetivo), ahora definiremos la estrategia para conseguirlo. Para ello tendremos muy presente que, si queremos éxito en la negociación, tendremos que "seducir" y "convencer" a la otra parte de que nuestra propuesta es la que más le conviene. También tendremos muy claro que un buen negocio es aquel en que todas las partes ganan. Y no nos olvidaremos que muchas veces las expectativas iniciales de un negocio no son las reales, tenemos que poner en valor todos los beneficios de nuestra propuesta para la otra parte.*

4. *Establecer los límites. Tenemos que tener establecido el límite máximo y mínimo en el que podremos movernos en la negociación. Si representamos a una organización, deberemos solicitar permiso para movernos dentro de esa banda máxima y mínima. En el acto negociador, jamás sobrepasaremos ambas "líneas rojas".*

5. *Conocer a la otra parte. Un arma fundamental para tener capacidad negociadora es el conocimiento de la otra parte. Por ejemplo, si sabemos que tienen un problema de suministro de una materia prima que nosotros le podemos suministrar regularmente, ya podemos deducir que una propuesta de garantía de servicio podemos venderla a un precio un poco elevado, porque satisfacemos la necesidad del cliente. También conviene conocer la capacidad financiera, perspectivas de negocio futuro, conocer a los interlocutores y su fiabilidad, etc. Y pensemos que probablemente la otra parte hará lo mismo con nosotros.*

6. **Recabar información.** *Tendremos que acudir a contactos, referencias, páginas web, opiniones de clientes, estadísticas, registro mercantil, etc para conseguir toda la información que sea importante para la negociación. Si conocemos bien a la otra parte, sabremos qué necesita, y también cómo hacer ver que necesita justo lo que le vamos a ofrecer.*

7. **Diseñar la forma.** *Ahora viene la reflexión sobre las formas: cuántos seremos los interlocutores, como interactuaremos entre nosotros, que momento y que lugar es el más apropiado, cómo iremos vestidos o qué lenguaje usaremos.*

8. **Mentalización.** *Una negociación importante puede generar estrés, nervios, precipitación, reaccionar ante circunstancias imprevistas… es fundamental estar preparado mentalmente para todas las circunstancias que nos podamos encontrar.*

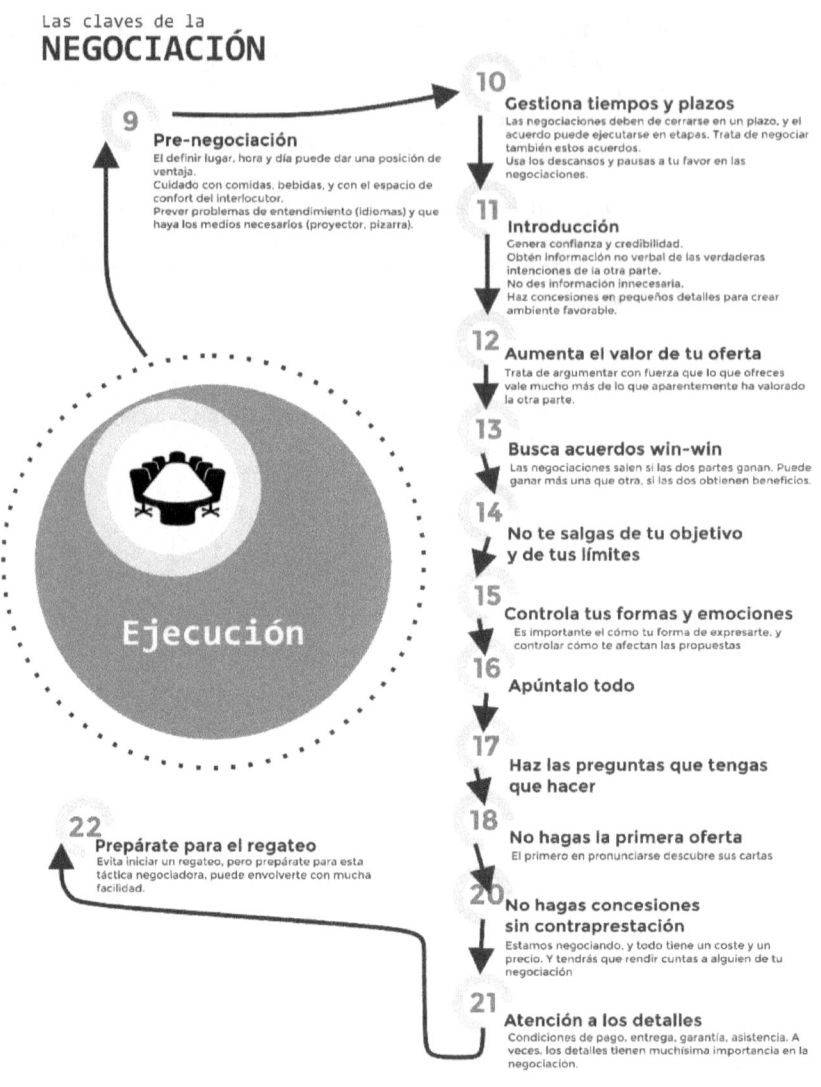

10 Gestiona tiempos y plazos
Las negociaciones deben de cerrarse en un plazo, y el acuerdo puede ejecutarse en etapas. Trata de negociar también estos acuerdos.
Usa los descansos y pausas a tu favor en las negociaciones.

9 Pre-negociación
El definir lugar, hora y día puede dar una posición de ventaja.
Cuidado con comidas, bebidas, y con el espacio de confort del interlocutor.
Prever problemas de entendimiento (idiomas) y que haya los medios necesarios (proyector, pizarra).

11 Introducción
Genera confianza y credibilidad.
Obtén información no verbal de las verdaderas intenciones de la otra parte.
No des información innecesaria.
Haz concesiones en pequeños detalles para crear ambiente favorable.

12 Aumenta el valor de tu oferta
Trata de argumentar con fuerza que lo que ofreces vale mucho más de lo que aparentemente ha valorado la otra parte.

13 Busca acuerdos win-win
Las negociaciones salen si las dos partes ganan. Puede ganar más una que otra, si las dos obtienen beneficios.

14 No te salgas de tu objetivo y de tus límites

15 Controla tus formas y emociones
Es importante el cómo tu forma de expresarte, y controlar cómo te afectan las propuestas

16 Apúntalo todo

17 Haz las preguntas que tengas que hacer

18 No hagas la primera oferta
El primero en pronunciarse descubre sus cartas

Ejecución

22 Prepárate para el regateo
Evita iniciar un regateo, pero prepárate para esta táctica negociadora, puede envolverte con mucha facilidad.

20 No hagas concesiones sin contraprestación
Estamos negociando, y todo tiene un coste y un precio. Y tendrás que rendir cuntas a alguien de tu negociación

21 Atención a los detalles
Condiciones de pago, entrega, garantía, asistencia. A veces, los detalles tienen muchísima importancia en la negociación.

Fase 2. Ejecución de la negociación. Ahora que ya estamos preparados para negociar, comenzamos con el proceso de negociación en si misma: la ejecución.

- *Pre-negociación. Es parte de la negociación la definición del modo, lugar, día y hora. Un lugar conocido o favorable nos puede dar ventaja.*

Si tenemos que viajar, debemos de tener cuidado con circunstancias imprevistas. Hay lugares "neutrales" y otros que pueden favorecer a una parte.

- **Gestionar tiempos y plazos.** *Hay procesos negociadores que deben de realizarse en fases, y conviene preverlo y estar preparado. Las reuniones deberían programarse con tiempo de comienzo y final, y dar un plazo límite para llegar a un acuerdo.*

- **Introducción a la negociación.** *Cuando comience la negociación en si misma, conviene cuidar cómo hacemos la introducción. Un negociador inteligente tratará de "quitar barreras" a la otra parte mediante preguntas o temas que hagan que el interlocutor contrario gane confianza y relaje posiciones. La información previa será clave para definir previamente esta estrategia.*

- **Aumentar el valor de la oferta.** *Es fundamental que el negociador genere las más altas expectativas posibles sobre su oferta. Para ello, tendrá preparado todos los argumentos del producto o servicio, pero también las prestaciones accesorias, la post-venta, y todo tipo de elementos emocionales (prestigio, estatus, seguridad, amistad, etc.). El interlocutor debe percibir que la propuesta tiene más valor de lo que pensaba inicialmente.*

- **Busca acuerdos win-win.** *Es fundamental que las dos partes sean conscientes de que ambas ganan con el acuerdo. Esta será la clave de una buena negociación.*

- **No salirse del objetivo y de los límites.** *Bajo ningún concepto o circunstancia podemos salirnos del objetivo y límites previamente fijados. No podemos caer en tentaciones emocionales, ni en precipitaciones, ni en argumentos de presión de urgencias. Hay que mantener la calma y la estrategia previamente citada.*

- **Controlar las emociones y las formas.** *Un buen negociador sabe cuándo debe de dar una imagen de tranquilidad, de nerviosismo, de irritación, o de generación de confianza. Con independencia de cómo se sienta realmente el negociador, la puesta en escena será importantísima para conseguir en la negociación los objetivos predefinidos.*

- **Apuntarlo todo.** *Muchas veces la parte más importante de la negociación está en pequeños detalles, o en cuestiones aparentemente menores. No habrá jamás acuerdo sin que las dos partes tengan muy* claro lo que se ha acordado. Para ello, hay que tomar nota de todo lo que se expone en el proceso negociador.

- **Hacer las preguntas que se necesiten hacer.** *Una excelente estrategia negociadora es preguntar, preguntar por necesidades, por prestaciones complementarias, por capacidades… pero debemos evitar preguntas inconvenientes o contraproducentes. Hay que hablar, pero sólo trasladar lo necesario para conseguir el objetivo.*

- **No hacer la primera oferta.** *El que hace la primera oferta es el primero en descubrir sus cartas, sus expectativas reales. Un buen negociador tiene preparada una reacción a una oferta muy alta, o muy baja, y trata de no ser nunca el primero.*

- **No hacer concesiones sin contraprestación.** *Cuando no hay más remedio que hacer concesiones, debemos de tratar de pedir contraprestaciones por ellas. Es importante no ceder nada a cambio de nada.*

- **Atención a los detalles.** *Los pequeños detalles, la letra pequeña, son importantísimos. A veces, incluso, son el núcleo real de la negociación. Tenemos que tener cuidado de que toda la información y detalles son comprendidos y de las consecuencias que puedan acarrear.*

- **Prepararse para el regateo.** *En casi todas las negociaciones se produce un regateo. Un buen negociador sabe hacerlo. Parte de un precio excesivamente alto, para ir bajando progresivamente, pero cada bajada la acompaña de contraprestaciones. Tengamos mucho cuidado con la estrategia de "la mitad" entre una y otra oferta: si sobrepasa los límites previamente fijados, no podemos aceptarla.*

- **No precipitarse, razonar las decisiones.** *Antes de cerrar un acuerdo importante, debemos de razonar objetivamente los pros y contras, y alejarnos de una decisión precipitada o emocional. Para ello solicitaremos aplazamientos, recesos, pausas, o haremos unas llamadas imprescindibles antes de dar la última palabra.*

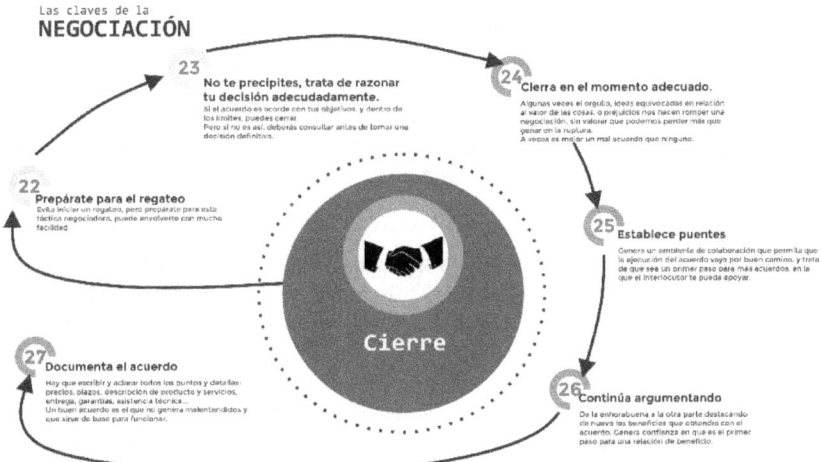

Fase 3. Cierre. El momento en que se decide todo es en el cierre de la negociación.

- *¿Es mejor un mal acuerdo, o romper?* Muchas veces, cuando no se consigue un buen acuerdo en la negociación, es preferible uno malo que ninguno. Hay que tenerlo en cuenta.

- *Establece puentes.* Con un buen cierre, o sin él, conviene establecer puentes de colaboración que permitan, o bien retomar la negociación en un momento más propicio, o bien gestionar adecuadamente el acuerdo. También pueden surgir otros ámbitos de colaboración interesantes para las dos partes.

- *Continúa argumentando.* La post-negociación es importante para que un acuerdo se lleve a cabo de forma efectiva y satisfactoria. El proceso de la negociación no se acaba con el cierre.

- *Documenta el acuerdo.* Es imprescindible que los acuerdos se reflejen por escrito para que no queden dudas sobre los términos de los mismos y sobre su interpretación. También deben documentarse cómo resolver posibles conflictos de interpretación o incumplimientos.

Las claves de la persuasión. La persuasión es una herramienta muy importante en los procesos de comunicación, motivación y ventas, tanto a nivel interno como externo.

Apuntamos algunas claves a tener en cuenta para mejorar nuestras técnicas persuasivas:

1. ***Persuadir no es manipular***. *La clave de la persuasión es convencer a las personas que hagan algo para su propio beneficio. Deben cambiar, mediante una adecuada comunicación, sus pensamientos, sentimientos, deseos y comportamiento.*

2. ***Conocer las necesidades y opiniones de las otras personas***. *En el camino de la persuasión es vital conocer las necesidades de las personas, normalmente basta con satisfacer una necesidad existente, pero éstas son de diferente naturaleza e importancia a la hora de provocar una acción. Según Abraham Maslow, en primer lugar estarían las fisiológicas, después las de seguridad, a continuación las relacionadas con el amor y la pertenencia, y en la cumbre de la pirámide, las de estima y autorrealización. Intentaremos que alguien pueda reaccionar de otra manera, teniendo en cuenta que todas las personas son diferentes y únicas. La empatía es muy importante si queremos persuadir.*

3. ***Buscar el momento y el contexto adecuado***. *No podemos persuadir a alguien que no está abierto a escucharnos. Buscar el momento en que la motivación y la capacidad de las personas son elevadas*

4. ***Conocer lo que motiva a cada persona***. *Analizar y comprender la personalidad de cada uno. Una persona impulsiva no reacciona de la misma forma a un estímulo que la tentativa. Debemos de traspasar las "máscaras del comportamiento", acudiendo a la personalidad real de cada persona.*

5. ***Generar confianza***. *Demostrar honradez, preocuparse por las opiniones de otras personas, y poseer un juicio para comprender y presentar soluciones creativas a los problemas. La apariencia y la forma de hablar son importantes. No ocultaremos nuestros argumentos débiles, nos servirán para ganar la confianza.*

6. ***Preguntar y escuchar***. *Usemos más las preguntas que las argumentaciones. Hacer buenas preguntas nos permite conocer los problemas, sentimientos, motivaciones, personas y circunstancias de otros. Escuchar activamente.*

7. ***Buscar el interés***. *Encontrar las razones por las que una persona hará algo. Buscar la reciprocidad, si no hay un excenario de beneficio mutuo (win-win) no será posible la persuasión. AIDA: atención, interés, deseo y acción.*

8. **Comunicar nuestra propuesta**. La explicaremos, describiendo claramente sus ventajas, y buscando la confirmación de acuerdo de la otra persona. Utilizar las emociones, la narración y las imágenes mentales. Comunicaremos la experiencia sin parecer arrogantes. Probar las ideas con demostraciones.

9. **Llamada a la acción**. Buscaremos un compromiso. Pondremos un plazo. Sin este paso, todo nuestro esfuerzo persuasivo quedará diluido en la nada.

10. **Estudiaremos técnicas de ayuda a la persuasión**. Existen múltiples técnicas que pueden ayudarnos en el proceso (escasez, forma de preguntar, preparación de respuestas a objeciones, técnicas de asociación de ideas, procedimientos heurístico/sistemático, complejidad del mensaje, reconocimiento del miedo, del cansancio, ritmo, limitación de opciones de elección, repetición de palabras clave, comportamientos diferentes, popularidad, PAS: problema-agitar-solución, FAB: características, ventajas y beneficios, IPPP: imagen, promesa, prueba y presión).

11. **Perseverancia**. Como en otras facetas de la vida, la constancia y la perseverancia son claves en los procesos de persuasión.

ACELERAR – 3. Ventas

El éxito en las empresas estará en el encaje de las propuestas de valor que pueda generar la organización, con lo que los clientes están dispuestos a pagar por hacer más fácil su vida o su trabajo, para obtener satisfacciones o reducir frustraciones.

Aunque hemos tratado múltiples aspectos relacionados con la gestión de negocios, hay una que es primordial: si hay ventas todo se puede solucionar. Las ventas traen ingresos y provienen de clientes que se pueden fidelizar. Si los clientes, con el uso de la propuesta de valor quedan satisfechos, pueden asumir un precio superior o probar otras propuestas de la misma marca.

Toda la organización está supeditada a la venta, por lo que todas las personas en la empresa deben de ser conscientes de que el que juzga el trabajo de todos es, en definitiva, el cliente, con su decisión de compra. Por ello decimos que en la empresa "todos somos vendedores".

Es importante pues, que todos los equipos tengan nociones de los aspectos que influyen en el proceso que hace que el consumidor pueda comprar nuestros productos y servicios en lugar de otros.

1. **Conceptos a considerar en el proceso de compra-venta**. Las decisiones de compra las toman personas, y las personas tienen necesidades y sentimientos, por ello su decisión tendrá un alto componente emocional, y en ese componente tendremos que conseguir que nuestra opción destaque. Un factor esencial será generar confianza, que el cliente potencial perciba que nuestra propuesta de valor le dará la satisfacción que busca en todo el tiempo en que usará el producto o servicio.

- *Tendremos siempre presente que un comprador decide considerando numerosos* **factores emocionales**, *que pueden no ser los mismos para cada persona, pero muchos de ellos suelen ser comunes para todos.*
- *Tendremos que* **inspirar confianza**, *no sólo con el producto o servicio, sino confianza en toda la empresa. La confianza no la gana una persona (vendedor) o un departamento (ventas), sino toda la organización.*
- *El precio es un factor importante, pero en realidad lo que importa es la* **relación valor/precio**. *Una estrategia de venta que sólo busque bajar el precio, está perdida, porque siempre habrá alguien dispuesto a vender más barato.*
- *Los clientes potenciales van a tener muchísima* **información** *y muchas opciones de compra.*
- *A los clientes les importan ellos mismos, deben de sentirse considerados e* **importantes**.
- *Para vender hay que* **generar algo especial**, *extraordinario, diferente. Generar una experiencia. Hay que ser* **creativo**, *y la creatividad puede estar en muchas fases del diseño de la propuesta de valor.*

- *El primer paso para conocer a nuestro cliente (o segmento) es **obtener información** sobre él. Si confía en nosotros, nos dará información vital. Debemos de recopilar información del cliente para mejorar nuestra propuesta de valor y generar otras nuevas. Esa información debe llegar adecuadamente a los responsables de diseño, I+D+i, producción y operaciones.*
- *El **servicio post-venta** forma parte esencial del proceso de ventas. Puede fidelizar, generar nuevas ventas, o destrozar la imagen de la empresa en un minuto.*
- ***Vender es comunicar** la disposición de un producto o servicio a posibles clientes que lo puedan precisar, **resaltando los argumentos de valor y diferenciales.** Vender es comunicarse con las personas, y comprender sus necesidades.*
- *En la venta, se admite "**maquillar**" la realidad para hacerla más atractiva. La exageración en la argumentación está permitida, y es más, posiblemente se espera.*
- *A nadie nos gusta que nos vendan, pero en cambio **nos encanta comprar**. Debemos de convertir la acción de "ventas" en "generación de compras".*
- *Para vender, hay que estar convencido de que lo que se vende es un buen producto o servicio. Hay que conocerlo, usarlo, compararlo, conocer sus ventajas y también sus inconvenientes. **Hay que ser experto en lo que se vende.***
- *Un vendedor no tiene por qué ser una persona especialmente extrovertida. Hay estudios que demuestran que hay vendedores en posición intermedia entre el binomio extrovertido-introvertido que se llevan el porcentaje más elevado de éxito en ventas. **El vendedor se hace con formación, entrenamiento y experiencia.***

2. El proceso de la venta. El proceso de vender tiene los siguientes pasos:
- PREPARACIÓN – Prospección - DETECTAR NECESIDADES - ANALISIS Y DEFINICIÓN – PRESENTACIÓN – NEGOCIACIÓN – SEGUIMIENTO – ACEPTACIÓN – ENTREGA – Facturación - POST-VENTA – cobro – DEVOLUCIONES.
- En unas fases del proceso hacemos una OPERACIÓN. Con las demás fases hacemos un CLIENTE

3. Características de un buen vendedor:

- _Persistencia._
- _Escuchar._ Capacidad de escucha.
- _Preguntar._ Saber qué preguntar, cómo y cuándo hacerlo.
- _Actitud._ El cliente nota la actitud y el convencimiento en el producto o servicio y en la respuesta de la empresa. También su interés real por el cliente.
- _Empatía._ Debemos de entender a la persona, y saber ponernos en su lugar.
- _Eliminar los miedos._ El 95% de ellos son infundados.
- _Programar_ adecuadamente la localización de contactos y el modo de llegar a ellos.

4. Psicología del cliente.

- _Hay muchas clasificaciones, pero no es lo mismo tratar con un "cliente datos", que con un "cliente amigo". Recordemos que el cerebro del cliente tiene una parte "reptiliana" o inconsciente, otra emocional y otra racional. La parte inconsciente es la más rápida. Para el cliente será más importante la percepción de lo que ve, que las palabras que se usan. Será vital cuidar nuestro "lenguaje no verbal"._
- _Las exposiciones deben "teatralizarse", es importante que el agente use ejemplos prácticos, casos de éxito, o referencias a personas cercanas o conocidas que ya sean usuarios de productos o servicios._
  - _Las referencias son muy importantes para acercarse al cliente. Puede ser más efectivo actuar sobre prescriptores o referentes que sobre el cliente final._

5. Protocolo de una entrevista de ventas.

- _RECEPCIÓN. Mirada franca, a los ojos, y sonrisa._
- _Frase de recepción educada, cordial y profesional._
- _Se ayuda a quitar prenda de abrigo y sentarse._
- _Se le da una frase de confianza en relación a la atención._
- _Estamos INFORMANDO y ACONSEJANDO. Pero es que esa es nuestra obligación, como profesionales._
- _El cliente tiene necesidades (o problemas) para las que nosotros tenemos soluciones._
- Debemos de INVESTIGAR, a través de la observación de PREGUNTAS: Elegantes, educadas, corteses. ¿A alguien le molesta que se interese por él? ¿Cómo hace? ¿Cómo compra?

¿Por qué? ¿Qué le gusta? ¿Sabe el coste por uso de un producto "caro" y de otro "barato"?

- Somos ASESORES. Somos ESPECIALISTAS. MOTIVAMOS

6. Lo que distingue a un buen comercial.
- *Voluntad de aprender*
- *FE, esperanza, paciencia*
- *Autocontrol. Debemos de mantener nuestras emociones bajo control.*
- *Objetivos. Debemos de conocer qué se espera de nosotros.*
- *Lealtad.*
- *Compañerismo.*
- *Actitud vendedora.*
- *Generosidad.*
- *Espíritu de colaboración.*
- *Pensar en la misión general de la empresa, no sólo en sus funciones concretas.*

7. La actitud vendedora
- *Cuidar el aspecto personal, la imagen.*
- *Una actitud mental.*
- *Generar una primera impresión postiva.*
- *Somos buenos profesionales, con naturalidad.*
- *Mostramos interés SINCERO por el cliente.*
- *Somos dinámicos.*
- *Creemos en lo que hacemos.*
- *Estamos orgullosos de nuestra empresa y de nuestros compañeros.*
- *Nunca hablamos mal de nada ni de nadie. Somos positivos.*
- *SABEMOS ESCUCHAR*
- *SABEMOS PREGUNTAR*

Las virtudes del vendedor son: Sinceridad – Seguridad – Preparación – Perseverancia – Confianza – Lenguaje – Entusiasmo – Adaptación – Tacto – Paciencia- Empatía – Atención

8. La motivación en las ventas.
- *Crear un ambiente optimista y cordial ayuda a la venta.*

- *Si una persona no está motivada, no puede motivar a las demás.*
- *El entusiasta, contagia entusiasmo*
- *La motivación comienza por la confianza en nosotros mismos.*
- *Recordemos que sólo usamos el 10% de nuestro cerebro.*
- *CREER en que vamos a lograr nuestro objetivo.*

Tipos de cliente

El cliente polémico - *Provoca discusión, pretende llevar siempre la razón, desconfía de las soluciones que se le ofrecen y espera que le preste una atención preferente. Situaciones que facilitan su aparición: cuando no tenemos hacia ellos una actitud atenta o comprensiva, cuando les hacemos perder su tiempo con esperas y retrasos, si discutimos con ellos o si sienten que estamos inseguros.*

El cliente hablador - *Amistoso, hablador, sonriente, aparenta seguridad. Necesita que se esté pendiente de él, y puede llegar a ser absorbente y pesado. Cuando se les atiende con mucha preferencia puede ocasionar retrasos en la atención de otros clientes.*

El cliente indeciso - *Bastante tímido e inseguro, le cuesta decidirse. Teme plantear claramente su petición o problema, responde por evasivas, quiere reflexionar y/o pedir opinión. Cuando no se recibe con amabilidad, seguridad e iniciativa se pone nervioso. Cuando le damos muchas opciones para elegir podemos provocarle indecisión y frustración.*

El cliente "sabelotodo" - *Es orgulloso, quiere imponerse y marca actitud de superioridad. A veces se muestra agresivo. Exige mucha atención. Es exigente también a la hora de defender sus derechos y tiende a presentar muchas reclamaciones. Ante situaciones críticas (retrasos o pequeños errores) se agudiza su agresividad. • Cuando hay discusiones siempre quiere llevar la razón.*

El cliente minucioso - *Sabe lo que busca. Es concreto, conciso y a veces tajante, utiliza pocas palabras. Exige respuestas concretas e información exacta. Hay que cuidarlo en situaciones que se salen de lo normal y escapan a su control (esperas, confusiones…), cuando la información que recibe es escasa o incompleta. Ante problemas de falta de calidad en productos o servicios se vuelve muy exigente.*

El cliente impulsivo - *Cambia continuamente de opinión. Es impaciente, superficial y emotivo. No se concentra, y es fácil que dé marcha atrás cuando parecía dispuesto a realizar un servicio determinado. Evitar colocarlo ante situaciones que le hacen pensar o darle demasiadas opciones donde elegir.*

El cliente desconfiado - *Duda de todo y de todos, rechazando hasta los argumentos más lógicos. Es intransigente, trata de dominar al interlocutor. No reflexiona. Es susceptible y le pone falta a todo. No se le puede dar información incompleta, ni generarle la creencia de que no se confía en él.*

El cliente grosero - *Permanente mal humor, discute con facilidad. Es dominante y agresivo, a veces ofensivo. Evitar discusiones y que se sienta mal atendido.*

Cuarta parte

La transformación digital

Parte 4. La transformación digital.

Las empresas necesitan un plan, y un método de implantación de ese plan.

La **transformación digital**[58] es el cambio asociado con la aplicación de tecnología digital en todos los aspectos de la sociedad, y es esencial en la eficiencia de las empresas, como en su adaptación a la evolución de su entorno y sus mercados. Los usos digitales permiten nuevos tipos de innovación y creatividad. Afecta a empresas, a segmentos sociales enteros, gobiernos, comunicaciones, arte, medicina y ciencia.

La transformación digital no es usar las redes sociales, crear una web o informatizar la gestión de la empresa. Va más allá. **Supone adaptar la organización a los cambios** exponenciales de esta nueva era, en todos sus ámbitos. De alguna forma, todo este manual habla de ello, de modificar los esquemas mentales de comportamiento personal y de los equipos para adaptarse a la era de la revolución exponencial.

Unos pocos datos que corroboran la velocidad del cambio, en datos sobre el uso de redes sociales:

Más del 72% de los usuarios de internet son activos de las redes sociales, y el 71% las usan desde sus móviles. Facebook es el más popular, con 1.115 millones de usuarios. El 23% de los usuarios de Facebook se conecta más de cinco veces al día. Twitter tiene 215 millones de usuarios activos al mes (550 millones registrados).

---

[58] Para saber más sobre transformación digital, y la situación particular en España, recomendamos el libro "La gran oportunidad. Claves para entender la transformación digital", de José de la Peña Aznar.

CLAVES DE LA TRANSFORMACIÓN DIGITAL

El mundo es diferente. La velocidad de los cambios tecnológicos ha cambiado nuestra sociedad y las empresas deben de adaptarse a este cambio. La nueva era ha comenzado.

ENTENDER LO QUE PASA

El talento exige un ambiente creativo, la participación e inteacción

Los productos se convierten en servicios

Se rompe la cadena de valor. Los intermediarios son menos necesarios.

UN NUEVO CLIENTE

Nuevas formas de comunicación. Hay que escuchar a un cliente dispuesto a colaborar.

Estrategia onmichanel. Todos los canales a la vez

El cliente es SOLOMO Social, local y móvil

TECNOLOGÍAS CLAVE

Big Data y Cloud Nuevas posibilidades de tratamiento de datos

Blockchain Nuevas formas de hacer contratos, pagos y mucho más

Internet de las cosas Wereables e interacción real con el cliente

ORIENTANDO EL NEGOCIO

Muy atentos al factor humano. Los clientes, proveedores y trabajadores son personas.

Comunicación interna para retener el talento y mejorar eficiencia

También usamos servicios en vez de productos BPaaS

EL METODO INTEMA GESTION

256

En la historia de la humanidad, se han vivido tres **revoluciones tecnológicas**:

1. **Revolución agrícola** del 8.000 ac al siglo XVII. Primera revolución demográfica.
2. **I Revolución industrial**. Siglo XVII. Imprenta y máquina de vapor.
3. **II Revolución industrial**. Siglo XIX. Producción en serie, división del trabajo de producción, introducción de la electricidad y motor de explosión.
4. **III Revolución industrial**. Siglo XX-XXI. Incorporación de la microelectrónica y tecnología de la información para automatizar la producción.

Revolución demográfica. En los últimos años, el crecimiento poblacional está en progresión geométrica. Ha pasado de 1000 millones de habitantes de 1800 a los 7.600 millones actuales. Estamos en una sociedad postindustrial con tasas bajas de natalidad y mortalidad.

Valores de la etapa industrial: puntualidad, obediencia, rutina estable. Transferencia del conocimiento en difusión unidireccional, de uno a muchos: maestros, televisión, prensa o radio.

Valores de la esta nueva etapa: descentralización, personalización, comunicación bidireccional u omnidireccional, de producción en series largas a series cortas.

La fuerza del cambio

Se modifica la **forma de transmitir el conocimiento**, esto supone un cambio de civilización, y adaptarse supone "desaprender" viejas conductas.

Los cambios suponen que un modelo se termina, pero nace otro que puede generar muchas oportunidades. Es difícil predecir el futuro. Todo se relaciona entre sí, pero no es fácil predecir todo.

- *La tecnología se orienta al **servicio** de las **personas**, para **hacer la vida más fácil**.*

- La **tecnología** es más **pequeña**, más **barata**, y cada vez más **bonita**.

El entorno de la vida de las empresas está cambiando radicalmente, y muchas se niegan a adaptarse a estos cambios: la eficacia de su marketing, la relación con el cliente, su propuesta de valor... pierden clientes y pierden talento. Es un camino hacia la extinción.

El mundo ya es diferente. Es una mezcla de físico y virtual. Una nueva etapa sin modelos anteriores. Estamos en una dinámica de progresión geométrica, que nos coge desprevenidos cuando se aceleran. Todavía queda mucho por venir. La incertidumbre es enorme a la hora de tomar decisiones, porque estamos en un cambio muy rápido, acelerado. **Es fácil explicar lo que ha pasado, pero no lo que va a pasar.**

La transformación digital es adaptarse a estos cambios. **Los cambios no avisan, ocurren.** Cuando el ritmo de cambios fuera de la empresa supera a los cambios internos, estamos dirigiéndonos al final. Supone combinar inteligentemente la tecnología con sus conocimientos y algunos de sus procesos tradicionales, para diferenciarse y ser más eficiente, competitiva y rentable.

> El tiempo promedio de permanencia de las empresas en la lista del S&P 500 era de sesenta y un años en 1958; se redujo a veinticinco en 1980 y ahora anda por los dieciocho.

Muchas tareas de humanos serán sustituídas por procesos informatizados o robots. Muchos de los aspectos de nuestro mundo que son competencia exclusiva del juicio humano se verán incrementados o sustituídos por sistemas computerizados.

*Cambiar el por qué por el qué. De la causalidad a la correlación. La ciencia médica avanzó cuando dejó de obsesionarse por el origen de las enfermedades, y se centró en los tratamientos para su curación. Ahora, **con saber el qué nos será suficiente**. Pasamos de un esquema de causalidad a otro de correlación.*

Las claves: la tecnología y un cliente transformado por la tecnología

- **Convertir productos en servicios**. Música sin soporte físico. Genis Roca: "todo producto sometido a la presión digital muda en servicio". Los servicios están en la nube. Se está implantando un modelo de uso y no de posesión, y esta tendencia irá a más.

- **Ruptura de la cadena de valor**. Los agentes intermediarios son substituidos por apps.

- **Adaptación a un nuevo cliente**.

  - *El cliente tiene múltiples **opciones** para elegir, es un **mercado global**. Debemos adaptarnos a sus elecciones.*
  - *El hombre sigue siendo un **animal social**, pero **de otra forma**. Pasa más tiempo interactuando con otras personas mediante la tecnología, que presencialmente.*
  - *Conseguir que la tecnología sea SHAS: **sencilla, humana, accesible** y **social**.*
  - *Estrategia **omnichannel**. El cliente elige, compra y devuelve los productos en todos los canales.*
  - *Nueva importancia de la **comunicación**.*
  - ***Transparencia**. Uno de los valores de la cultura digital.*
  - ***Gamificación**[59]. Experiencias divertidas y competitivas, basadas en juegos o en retos.*
  - *Los servicios gratuitos se pagan con información. Esa información permitirá a las compañías interactuar en tiempo real con múltiples datos del cliente.*
  - *El cliente digital es **impaciente**.*
  - *La **venta online** es el diamante en bruto del mundo digital.*
  - *El cliente es **SOLOMO**. Social, local y móvil.*

- **Tecnologías clave**: las redes sociales, la movilidad, el bigdata, el cloud (nube) y el blockchain.

  - ***Bigdata y cloud**. Aumentarán el volumen, velocidad, variedad y veracidad de los datos que se podrán manejar para múltiples aplicaciones. Se pueden tomar decisiones no basadas en muestras (estadísticas, estudios de mercado) sino en el 100% de datos reales y en tiempo real. Las aplicaciones con datos masivos permitirán realizar predicciones.*

---

[59] Recomendamos el libro Gamification!. De nuestro compañero y amigo David Fernández Veloso.

- **Blockchain**[60]. *Tecnología emergente que abre un abanico enorme de posibilidades en la interacción entre personas, desde la creación de medios de pago hasta la regulación directa, sin intermediarios, de contratos y transacciones.*

- **Redes sociales**. *En desarrollo y auge, son sistemas de comunicación de elevado uso entre personas de todo el mundo, pero que también registran información sobre hábitos y costumbres de sus usuarios.*

- **El mundo es móvil**. El smartphone alcanzó desde su lanzamiento una penetración superior al 70% en los países desarrollados en 5 años (2007-2012), superando en rapidez de difusión a cualquier otra tecnología de la historia. Un usuario medio usa un smartphone 150 veces al día. Pasaremos de la adaptación de aplicaciones para el móvil a que éstas sean diseñadas para móvil en origen.

- **Pero sigue usando el ordenador**. El ordenador personal todavía lo usamos el 63% del tiempo que dedicamos al mundo digital.

- **Comienza IoT, el internet de las cosas**. Un wereable es un dispositivo digital que se lleva en el propio cuerpo o en la ropa. Muchos aparatos considerados hasta ahora "prótesis" van a incorporarse voluntariamente al cuerpo humano para aumentar capacidades físicas, intelectuales o sensoriales.

- **Comienzan las ciudades inteligentes "smart cities"**. Un 40% de las emisiones en la ciudad son debidas al tráfico, y un 20% de este tráfico corresponde a vehículos buscando aparcamiento. Si estuviese permitido, el recuento de asistentes a una manifestación sería exacto por el registro de smartphones en estaciones base.

- **Lo humano es importante**. Debemos de tratar a los equipos de las organizaciones como a los clientes, es importante retener el talento. Y también lo haremos con nuestro proveedores, colaboradores y subcontratistas.

---

[60] Blockchain va a impulsar una nueva cadena de cambios acelerados en los negocios, por eso le dedicamos más adelante un apartado especial.

- **La eficiencia procede del trabajo por proyectos.** El trabajo fijo y estable, tal como estaba concebido, se termina. Las empresas y personas trabajarán por proyectos en entornos creativos, eficientes y competitivos, pero con flexibilidad para poder compaginar su trabajo con su vida personal.

La reacción en las empresas

Hay que **hacer las cosas bien y deprisa**, pero **con nuevos conceptos** mentales. Vivimos en una "modernidad líquida"[61], en condiciones de incertidumbre constante.

No obstante, no hay más remedio que tratar de **anticiparse**, de adaptarse antes de que sea demasiado tarde, y ello no está exento de riesgo.

> *"Cuando veas un negocio exitoso, es que alguien alguna vez tomó una decisión arriesgada"*

La estrategia es omnicanal. Se descubre en digital, se prueba en físico, se compra y paga en físico o digital, y se comparte la experiencia en digital.

Innovar

- **Anticiparse en cubrir una necesidad futura del cliente.** Muchas veces, el cliente no sabe lo que quiere hasta que se lo enseñas, y comienza a esperar que los productos o servicios le "sorprendan" con prestaciones inesperadas que incorporará a sus hábitos de vida.

---

[61] Zygmunt Bauman, sociólogo, fallecido a los 91 años de edad, acuñó el término "modernidad líquida" y también los de "sociedad líquida" y "amor líquido" para definir el actual momento de la historia en el que las "realidades sólidas" de nuestros abuelos, como el trabajo o el matrimonio para toda la vida, se han desvanecido, dando paso a un mundo cambiante, ansioso de novedades, provisional y a veces, estresante.

- Pero **el cliente ahora nos da una oportunidad de oro**. Porque también puede ser productor, distribuidor o prescriptor.

- El **diseño** de productos, servicios, aplicaciones, o en definitiva, de experiencias, será también un factor innovador clave.

- Debemos de asumir las **3C** en nuestra cultura: **conversar, compartir, colaborar**. Los productos y servicios no son estáticos ni unidireccionales. Debemos escuchar a nuestros clientes, pero ya no lo haremos en reuniones ni en encuestas tradicionales: usaremos tecnología digital.

- **La comunicación interna y externa deben tener la misma intensidad**. El hueco que deje la comunicación lo llenarán los rumores, y eso es muy peligroso. Las redes sociales permiten a las compañías escuchar lo que dicen de ellas sus clientes, o sus posibles clientes, identificar problemas antes de que estallen, identificar fans y detractores o localizar prescriptores o "influencers". Podemos usarlas para ayudarnos a perfeccionar nuestra propuesta de valor.

- **Transformar nuestros productos en servicios**. Y usar servicios en lugar de productos.

    - **IaaS**. Infraestructura como servicio.
    - **PaaS**. Plataformas como servicio.
    - **SaaS**. Software como servicio.
    - **BPaas**. Procesos de negocio como servicio.
    - **MaaS**. Management as a service - interim management.

- **La importancia de la "experiencia"**. Es más importante la experiencia que el producto o servicio. No basta con satisfacer a los clientes, hay que dejarlos encantados. Las personas quieren ser tratadas como personas, también cuando consumen y cuando trabajan.

- **Foco cliente**. Trabajar por el cliente influirá más en los ingresos que trabajar por obtener ingresos. Identificaremos a los prescriptores e influencers. El 36% de los usuarios emplean las redes para compartir su experiencia en relación a un servicio. El 50% de los millennials utiliza 4 o más fuentes de información antes de tomar una decisión de compra. El cliente quiere y puede ser nuestro colaborador. La elección, prueba, compra, pago y devolución debe ser sencillo.

- **El factor humano es clave en la TD.** Los clientes somos trabajadores y los trabajadores clientes. En la empresa, el retener el talento se convertirá en esencial. No será suficiente con el salario como motivación de retención. Deben crearse entornos estimulantes. Debe aprovecharse la diversidad, tanto generacional como de sexos o culturales.

- **Comunicación interna.** El 60% de los problemas de los organizaciones se deben a mala comunicación interna. El 70% de los trabajadores está insatisfecho con su trabajo actual. La comunicación interna tiene un coste muy bajo. La comunicación es la esencia del liderazgo, es la correa de distribución del motor de la empresa, lo que hace que todo funcione sincronizadamente.

- **Comunicación externa.** Comunicación fácil, sencilla, "visual thinking", bidireccional, social. Debe permitir la respuesta, compartir y ver los comentarios de otros. El 80% de los mensajes de un informe de 200 páginas puede contarse en un vídeo de tres minutos.

- **Hay que hacer lo barato bien.** Hacerlo bien y caro, ahora es fácil.

También es transformación digital la eliminación del papel físico, la utilización de herramientas colaborativas para la comunicación, el uso de técnicas de productividad basadas en tecnología, evidentemente aprovechamiento de programas ERP (Enterprise resource planning) y CRM (Customer relationship management), y usar programas desde la nube, y archivar en esa nube los datos. Es usar los medios tecnológicos en todos los procesos.

Pero antes de todo eso, **es preciso que la cultura de la organización cambie**, que sepa anticiparse a los cambios radicales que seguirán llegando gracias a los avances tecnológicos, y que tienen una importante repercusión social.

¿Qué pasa en España?

- *España es hoy el cuarto país en volumen de ventas online. Crecerá por encima de la media europea y EEUU.*

- *En 1900 sólo el 15% de la población activa trabajaba en la industria. Entre 1960 y 2010, España fue uno de los siete países que más crecieron del planeta. En la década de 1970, fue el segundo en tasa de crecimiento sólo por detrás de Japón. Es la quinta economía de la UE y la undécima del mundo.*

- *Hace 20 años, España no tenía multinacionales propias, y hoy son más de cien: banca, telecomunicaciones, obras públicas y textil.*

- *En innovación, los índices de patentes son 24 veces inferiores a Suiza, 20 veces menos que en Suecia, y 14 veces menor que en Alemania.*

- *Instituciones que viven con culturas y formas heredadas del siglo XX o anteriores.*

- *El confort en la casa familiar dificulta la autonomía de los jóvenes, y con ello, la innovación.*

- *Los autónomos y las PYMES son el 99,9% del tejido empresarial, y generan el 62,8% del empleo. Las grandes empresas el 37,2%. Las medianas empresas (de 50 a 249 trabajadores) suponen el 15,2% del empleo total (19.000 empresas, sólo el 0,6% de las empresas del país). Las PYMES españolas deberían crecer en tamaño, empleo y facturación, para tener más impacto en la economía y mejorar su estabilidad. Son muy pequeñas en comparación con Europa, también en facturación.*

- *España está a la cabeza de Europa en penetración de smartphones y en compra con el móvil (38% frente al 33% de media europea). El uso del móvil es esencialmente lúdico y familiar, con poco uso profesional.*

- *Corea en 1970 tenía un 40% de la población analfabeta, y el 80% trabajando en el sector primario. Hoy es un gigante en ciencia y tecnología, el cuarto país del mundo en patentes solicitadas al año, y el segundo por millón de habitantes.*

- *La transformación digital y el interim management son oportunidades para que las pymes españolas puedan crecer de un modo asequible y con costes variables.*

Digitalización en pymes

Como describe el título de nuestro libro, este método es una guía para la transformación digital de las pymes. La digitalización es la fase por la que deben de pasar las empresas del siglo XXI, para ser competitivas, y para poder responder a un cliente digital.

La incorporación de tecnología sin una planificación adecuada, sin priorizar adecuadamente las necesidades de la empresa, sin un calendario de implementación, sin respeto a la actividad cotidiana presente de la organización, sin un buen diseño de la estrategia, la estructura, el sistema de costes o la formación de las personas… no sirve para mucho.

Una vez que hemos pasado todas las fases de establecimiento de plan de negocio, conocemos nuestro DAFO bien, y nuestro público objetivo, ahora comenzamos la fase final, la de la implementación de herramientas digitales.

Las PYMEs, en función de sus características, pueden implantar muchos tipos de digitalización, incluso opciones muy avanzadas e innovadoras que hasta hace muy poco sólo estaban al alcance de organizaciones muy grandes.

Entendemos que las PYMES deberían analizar, como regla general, la implementación de estas tecnologías:

- **01** ERP
- **02** WEB
- **03** SOCIAL MEDIA
- **04** TELETRABAJO
- **05** CRM
- **06** COMERCIO ONLINE
- **07** HARDWARE
- **08** BUSINESS INTELLIGENCE
- **09** APPS A MEDIDA
- **10** GESTIÓN DOCUMENTAL
- **11** FORMACIÓN DIGITAL

ERP. Las PYMEs deben revisar con cierta frecuencia su sistema ERP. No obstante, las inversiones en ERP deben de estudiarse en función de si deben o no incorporarse complementos importantes que pueden ir enlazados, como un sistema de control de gestión con BI, o bien un CRM. Muchos ERP ofrecen soluciones suficientes para muchas PYMEs a costes razonables. Pero demasiado frecuentemente, hay ERPs demasiado costosas para las necesidades reales, en relación con su efectividad. En todo caso, una ERP es la central base de datos que alimenta a toda la organización: debe ser eficiente, eficaz, ágil, flexible (adaptada al teletrabajo y uso a través de la nube), adaptada a nuestras necesidades, fácil de usar y orientada al tratamiento digital de la documentación.

WEB. Casi toda PYME tiene su web, pero muchas están anticuadas, no están bien diseñadas, no están orientadas a la venta (a contemplar las fases AIDA-F del túnel de ventas), o no responden a un plan de marketing. En muchos casos conviene rediseñarlas, ¿haciéndolas más atractivas y bonitas? Pues si, eso también, pero fundamentalmente dotándoles del mensaje y contenido que a nuestro cliente objetivo realmente le interesa y está dispuesto a ver.

SEO. Bueno, el SEO no es un programa o una aplicación en si mismo, pero es frecuente que represente una de las mayores necesidades de atención, o puede que de inversión, de nuestra empresa. Hay casos en que debemos de invertir un 30% en herramientas, y un 70% en SEO. Y a veces tendremos que recurrir a un "gurú" del SEO para posicionar una web generadora de ventas adecuadamente.

Social Media. La gran mayoría de las PYMEs no hace correctamente el marketing digital, y representa una grandísima oportunidad desaprovechada. El social media nos ofrece múltiples posibilidades de llegar a nuestro cliente objetivo con poca inversión y buenos resultados. Pero también aquí observamos muchos desperdicios: no se trata de hacer post bonitos, no se trata de conseguir likes, ni "trending topics", no se trata de que los comentarios sean buenos. Se trata de conseguir prospectos, clientes o fidelización. Se trata de vender. De nada sirve hacer un vídeo de empresa fantástico si lo van a ver cien personas. Generaremos los contenidos adecuados, en las redes adecuadas a nuestro negocio, y nuestros equipos se implicarán en la gestión de redes. Enlazaremos estas acciones con nuestro sistema general de marketing y gestión, y controlaremos los resultados de las inversiones.

Teletrabajo. Ha venido para quedarse. Las posibilidades de combinación del trabajo presencial y el teletrabajo pueden generar mucha eficacia en la generación de valor. Pero una videoconferencia o un curso online no sirven si falla la comunicación. Y podemos usar herramientas de trabajo colaborativo muy avanzadas, como Teams, si tenemos algunas nociones de cómo podemos sacarle todo el partido. Y uniendo estas tecnologías a la ciberseguridad, que también es muy importante.

CRM. El análisis de la utilidad de un CRM es muy importante. Para muchas PYMEs, la incorporación de la versión gratuita de un CRM es una solución que puede generar mucha potencia en la gestión de prospectos y clientes, y también facilitar las tareas de los agentes comerciales o centros de atención a clientes. La interacción con otros programas, con la web o con un sistema de análisis de datos como Power BI nos puede generar información muy valiosa para la toma de decisiones, a un coste muy bajo. Para otras empresas, la implantación de todo un sistema de marketing inbound apoyado en un buen CRM será una opción necesaria. La integración del CRM con el email marketing también nos puede generar muy buenos resultados.

Comercio online. El reto del comercio online es importante para potenciar muchos negocios. Hemos visto ya las grandes ventajas que puede ofrecer, pero también los retos que hay que superar. Un desarrollo de e-commerce requiere un plan de negocio en el que hay que contemplar todos los aspectos reflejados en este plan, pero con precisión. En la mayoría de sectores el liderazgo de la venta online está en empresas de gran capacidad, y si no se dispone de un fuerte pulmón presupuestario para generar difusión y tráfico, hay que precisar muy bien el modelo para que las inversiones que se realicen sean rentables. En gran medida, el éxito de un portal de e-commerce está en el SEO, en el posicionamiento orgánico, y ello está directamente relacionado con la facilidad de uso y fiabilidad del portal. El plan de negocio de ecommerce debe anticipar costes y problemas logísticos, especialmente los relacionados con rechazos. También es fundamental determinar el "pricing" ya que el factor precio y margen es crucial para obtener rentabilidad a las inversiones. No es un modelo para todas las pymes, pero para muchas es la vía más económica y eficiente para acceder a nuevos mercados, a nuevos segmentos de cliente, y automatizar sus proceso de venta.

Hardware. A medida en que la transformación digital avanza, parece que ha ido cobrando más importancia el elemento "software" (programación, aplicaciones, apps) frente al "hardware" (máquinas). Una transformación digital también requiere revisar la idoneidad de nuestros dispositivos electrónicos, desde las impresoras hasta las cámaras de seguridad, ya que las últimas versiones incorporan prestaciones muy potentes que pueden hacer rentable su incorporación. Servidores potentes, monitores con calidad para hacer videoconferencias, micrófonos, cámaras, altavoces y equipos audiovisuales, impresoras, escáneres, teléfonos móviles, tablets, sensores, cableado, conexiones con la red, antenas, sistemas de doble conexión por si falla la primera, etc. La actualización del hardware también forma parte de un proyecto de transformación digital.

Business Intelligence. Nos parece muy importante que las empresas medianas implanten un sistema de control de gestión con inteligencia de negocio. Un panel de mando construido en Power BI se hace rentable muy rápidamente, y ayuda a la digitalización global de la empresa, a definir procesos automáticos que ahorran costes, facilita el teletrabajo y la autonomía de los equipos. De alguna forma, el centro de control con BI puede ser el corazón de la digitalización general de la organización. Con un adecuado diseño y plan progesivo de implantación, podemos disponer de cuadros de mando avanzados e interactivos en muy poco tiempo y con inversiones muy bajas.

APPS A MEDIDA. Podemos diseñar y programar apps a medida para nuestras necesidades, y con ello encontrar soluciones imaginativas para problemas complejos. Por ejemplo, si los operarios de una fábrica no consiguen familiarizarse con los sistemas de control de tiempos, podemos diseñar una app de muy fácil uso, con teclas muy grandes, que faciliten la entrada de datos por cualquier operario. Estas apps las podemos diseñar también para equipos de venta, de mantenimiento, servicios técnicos, o entrega de paquetería. Podemos incorporar herramientas de firma digital o de geolocalización. Desde Microsoft Power Apps (integrada en Power Platform con Power BI y Power Automate), podemos diseñar apps rápidas y de bajo coste, para múltiples usos, y con bastante potencialidad.

Gestión Documental. Un DMS Document Management System almacena, administra y controla el flujo de documentos en una organización, en una localización centralizada de fácil acceso. Pero también facilita el proceso de firmas digitales o a distancia, el intercambio documental, la búsqueda rápida de documentos, o su utilización en cualquier lugar. Utiliza escáner, servidores, gestores documentales, redes, y está enlazada con la implementación de sistemas de ciberseguridad y de cumplimiento de normas (protección de datos y otras).

Formación Digital. Nuestra propuesta a las pymes se basa en incorporar la tecnología necesaria, en el momento necesario, atendiendo a la rentabilidad de las inversiones, y evitando al máximo las dependencias externas. Es por ello que ofrecemos sistemas de formación digital para los equipos de las empresas, para que puedan ser autosuficientes en el manejo de un ERP, el CRM, el sistema de control de gestión, la plataforma de ecommerce, o en la gestión documental.

Ciberseguridad. El gran reto de la tecnología es la vulnerabilidad. La interconexión entre empresas ofrece muchas ventajas, pero también inconvenientes. La amenaza del secuestro de datos, ataques a centros industriales, instituciones públicas, centros educativos, el malware móvil, o incluso actuaciones para desprestigio de competidores (por ejemplo, mediante el Pishing o suplantación de identidad), ya son problemas que afectan a todo tipo de empresas, con efectos devastadores en algunos casos. También pueden usar nuestra capacidad de procesos para el minado de criptomonedas. Los troyanos son programas "malware" que abren la puerta a ataques maliciosos, y pueden robar credenciales o datos confidenciales. Las compañías deben de disponer de sistemas de Backup o Disaster Recovery para garantizar la vuelta a la normalidad después de un ataque, y muchas otras medidas que deben ser implantadas por empresas especializadas.

Otras implantaciones digitales en pymes. Las PYMEs deben de valorar, en función de sus características, la conveniencia de implantación o mejora de otras herramientas digitales que han experimentado gran desarrollo y abaratamiento de costes, como la automatización de procesos, la impresión 3D, el machine learning, utilización de wereables, implantación de blockchain, plataformas IoT, o soluciones robóticas.

Blockchain y criptografía cuántica

El principal uso de blockchain[62] o cadena de bloques, hasta este momento, ha sido la **eliminación de los intermediarios en las transacciones financieras**, descentralizando la gestión. El control del proceso ha pasado a los usuarios, no de los bancos. El blockchain es una base de datos distribuida y segura, un gigantesco libro de cuentas en donde los registros (bloques) están enlazados y cifrados para proteger la seguridad y privacidad de las transacciones. Los bloques tienen capacidad limitada, y cuando no admite más transacciones debe ser "validado" o "sellado".

El "minado de bloques" consiste en realizar complejos cálculos que requieren tiempo y bastante energía eléctrica, y cuando los bloques son registrados, no pueden ser modificados salvo que se alteren todos los bloques enlazados con él. La minería de bloques es competitiva, y crea un sistema seguro, aunque cada vez más costoso. **La cadena de bloques protege la privacidad de los usuarios, pero permite controlar la trazabilidad de las transacciones**. En base a blockchain se

---

[62] Para más información, consultar BlockChain Technology. Beyond Bitcoin, elaborado por la Universidad de Berkeley; también Blockchain applications in insurance, de Deloitte.

ha desarrollado la moneda virtual bitcoin y otras criptomonedas.

Bitcoin y las criptomonedas. *Bitcoin es una moneda y un sistema digital, que no depende de un ente gubernamental o banco central, sino en un sistema digital ideado en 2009 por su creador, Satoshi Nakamoto, con licencia libre, de tal forma que no pertenece a ninguna persona o empresa. La plataforma se mantiene por sus propios usuarios. Bitcoin no existe de forma física, sólo existe en la cadena de bloques (blockchain) que la soporta, y que no puede gastarse dos veces. Permite realizar transacciones financieras desde cualquier lugar del mundo y en todo momento, y es posible intercambiarse por dinero local. Gracias a bitcoin se desarrolló la tecnología blockchain, que crea monedas mediante la "minería" (se crean 12,5 bitcoins cada 10 minutos) y que llegará a un tope de 21 millones de bitcoins (posiblemente en el año 2140). Existen otras criptomonedas, como* **Ethereum** *(lanzado en 2015), más orientada a los contratos comerciales a través de internet,* **Ripple** *(lanzada en 2012) con un respaldo más corporativo, una red de transacciones descentralizada verificada por consenso, o* **Litecoin** *(2011) que nació como bifurcación de bitcoin y es más rápida en su procesamiento.*

El blockchain acabará convirtiéndose en el **eje del futuro sistema financiero mundial**. El 80% de los bancos está trabajando en productos basados en esta tecnología.

El blockchain comienza a tener **otras aplicaciones**, como:

- *Almacenamiento en la nube[63] distribuído en una red P2P (peer-to-peer)[64] que se asegura mediante estas tecnologías, que permite disponer de copias en distintos lugares de la red.*
- *Gestión de identidades, la tecnología blockchain permite e los usuarios crear su propia identidad digital a prueba de manipulación, y pronto reemplazará a los nombres de usuario y contraseñas en línea.*
- *Registro y verificación de datos, blockchain se puede usar para almacenar cualquier tipo de información, generando registros*

---

[63] Almacenamiento en "la nube", es cuando los datos o los programas no residen en un ordenador de la persona o empresa que lo utiliza, sino en servidores muy potentes externos, a los que se accede mediante internet desde cualquier lugar.

[64] P2P o peer-to-peer es un enlace informático de particular a particular, sin servidores intermediarios.

inalterables: registro de propiedades, historiales médicos, protección de la propiedad intelectual....

- *Gestión de contratos "inteligentes", programas de software que recogen los términos de un contrato entre las partes y se almacenan en la blockchain, y que se autoejecutan cuando se cumplen (o incumplen) determinadas condiciones especificadas en el propio contrato.*
- *Seguimiento de la cadena de suministros y prueba de procedencia, para evitar falsificaciones y facilitar la trazabilidad de los productos.*
- *Servicios de notaría, blockchain permite verificar la autenticidad de cualquier documento, evitando la necesidad de una autoridad tercera certificadora.*
- *Seguridad automatizada, esta tecnología puede permitir sistemas que permitan o impidan el acceso a algún lugar de personas concretas de forma totalmente automática (en un contrato de alquiler, el contrato inteligente permitiría automáticamente el acceso a la propiedad del arrendatario por el tiempo estipulado)[65].*
- *Economía colaborativa, sustituye la necesidad de un intermediario como BlaBlaCar, Airbnb o Uber. También se podría usar para realizar votaciones anónimas (y que sólo se pueda votar una vez), y sin manipulaciones.*
- *Intercambio de energía, también se podría utilizar blockchain para intercambiar energía, adquirirla cuando la autogeneración no es suficiente, y para vender excedentes.*
- *Microtransacciones a bajo coste, con lo que un sitio web o periódico digital puede cobrar por un artículo. En aplicaciones militares, para crear un servicio de mensajería seguro, o de bloqueo y desbloqueo de armas en función de su usuario.*
- *Descentralización del internet de las cosas (IoT)[66], evitando intermediarios.*
- *En el sector seguros (Insurtech), en donde la combinación del contrato inteligente y el IoT pueden proporcionar a los usuarios un sistema de gestión de demandas más transparente e indiscutible. Un accidente podría detectarse automáticamente, evaluar los daños y realizar el pago automáticamente y sin necesidad de solicitud.*
- *En ciberseguridad, nos permitiría descentralizar los DNS (Domain Name Servers) que en este momento están controlados por gobiernos y grandes empresas, y que son susceptibles de censura o espionaje.*

---

[65] Las aplicaciones de blockchain en economía colaborativa podría acabar con compañías como Airbnb o Uber, ya que nos ería necesario ningún intermediario.

[66] Internet de las cosas (IoT) se refiere a la integración de la tecnología digital en el uso de numerosos productos, como puede ser un electrodoméstico.

Una ICO es una forma de financiar proyectos empresariales que en lugar de ofrecer acciones ofrece tokens virtuales, o lo que es lo mismo, nuevas criptodivisas, que tienen "cierto valor hipotético" debido a su escasez y demanda (sólo se pueden crear en un número limitado), y están directamente asociadas al proyecto empresarial que las crea[67]. Un ICO en este momento ofrece riesgos, ya que no no ha pasado por los controles financieros del sistema regulado.

Concluyendo

Todas las empresas deben de reaccionar con velocidad ante los rápidos cambios que está suponiendo la revolución digital, y los cambios en comportamientos de la sociedad, personas y clientes.

Esta revolución afectará a todos los procesos productivos, dejará sin sentido muchos negocios tradicionales, y hará desaparecer puestos de trabajo y empresas. Pero también genera grandes oportunidades para las organizaciones que apuesten por la innovación y la adaptación.

En este nuevo entorno, necesitamos una nueva metodología de trabajo, centrada en el cliente y en la generación de propuestas de valor que se perfeccionan mediante experiencias de prueba y error, con inversiones limitadas y controladas, hasta producir en lotes cortos, eliminando todo tipo de desperdicios en el proceso, e involucrando a todos los equipos con un nuevo estilo de gestión participativo y orientado a resultados.

Usaremos técnicas como las indicadas en este manual, basándonos en el método científico, eliminando indicadores que nos puedan llevar a error, en un proceso circular de

---

[67] Un ejemplo de ICO es el del navegador Brave. Si el proyecto triunfa, las cripotomonedas en las que se basó su financiación ganan valor, y ofrecerán un interesante retorno de inversión.

creación-medición-aprendizaje que se retroalimenta para mejorar continuamente nuestro modelo de negocio.

Esta necesidad es muy acuciante en las PYMES españolas, ya que se están quedando atrás de la media europea en ratios de productividad y eficiencia, pero que están a tiempo de reaccionar aprovechando su flexibilidad y capacidad de adaptación. Para ello deben desaprender conceptos que ya no serán válidos, salir de su área de confort, y buscar ayuda externa como la que ofrece el interim management.

La digitalización es una gran oportunidad, porque estamos en un momento en que es su implantación es accesible económicamente, y porque nos empuja a una organización eficiente y flexible, que optimiza costes y genera elevados rendimientos. Con la digitalización podemos abarcar nuevos productos y mercados, llegando a nuevos clientes. Podemos optimizar costes, eliminar desperdicios, y conocer en todo momento la situación del negocio para tomar decisiones a tiempo. Pero la implementación tecnológica no tiene sentido si la empresa no conoce de dónde parte (su situación y capacidad), y a dónde puede llegar (su segmento de mercado objetivo).

Para finalizar, una petición, si en la lectura de este libro te ha motivado para sugerirme cualquier mejora o cambio, o si quieres realizar alguna aportación o crítica, estaré encantado de recogerlas en mi correo electrónico:

roberto.alonso@alonsomanager.com.

Muchas gracias.

Apéndice

Herramientas de trabajo

APÉNDICE

HERRAMIENTAS DE TRABAJO

Apéndice – 1. Introducción

En este manual hemos marcado las pautas para la dirección de una empresa hacia la rentabilidad y la supervivencia. La ejecución del plan varía en función del tipo de empresa, tamaño y estado de evolución en que se encuentre. El desarrollo de todos los documentos de trabajo que apoyen la transformación de la gestión, extendería este libro a una parte que será más propio de un tomo específico, dedicado a documentos de trabajo, en donde se detallan sistemas de procedimiento metodológico aplicados a una empresa tipo.

No obstante, vamos a apuntar algunas herramientas importantes para analizar de una forma rápida, pero lo más objetiva y certera posible, la situación de una empresa en un momento dado. La simple respuesta a las preguntas que se formulan, analizando todos los grupos de interés, nos dará no sólo información valiosa sobre el posicionamiento de la organización, sino también sobre los puntos débiles y amenazas sobre los que habrá que establecer un orden de prioridades (en función del valor o riesgo que suponga cada uno de estos aspectos de mejora), y establecer así los objetivos y el plan ejecutivo. También daremos algunas pautas para una correcta formulación del plan de negocio, y para su ejecución operativa.

Apéndice – 2. El test de posicionamiento

Para conocer la posición de una empresa, vamos a analizar los siguientes aspectos clave

1. **Clasificación**. Objetivo: clasificar la empresa para orientar su estrategia. Por tamaño (microempresa, pequeña, mediana o grande), por grado de evolución (startup, dirección, delegación, colaboración, y cooperación), por solvencia, por sector-subsector económico. También se definirá la forma jurídica.

2. **Estrategia**. **Objetivo**: conocer la predisposición de la propiedad y directivos a asumir riesgos para conseguir mayores rentabilidades en el futuro. Conocer las posibilidades de la "cultura" de la organización. Conocer la capacidad de los responsables de la empresa para aplicar políticas que mejoren las rentabilidades. *Preguntas ¿Hay problemas en el accionariado/propiedad? ¿Todos tienen los mismos objetivos?¿Hay sintonía en el consejo de administración?¿Los objetivos individuales de socios-administradores-directivos son coincidentes con los de la organización? ¿Podemos identificar o definir visión, misión y valores? ¿La empresa dispone de un plan? ¿Es SMART? ¿Los 98equipos, personas y colaboradores conocen la visión, misión y objetivos de la empresa? ¿Y conocen sus propios objetivos? ¿Existe un sistema correcto de medición mediante indicadores e hitos (kpi's) el grado de consecución de objetivos? ¿Cómo se hace el control de gestión? ¿Cómo se reformulan los objetivos? ¿Se trabaja con presupuestos? ¿Cuál es la posición de la empresa en relación al tamaño/grado de evolución de negocio/subsector? ¿Es adecuada la cultura de la empresa? ¿Hay predisposición al cambio? ¿Se pueden desarrollar nuevas propuestas de valor? ¿Se puede generar una cultura de transformación digital? ¿Hay predisposición a aplicar RSC? ¿Está separada la gestión patrimonial de la gestión de negocio? ¿El negocio está suficientemente diversificado? ¿La cúpula directiva es la adecuada para gestionar el cambio? ¿Hay disposición a invertir en I+D+i y en nuevos proyectos en base a presupuestos medidos y limitados?*

3. **Estructura**. **Objetivo**: conocer si tenemos una estructura optimizada, o si es demasiado grande (y costosa) o demasiado pequeña para las posibilidades de negocio. Valorar flexibilidad. Valorar si hay recorrido para la reducción de costes fijos y riesgos. Conocer si la estructura organizativa define adecuadamente las responsabilidades. Saber si las personas disponen de la información necesaria para un buen desempeño, y si la empresa recibe a través de circuitos de retroalimentación información suficiente del mercado y de su estructura interna para mejorar productos, servicios y procesos. *Preguntas: ¿La forma jurídica es la adecuada? ¿Existen pactos de socios o sindicación de acciones? ¿Existen acuerdos o convenios que comprometan a la empresa? ¿La estructura es la adecuada? ¿Cómo podemos reducirla? ¿Cuáles son los costes estructurales? ¿Cuáles son los costes de reestructuración estructural? ¿Se usa adecuadamente la subcontratación? ¿Se ha usado la figura del interim manager o interim project manager? ¿Hay servicios internos que se puedan subcontratar? ¿Hay consumo de productos que se puedan contratar como servicios? ¿Cómo es nuestra estructura en relación con la competencia? ¿Hay riesgo de crisis estructural? ¿Se usan adecuadamente los medios tecnológicos para aligerar y flexibilizar las necesidades estructurales? ¿Podemos digitalizar procesos? ¿Qué dependencias existen? ¿Estan detectados los puntos críticos? ¿La estructura organizativa es la adecuada? ¿Funciona el trabajo en equipo? ¿Está descentralizada la organización? ¿Cómo es el esquema jerárquico? ¿Hay manual de funciones? ¿Hay una buena dinámica en el trabajo de los equipos? ¿Hay buena comunicación entre equipos? ¿Funcionan adecuadamente los circuitos de información internos?*

4. **Administración**. **Objetivo**. Conocer si la estructura administrativa de la empresa es correcta. Averiguar existe una gestión contable adecuada. Controlar si están definidos procedimientos y éstos son adecuados. Identificar y graduar los riesgos y el plan de contingencias. Valorar si la descentralización es suficiente. Valorar costes estructurales y el coste de la reestructuración. *Preguntas: ¿La contabilidad de la empresa es fiable? ¿Se gestionan adecuadamente las obligaciones normativas (prevención de riesgos, LOPD, etc)? ¿Cuál es la situación fiscal? ¿Se dispone de una ERP adecuada y su uso es correcto? ¿Hay*

dependencias del sistema informático ERP que supongan riesgos? ¿Tenemos un plan de contingencias? ¿Existen procedimientos para los procesos clave? ¿Existe manual de procedimientos? ¿Cómo se generan los cuadros de mando? ¿Cómo se gestiona la información para la toma de decisiones? ¿Se identifican los indicadores engañosos? ¿La estructura administrativa está suficientemente subcontratada? ¿Están automatizados los circuitos de comunicación multidireccional internos? ¿Podemos conseguir mayor automatización de la gestión administrativa y contable?

5. **Finanzas. Objetivo**. Conocer la situación financiera presente, y prever las necesidades financieras futuras. Establecer prioridades en relación al control financiero y la financiación de la empresa. ¿La estructura financiera es la correcta? ¿Cuál es la tendencia de resultados de la empresa?. ***Preguntas***: *¿Cuál es la solvencia? ¿Cuál es la liquidez? ¿Dispone de previsiones de resultados y tesorería? ¿Será necesaria una reestructuración financiera o refinanciación a corto, medio o largo plazo? ¿Tenemos prevista la financiación futura de la empresa? ¿Cuál es la relación con inversores? ¿La información a inversores es correcta? ¿La empresa está en una progresión aritmética o geométrica? ¿Cuál es el ROI?*

6. **Producción-operaciones. Objetivo**: Conocer la situación y capacidad en I+D+i, producción y operaciones. Revisar los circuitos de medición y control. Valorar la capacidad de mejora o generación de propuestas de valor. Cuantificar los desperdicios. Valorar las posibilidades de reducción estructural. Valorar si los sistemas de calidad son los adecuados. ***Preguntas***: *¿Hay tiempos muertos? ¿Cuánto suponen los desperdicios y pérdidas? ¿El sistema de control de costes es correcto? ¿Los sistemas de calidad son adecuados? ¿Se cumplen las normas? ¿Hay planes de mejora continua? ¿Cómo es la formación de los responsables de operaciones? ¿Se contabilizan adecuadamente los costes? ¿Están bien definidos los KPIs? ¿Hay un sistema de objetivos e incentivos para las actividades de producción? ¿Hay otros desperdicios? ¿Se pueden aligerar procesos? ¿Hay un sistema de control y mejora continua? ¿Se pueden realizar prototipos? ¿Se puede producir en lotes más cortos? ¿Hay productos*

semiterminados en stocks intermedios? ¿Cuánto tiempo medio permanecen en los productos en el almacén? ¿Se puede trabajar "just-in-time"? ¿Cómo son los procesos de I+D+i? ¿Se monetiza la I+D+i? ¿Se trabaja para la mejora de la propuesta de valor? ¿El departamento PO recibe la información necesaria y adecuadamente ponderada del mercado? ¿Se puede flexibilizar la producción? ¿Se puede subcontratar más procesos?

7. **Marketing. Objetivo**: tenemos que saber encajar las propuestas de valor que puede generar la organización con el mercado. Es preciso identificar si hay quien esté dispuesto a pagar por lo que somos capaces de producir, y puede mantener esa disposición en el tiempo. Analizaremos si funcionan los circuitos de información en las dos direcciones. Valoraremos si los canales que usamos son los adecuados y son suficientes. Desgranaremos los costes hasta el final, y buscaremos alternativas de reducción. Estudiaremos sistemas de promoción inteligentes. Conoceremos en profundidad a nuestro segmento de clientes actuales y potenciales. Sondearemos las posibilidades de llegar a segmentos en los que no habíamos pensado. ***Preguntas***: *¿Cómo se analiza al cliente? ¿Como se utilizan los medios digitales? ¿Podemos abordar más mercados? ¿Podemos crecer más en los clientes actuales? ¿Cómo es percibida nuestra propuesta de valor? ¿Cómo es percibida la PDV en relación con la competencia? ¿Podemos desarrollar más PDV? ¿Cómo conseguimos información fiable del mercado? ¿Los equipos comerciales se autogestionan? ¿Cuál es el coste de acceder a nuestro segmento de mercado? ¿Hemos analizado todos los mercados posibles? ¿El canal que utilizamos es el adecuado? ¿Estamos aprovechando las herramientas tecnológicas de las que disponemos? ¿Estamos innovando y experimentando en marketing? ¿Recurrimos a expertos para aprovechar nuestras posibilidades comerciales? ¿Podemos rediseñar nuestra forma de comercializar de forma más eficiente? ¿Qué porcentaje representan los costes de marketing en relación al coste total del producto, incluyendo intermediarios, distribuidores y margen del vendedor final? ¿Cuál es nuestro ABC de clientes (Pareto)? ¿Cuáles son nuestros riesgos comerciales? ¿Cómo es la diversificación?*

8. **Desarrollo de personas y equipos**. **Objetivo**. Conocer si la empresa tiene el suficiente talento, y si puede retenerlo. Valorar la eficiencia y rentabilidad del trabajo de los equipos. Valorar las estructuras organizativas y responsabilidades. Analizar sistemas selección, formación, motivación, retribución y promoción. Detectar ineficiencias. *Preguntas: ¿La organización está organizada en equipos de trabajo? ¿Las personas y colaboradores conocen bien la visión, misión y valores? ¿Cuál es su valoración DAFO de la empresa? ¿Es adecuada la motivación? ¿Es adecuada la formación básica de las personas (a nivel operativo y a nivel estratégico)? ¿Conocen los objetivos de su equipo? ¿Saben lo que se espera de su trabajo? ¿Valoran una correlación entre generación de valor y beneficios por su contribución? ¿Se sienten integrados en el equipo? ¿El rendimiento de los equipos es correcto? ¿El ambiente laboral es correcto? ¿Se tiene en cuenta la opinión de las personas y equipos? ¿Están definidas las funciones? ¿Están definidos los procedimientos básicos? ¿Se aplican sistemas para mejorar el rendimiento? ¿Funcionan bien los circuitos de información y retroalimentación? ¿Son objetivos los procesos de selección? ¿Hay un sistema de formación? ¿Existe promoción interna? ¿Se aplican medidas de salario emocional? ¿Hay una motivación suficiente? ¿Cuál es la aportación de valor de cada persona/equipo? ¿Hay conflictos? ¿Hay elementos "tóxicos"? ¿Cuál es el coste de la "desinfección"? ¿Podemos acceder fácilmente al talento? ¿Podemos encontrar fórmulas colaborativas de trabajo con empresas del sector o complementarias?*

Apéndice – 3. La planificación de la gestión

Como resultado del "test de posicionamiento", definiremos el posicionamiento de la empresa, obtendremos información que nos permitirá establecer un diagnóstico. El diagnóstico nos indicará los aspectos en los que la empresa presenta fortalezas, y sus debilidades; y también identificaremos algunas de las oportunidades y amenazas del mercado.

Tendremos en cuenta que el "test de posicionamiento" es una aproximación rápida, objetiva, a la situación de la empresa en su mercado, pero el conocimiento en profundidad de la compañía y su entorno es un proceso más ambicioso, en el que se profundizará a medida en que se van dando pasos para atender prioridades.

Em base al diagnóstico tendremos que definir acciones preventivas, paliativas, "quirúrgicas" y "de emergencia". Si la empresa presenta una situación de elevada crisis, como puede ser un problema serio de tesorería, tendrá que atender a esa prioridad con medidas urgentes y decididas, pero al mismo tiempo también que iniciar el trabajo en otras áreas. Nunca lo urgente debe hacernos olvidar de gestionar lo importante.

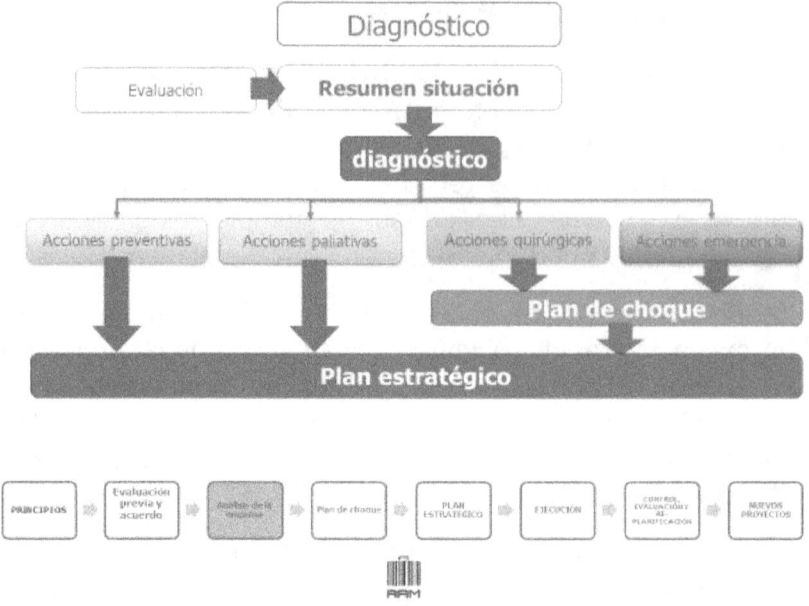

El plan de choque. Si la empresa presenta una situación de emergencia, tendrá que reaccionar con un plan especial "de choque" para garantizar el mantenimiento de la actividad, y ganar tiempo para conocer lo mejor posible la situación. Es fundamental obtener información fiable para valorar las posibilidades de recuperación del negocio. En el plan de choque normalmente debemos de gestionar la obtención de créditos urgentes para mantener la actividad, compromiso de proveedores, recuperación de clientes, reactivación de la actividad con productividad. Para todas estas actuaciones es vital obtener el compromiso de los equipos, y ello no se puede lograr sin información veraz y clara, y ofreciendo contrapartidas razonables.

Actuaciones urgentes. Sea o no necesario un "plan de choque", se debe actuar en las mayores prioridades detectadas en el "test de posicionamiento": medidas preventivas o paliativas que vayan dirigiendo la organización poco a poco

288

hacia una situación de mejor gestión, mientras se va trabajando en el plan de negocio.

El plan de negocio. Siguiendo las pautas de este manual, y a la vez que se van ejecutando actuaciones urgentes, se irá tratando con las partes interesadas (por orden de influencia e importancia) su implicación en la generación de un plan de negocio con sus objetivos SMART.

Plan de negocio

El plan de negocio definirá la visión, misión y valores. Establecerá los objetivos de la organización, que serán SMART. Se fijará un plazo de consecución. Se desglosarán los objetivos por áreas de management, describiendo los medios disponibles (materiales, humanos y presupuestarios) y su capacidad de consecución de los objetivos. Se plasmarán en planes a medio plazo, que se traducirán en presupuestos anuales, con cierre trimestral. Se especificará cómo se realiza el control de gestión, se fijarán los indicadores KPI, y se establecerá el sistema de recopilación y tratamiento de la información, y cómo serán preparación de los cuadros de mando para el control de la ejecución (en función de los presupuestos, KPI y objetivos), y reformulación de actuaciones en caso de resultar necesario. Se establecen funciones y procedimientos básicos, incluyendo la forma en que se desarrollarán las acciones no prioritarias.

Misión, visión y valores. Recogeremos aquellas que existan en la organización y que la han llevado hasta el momento actual. Se revisarán, de forma conjunta con los equipos y personas con capacidad de influencia, y atendiendo a las demandas del mercado y sociedad. Se reformularán si es preciso.

El plan de negocio parte del análisis de clientes. En esta metodología utilizaremos los siguientes métodos:

-   ***Análisis de clientes actuales***. *Analizaremos clientes de los segmentos A, B y C, clientes perdidos. Se hará un cuestionario por cada uno de ellos para detectar DAFO. Analizaremos en profundidad a dos clientes de cada segmento.*

-   ***Análisis de modificaciones de la propuesta de valor***, *o de nuevas PDV. Seguiremos el siguiente procedimiento:*

1. ***Formular hipótesis***. *Utilizamos fichas de propuesta de valor y modelo de negocio (en su caso).*

2. **Priorizamos hipótesis**. *Identificamos aquellos aspectos que podrían poner en riesgo el negocio.*
3. **Seleccionamos los clientes tipo** *para hacer experimentos.*
4. *Hacemos los* **experimentos**. *Formulario de pruebas.*
5. *Recopilamos las* **conclusiones**. *Formulario de conclusiones.*
6. *Procedemos a la* **validación**.
7. *Hipótesis* **validada**
8. *Hipótesis* **no validada parcialmente**
9. *Hipótiesis* **no validada por falta de pruebas**
10. *Hipótesis no validada:* **pivotaje**.

Formulario de propuesta de valor

Por cada propuesta de valor, formulamos hipótesis:

1. *Valor percibido antes del conocimiento del producto o servicio (imagen de marca, prestigio de la compañía) en relación a su coste.*
2. *Valor percibido en la facilidad de acceso al producto, servicio y a sus cualidades diferenciales.*
3. *Valor percibido en relación a la satisfacción de necesidades (disminuir trabajos y frustraciones) o generación de alegrías del producto/servicio en sí mismo, en relación a su coste.*
4. *Valor percibido en relación a canal, presentación, envase, embalaje, lineal, experiencia de compra y uso.*
5. *Valor percibido en relación a los servicios post-venta.*
6. *Valor percibido en relación a la satisfacción de necesidades (trabajos, frustraciones) y generación de alegrías de la propuesta de valor en su totalidad.*

De este análisis tendremos que priorizar las hipótesis más importantes, que son las que someteremos a una experimentación más concienzuda.

FORMULARIO PROPUESTA DE VALOR

Denominación PDV

MARCA	ACCESO	PROPUESTA DE VALOR	COMPRA	POST VENTA
Notoriedad	Canales acceso	ALIVIADOR DE FRUSTRACIONES / GENERADOR DE ALEGRÍAS / FACILITADOR TAREAS	Canales venta	Garantía
Prestigio	Buscadores	A F T	Llegada en cada canal	Fidelización
Atractivo	Prescriptores		Experiencia compra	Servicio técnico

COMPARACIÓN COMPETIDORES	ELEMENTOS DIFERENCIALES CLAVE	3 ARGUMENTOS CLAVE	PRESENTACIÓN	Devoluciones
Notoriedad	Directos		Envase y embalaje	
Prestigio	Emocionales		Instrucciones uso	
Atractivo	Subconscientes		Vínculos a otras PDV	

Modelo de negocio

En el formulario de negocio, formulamos hipótesis sobre:

- *Origen de la idea.*
- *Promotores y fundadores.*
- *Visión, misión, valores y diferenciación.*
- *Razones que llevan a pensar que se va a generar un proyecto viable.*
- *Equipo responsable y compromisos que asume.*
- *Estructura necesaria*
- *Financiación necesaria y cómo va a obtenerse.*
- *Asociaciones clave*
- *Actividades clave*
- *Recursos clave*
- *Propuestas de valor*
- *Estructura de costes*
- *Fuentes de ingresos (de la explotación). Márgenes y rotación.*
- *Relaciones con los clientes. Sistemas de retroalimentación*
- *Canales*
- *Segmentos de mercado (destino: clientes)*
- *Pruebas de que hay encaje entre las propuestas de valor y los comportamientos de compra de nuestros clientes potenciales.*
- *Fases y cronograma del modelo de negocio.*

En el diseño de modelo de negocio, utilizaremos los test sobre PDV para definir los primeros prototipos, y de ahí las primeros PMV. Por cada propuesta de valor testada, lanzaremos al mercado el PMV. Una vez sometida a experimentación la venta real del PMV estamos en condiciones de formular el MDN modelo de negocio.

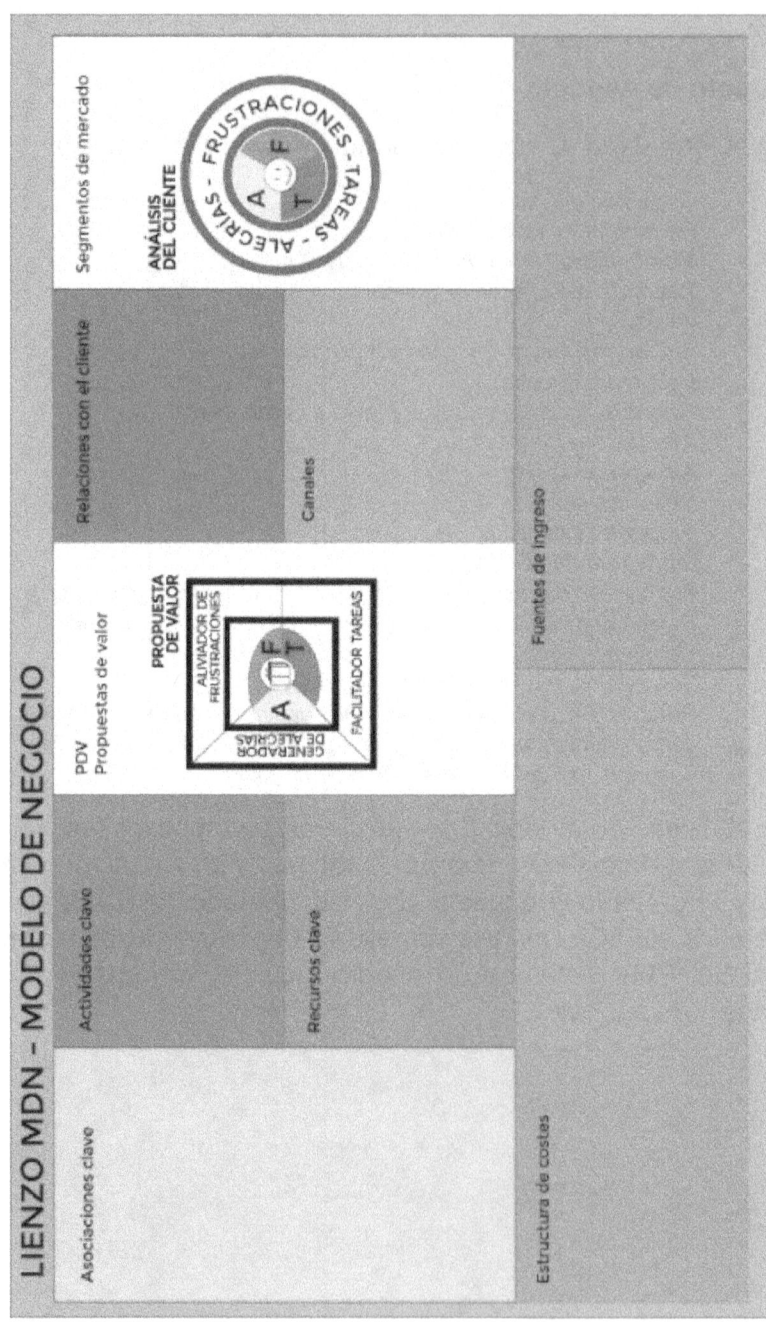

LIENZO MDN - MODELO DE NEGOCIO

El modelo de negocio final será el plan de negocio de la empresa, en el que se demostrará con pruebas la viabilidad en el mercado de las propuestas de valor PDV, experimentadas con PMV productos mínimos viables.

Otros aspectos a contemplar en el plan de negocio:

– *Estrategia y estructura. Objetivos. RSC y transformación digital.*
– *Plan comercial. Incluirá el análisis de competencia*
– *Posibilidades de diseño, I+D+i y producción*
– *Acceso a financiación*
– *Comercialización*
– *Equipos de ejecución. Gestión del talento. Principales responsables de la ejecución del plan.*
– *Control de gestión. Cómo se va a realizar y cuáles serán los principales KPI. Diseño del cuadro de mando.*
– *Presupuestos. Definir presupuesto de ingresos y gastos y el de tesorería.*
– *Plan de contingencias.*

Selección de clientes

En el capítulo 3 de la parte 1, tratamos cómo se debe realizar el análisis de clientes. En este análisis, es conveniente aplicar metodología para seleccionar una muestra que pueda permitir la obtención de datos fiables. Cuanto más grande sea esa muestra, más fiable será el análisis, pero tendremos que trabajar con recursos limitados, por lo que será importante ser certero en la selección de muestras.

*La muestra es una **parte de la población seleccionada** y tiene que ser válida, adecuada y **representativa de la población** (en este caso, el segmento de clientes objetivo) en su totalidad. A través de una muestra representativa, podemos inferir los resultados a la totalidad del segmento, lo que conoce como extrapolar los* *resultados, sin necesidad de invertir la gran cantidad de dinero.* **Conseguir una muestra válida no es tarea fácil**; *la proporción de esta deberá ser mayor o menor dependiendo de varios factores como las* **técnicas** *que se llevan a cabo para seleccionar la muestra, la* **variedad de perfiles de la población** *y otras* **variables**

La muestra probabilística o aleatoria. *Es aquella en la que* **todos los elementos de la población tienen las mismas posibilidades de ser escogidos.** *En principio, si la muestra es aleatoria, habrá más seguridad de que las características más representativas de la población se encuentren representadas.*

La muestra no probabilística, dirigida o de juicio. *Es aquella en la que* **la elección de los elementos de la muestra no depende de la probabilidad; sino de quien realiza la muestra o de los criterios de la investigación.** *Esta técnica es adecuada cuando la persona encargada de realizar el estudio conoce las características de la población y sabe cuál o cuáles son los perfiles que le interesan para su muestra, en función de los objetivos de la investigación.*

Definiremos los perfiles de consumidores o nichos en base a criterios de segmentación, y consideraremos que, dentro de cada categoría, podemos disponer de gran variedad de criterios específicos. Ya sea una muestra aleatoria o una no aleatoria, es de gran importancia **dividir la población en diferentes estratos o segmentos para que sea lo más representativa posible**; sobre todo si se trata de una población grande. En base a las características del estudio, será interesante dividirla en unos segmentos u otros **proporcionalmente**.

Dependiendo de si la selección es aleatoria o no, el muestreo será estratificado o por cuotas. En el muestreo estratificado los sujetos se escogen aleatoriamente dentro de cada estrato; mientras que en el muestreo por cuotas la selección no es aleatoria y va condicionada por quien realiza el estudio. En cuanto a la posibilidad de extrapolación, **es más recomendable el muestreo estratificado**, donde la **elección** de los sujetos es **aleatoria**. Las muestras se pueden segmentar en una gran variedad de estratos - por sexo, edad, nivel de estudios, renta y otros muchos- y en proporciones muy distintas dependiendo de los objetivos del estudio.

Variables de las que depende el tamaño de la muestra. El tamaño de la muestra depende de las necesidades de la organización que realiza el estudio; pero hay ciertos factores a tener en cuenta en cualquier tipo de análisis de mercado.

1º El **nivel de confianza** (confidence level) o riesgo que aceptamos de equivocarnos.

2º La **varianza** o diversidad de opiniones estimada en la población (response distribution). Indica cómo de variadas se estima que serán las respuestas. Por norma general, se suele partir de la hipótesis de que la varianza es igual a 50%; lo cual significa que la población tiene la opinión más variada posible, es decir, la mitad respondería que sí y la otra mitad que no.

3º El **margen de error** que estamos dispuestos a aceptar (margin of error).

4º El **tamaño de la población** (population size).

Una vez seleccionadas las variables del nivel de confianza, la varianza, el margen de error y seleccionado también el tamaño de la población, se procede a realizar un cálculo matemático para identificar la muestra mas óptima.

Margen de error. Un factor a tener en cuenta a la hora de calcular el margen de error admisible es que no se reduce de forma proporcional; sino que **el margen de error disminuye de manera exponencial**. En otras palabras, cuanto más grande sea el tamaño de la muestra, menor será el margen de error. Para que el margen de error fuera 0, el tamaño de la muestra debería ser equivalente al de toda la población real. No obstante, **llegados a un punto, la disminución del margen de error no será significativa por mucho que aumente el tamaño de la muestra**.

Además, **dependiendo de si los datos se van a analizar en su totalidad o por cuotas, el margen de error será uno u otro**. Al dividir el tamaño de la muestra entre dos, por ejemplo, se divide la muestra entre dos; de forma que si el tamaño de la esta era de 2000 personas, se pasa a tener una muestra de 2000 personas a dos de 1000. Por lo tanto, el tamaño de la muestra debe **ajustarse a la situación de cada caso**.

Los experimentos de PDV deben realizarse en profundidad, y para ello es preciso la selección de pocos clientes con los que podamos trabajar a fondo. Seleccionaremos usuarios probadores, y otros con los que presentaremos el producto de forma más rápida para poder obtener conclusiones válidas (en base a indicadores 3A: accionables, accesibles y auditables) que nos sirvan para tomar decisiones.

Todos estos conocimientos de muestreo son importantes, y los medios digitales nos permiten acceder a muchos segmentos de clientes de forma directa. No obstante, tenemos que tener cuidado con los sesgos: si una parte de nuestro (público) segmento de clientes objetivo no es usuario de redes sociales, la información que nos revertirán los medios digitales será nula o será incorrecta.

Formulario de pruebas

Diseñamos el experimento:

1. *Hipótesis: "Creemos que"….*
2. *Prueba: "Para verificarlo, haremos…"*
3. *Medición: "Mediremos lo siguiente"*
4. *Criterios: "Tendremos razón si"*

Este diseño de experimentos lo haremos para las hipótesis más decisivas. Después clasificamos y priorizamos los formularios de pruebas.

En la experimentación tendremos en cuenta que las pruebas deben ser baratas y rápidas. Anotaremos las conclusiones de cada prueba en una ficha que recoja la respuesta a las preguntas anteriores, e informaremos de ellas a los demás miembros de los equipos de la empresa.

Formulario de conclusiones

El formulario de conclusiones resume los resultados de los experimentos, indicará:

1. *Muestra de clientes seleccionada, y los criterios usados en la selección.*

2. *Hipótesis experimentadas: "creíamos que…"*
3. *Resultados objetivos: "observamos que…"*
4. *Concusiones y aprendizaje: "aprendimos que…"*
5. *Decisiones y acciones: "por tanto, haremos…*

Apéndice – 4. Herramientas de utilidad

Control de gestión. ERP
Enterprise Resource Planning

En la actualidad existe una gran variedad de sistemas ERP, o software de gestión. No todos son iguales, cada uno de ellos ofrece una serie de funcionalidades, servicios y condiciones diferentes, por lo que cada negocio precisa un ERP diferente, según sus peculiaridades. Los ERP más utilizados a nivel mundial son:

SAP. Es el ERP más utilizado a nivel mundial y pionero en este mundo. Un 24% de los usuarios de sistemas ERP apuestan por este programa de gestión integral. Esta herramienta, que se suministra bajo demanda, por lo que se paga por lo que se usa, está diseñada para todo tipo de compañías, en especial para pequeñas y medianas empresas. La aplicación integra funciones para la gestión de clientes (CRM), la gestión del capital humano o la gestión financiera, entre otros. Además, dispones de servicio cloud, que permite la conexión desde cualquier lugar y en cualquier dispositivo. Esta herramienta utiliza una tecnología avanzada que permite una comunicación eficaz y a tiempo real.

ORACLE. Ocupa el segundo lugar de los ERP más utilizados, con un 12% de usuarios. Esta herramienta te ofrece una gran variedad de módulos sobre gestión financiera, ventas, compras, distribución y logística, planificación, gestión de proyectos o de recursos humanos. Esta compañía se diferencia del resto por sus aplicaciones empresariales, que mejoran la experiencia de las empresas.

SAGE. Se trata de la tercera ERP más popular. Esta aplicación es intuitiva y fácil de manejar. Se caracteriza por su precio asequible y por el paquete de funciones y servicios que ofrece, que se adapta a las necesidades y particularidades de los diferentes tipos de empresa, incluso a aquellas de ámbito internacional.

INFOR. Con el 6% de la cuota de mercado, comparte puesto con la ERP anterior (SAGE). Como todas las demás, INFOR ofrece múltiples funcionalidades y servicios adicionales que mejoran la experiencia del usuario. Además, puedes hacer uso de su servicio en la nube, para estar siempre conectado, y personalizarlo, según tus necesidades.

MICROSOFT DYNAMICS. Este producto de Microsoft comienza a hacerse un importante hueco en el mercado. Cuenta con diferentes productos, enfocados a las distintas necesidades empresariales. Esta aplicación es de fácil manejo, especialmente si te encuentras.

ODOO solución ERP opensource. Un programa de código abierto con múltiples funcionalidades, y de uso gratuito (en una versión base). Facilita la delegación de tareas, optimiza la producción, mejora el margen de beneficios, mejora la trazabilidad de procesos, facilita la gestión del talento y moderniza la gestión operativa de la empresa. Integra funciones para ventas, CRM, gestión de proyectos, contabilidad, gestión de almacenes e inventarios, fabricación, gestión financiera, ecommerce o tienda online, recursos humanos, y otros. El paquete básico es suficiente para gestionar los procesos de una pequeña o mediana empresa (PYME), y añadiendo algunos módulos, una gran empresa puede usarlo perfectamente. Además, hay disponible miles de módulos y aplicaciones **Odoo** para funciones y sectores especiales. Esta suite ERP permite trabajar remotamente mediante una poderosa interfaz web desde un ordenador o dispositivo móvil de cualquier tipo conectado a Internet.

Gestión comercial. CRM
Custom relationship management

Salesforce. Dispone de una "red social" denominada Chatter, que facilita la comunicación. Todo el equipo puede acceder a los datos para la gestión de clientes, desde cualquier dispositivo. También permite la personalización de informes. Es muy extendido y es integrable con otros softwares. Es adaptable a diferentes dimensiones de empresa, aunque para pequeñas empresas es caro y presenta **complicaciones** de uso. No está en español.

Base. Alto nivel de configuración. Es difícil la importación de datos. Tiene ciertas dificultades familiarizarse con los campos de información de contactos.

Microsoft Dynamics. Dispone de una integración "social media" muy atractiva. Es un software potente y profesional. Es fácil de implementar y se actualiza con frecuencia. Su precio es elevado, y el proceso de aprendizaje en su uso requiere bastante tiempo.

SAP. Con sus dificultades de configurar y para generar una buena experiencia de usuario. Forma parte del sistema ERP de SAP (SAP Business Suite). Incluye los siguientes submódulos: marketing, ventas, analytics, web, servicio, hybris y interaction center IC. Archiva todos los datos de clientes, históricos y hábitos de compras, hace seguimiento de clientes potenciales y ayuda a planificar campañas.

Salesnet. Muy personalizable, puede integrarse con ERP y sistemas "call centers". Comparte fácilmente datos del cliente por toda la empresa, gestionar campañas, contactos, tareas o notas, bien en tiempo real o en otros intervalos personalizables. No ofrece herramientas sociales. Existen numerosos tutoriales para aprender a usarlo correctamente. Es bastante caro.

Netsuite (Oracle). Trabaja e la nube. Complicado de manejar, ofrece un buen servicio, con datos de clientes muy accesibles para todo el equipo de la empresa. Sobresale en la gestión de relaciones con los clientes, y también en la creación de informes de alta calidad.

AllProWebTools. Es asequible, y dispone de vídeos de formación muy útiles. Es integrable con otro software y con el sitio web. Incluye informes de márketing. Configuración sencilla.

Sugar. Muy completo y profesional, es fácil de usar. Dispone de una interfaz muy intuitiva, lo que ahorra tiempo. Tiene un buen servicio técnico. No dispone de tantas funcionalidades y prestaciones como los CRM más caros. Puede generar problemas de integración con otro software y alguno de tipo técnico.

Omnium digital. Interesante para la digitalización de los procesos de venta y generar acciones de marketing inbound (digital), que permite la recogida de "leads" y contactos. Tiene una amplia capacidad de base de datos. Permite elaborar informes completos.

Hubspot CRM. Es gratuito, complementable con otras de pago (Hubspot Sales o Hubspot Marketing). La versión gratuita es fácil de usar, con integraciones limitadas. Su uso en múltiples dispositivos y la asignación de clientes a diferentes gestores del equipo, la hacen muy versátil para equipos. Permite (versión free) la lectura de tarjetas de visita. Es fácil la importación y exportación de bases de datos.

Insightly. Tiene una opción gratuíta y otras de pago, adaptable a diferentes empresas en función de su tamaño. En inglés. Tiene un precio ajustado y es fácil de usar.

Zoho CRM. Muy completo, y con un plan gratuito de hasta 10 usuarios, aunque tiene características limitadas. No es fácil su uso, por lo que no es posible una integración inmediata. No obstante, hay empresas especializadas en su implementación a medida.

Para pequeñas empresas:

PipeDrive. En español (aunque de origen norteamericano), y orientada a pequeñas empresas. Es intuitivo, fácil de manejar, con la mayoría de las funcionalidades de las aplicaciones CRM más avanzadas. Con un módulo de estadísticas e informes, permite crear formularios para integrar en la web. Está presente en 140 países, con más de 50.000 clientes. El soporte es en inglés o portugués, y su documentación es más escasa que en Temleader o SumaCRM.

Teamleader. Software belga, implantado en 2016 y con una rápida implantación. Incluye módulos de facturación, gestión de proyectos y otras funciones. Es rápido, diseño fácil y orientado a un uso sencillo. Paquete de 2 usuarios por 25€ mes (contratación anual), de las opciones más interesantes en precio.

SumaCRM. Programa español. Sencillez en la gestión y manejo del sistema, implantación y puesta a punto muy rápida, y todo en español. Integra plataforma email (lo que no hacen las dos opciones anteriores). La opción gratuíta sólo admite 100 contactos.

Agile CRM. Un programa en español, con buenas características y soporte por email. Acceso hasta 10 usuarios, gestiona 50.000 contactos, y un número ilimitado de ofertas, tareas y documentos. No dispone de versión móvil. A partir de 8,99$/mes

Bitrix24. CRM gratuito en español, con asignación de tareas, diagramas de Gantt y seguimiento de tiempo. Con email marketing integrado, funciones de telefonía, automatización de ventas, facturación, gestión de equipo de ventas. La cuenta libre de pago da acceso a 12 usuarios y 5GB de almacenamiento.

Otras herramientas muy útiles

Comunicación dinámica:
Slack. Es la solución de comunicación más popular.
Google Hangouts. Permite acceder a Gmail web y hacer videollamadas.
Skype. Servicio VoIP multiplataforma.

Gestión de tareas:
Trello. Servicio de gestión de tareas, proyectos y afines basado en tarjetas.
Asana. Organización del trabajo en equipo.
Todoist. Gestor de tareas, pensado para usarse de forma individual.
Yammer. Servicio de red social empresarial desarrollado por Microsoft.

Optimización del tiempo:
Rescue Time. Servicio que permite saber en qué se ha invertido el tiempo al registrar la actividad.
Comodoro Time o Flat Tomato. Herramientas para la aplicación de la técnica Pomodoro, que fija intervalos de tiempo para concentrarse en la tarea seleccionada, marcando pequeños descansos. Hay herramientas similares en Google Play.

Productividad:
Inbox Zero. Técnica para mantener la bandeja de entrada a cero (vacía).
Freedom. Herramienta para ayudar a invertir tiempo en herramientas o prácticas no productivas.
Jott, Evernote o Notas de Mac. Aplicaciones de notas que permiten mejorar la productividad.
Gramarly. Escribir sin errores, y rápido (sólo en inglés).
Calm.com. Aplicación de meditación, sueño.

Almacenamiento online:
Google Drive, OneDrive, Dropbox, ICloud.
WeTransfer. Servicio sencillo y cómodo de usar para transferir archivos.

Ofimática online:
Google Docs, Office 365, iWork
Teamviewer. Permite conectarse a un ordenador desde otro.
AnyDesk. Similar a Teamviewer, con conexión más rápida y mejor calidad de imagen.
Ammy Admin. Solución similar a Teamviewer, gratuíta, profesional y apta para empresas.
SimpleDesktop. Similar a las anteriores, gratuíta, buena opción para principiantes.

Videoconferencias:
Skype. La más popular.
Google Hangouts. Videoconferencias de hasta diez personas a la vez, permite grabar la transmisión, y mejora la calidad sobre Skype.
Viber o WhatsApp permiten videoconferencias. Para Ios, tenemos **Facetime**.

Zoom. Permite conectar hasta 25 personas en tiempo real, desarrollando contenido en vídeo, y grabándose en mp4. En la versión de pago, hasta 50 personas con opción de vídeo y hasta 10.000 usuarios en modo escucha.

Complementos:
Timezone. Acceder de forma rápida al horario de cada lugar.
Basecamp. Organizar equipos de trabajo según los roles, responsabilidades y objetivos.
Invision. Herramienta para colaborar y trabajar en tiempo real con otros usuarios sobre el área de diseño.

Herramientas de marketing digital:
Bitly.com. Reducción de URL
Online-convert.es. Conversión en línea para todo tipo de archivos.
Ilovepdf.com/es. Gestión de archivos .pdf
Pixabay.com. Imágenes gratis.
Canva.com. Diseños gráficos
Grammarly.com. Corrector ortográfico
9gag.com. Humor. Memes
Ga-de-vools.appspot.com/campaign-url-builder. Optimización de estrategias.

Correo electrónico y email marketing:
Microsoft Outlook. Incluye calendario, y funciona con Exchange, Office 36, Outlook.com, Gmail y Yahoo mail. Es una herramienta potente, con agenda de contactos y calendario sincronizable.
G-Suite. El alcance funcional es similar al de Outlook, pero Google presenta una herramienta más intuitiva, fácil de gestionar desde cualquier dispositivo, y con mejor interacción con CRM como Hubspot. La agenda de contactos es muy potente y fácil de sincronizar.
Thunderbird. Programa de gestión de correo de software libre, con muchas prestaciones y gratuíto.
eM Client. Gratuíto par uso personal, que incluye la gestión de correo, contactos, calendario y un gestor de tareas básico.
Mailbird. Pensado para conseguir inbox cero, gratuíto hasta tres cuentas, personalizable y con un diseño amigable. Importación de datos sencilla, y fácil integración con WhatsApp, Twitter, Asana, ToDoist o Evernote.
PostBox. Especialmente diseñado para profesionales, con coste (40 dólares por licencia), ayuda a la gestión del tiempo, a través del etiquetado de correos y poniendo foco en nuestros contactos. Se integra con Dropbox, OneDrive, Wunderlist o MailChimp.
MailChimp. Herramienta popular de email marketing. Interfaz clara, que permite administrar perfiles, crear listas de suscriptores, programar tareas, dispone de plantillas preestablecidas, y llevar un control del impacto de nuestros emails. Gratuíto hasta 2000 suscriptores.
Mailrelay. Alternativa a MailChimp. Cuenta gratuíta hasta 3000 suscriptores y 15000 emails al mes (75000 si les sigues en las redes sociales), que se puede ampliar a un precio económico. Formulario de suscripción para incluir en el sitio web, envíos programados, autorespondedores, etc.
iContact. Contiene diferentes packs ampliables. Es de fácil uso por principantes. Muchas plantillas, estadísticas de envío y recepción, herramientas de social media, gestión de contactos y buen soporte. Gratuíto sólo hasta 100 suscriptores.

Encuestas online:

Survey Monkey. Es la más conocida. Gratuíta (10 preguntas, en 15 tipos de preguntas y 100 respuestas). Dispone de soporte por correo electrónico. No permite exportar datos.

Typeform. Con una estética y diseño moderno, facilita la cumplimentación del cuestionario por parte del encuestado. Adaptado a cualquier dispositivo, la versión gratuita permite encuestas ilimitadas, con un número de respuestas ilimitadas, y permite la descarga de los datos de respuesta en Excel, para su posterior tratamiento.

Google Forms. Proporcionado por Google a todos los usuarios que dispongan de una cuenta Gmail. Es una plataforma muy básica.

Zoho Survey. La cuenta gratuíta permite encuestas ilimitadas de hasta 15 preguntas y 150 respuestas. Dispone de numerosas plantillas prediseñadas.

Bibliografía

Allen, Steve. *Persuarsión e influencia*. (2017). CreateSpace.

Bauman, Zygmunt. *Amor líquido* (2003), *Vida líquida* (2005), *Tiempos líquidos: vivir una época de incertidumbre* (2007) y Modernidad líquida (1999). Polity Press y Blackwell Publishers, Ltd. D.R. Fondo de Cultura Económica.

Carnegie, Dale. *Cómo ganar amigos e influir sobre las personas*. Createspace Independent Pub (2016).

Corona Verasategui, José y Juan Pablo. *Negociación: Condúcelos a un acuerdo. Las reglas no escritas*. (2015). Amazon Media EU S.a.r.l.

De la Peña, José y Cabezas, Mosiri. *La Gran Oportunidad. Claves para liderar la transformación digital en las empresas y en la economía*. (2015). Planeta.

Fernández Veloso, David. *Contra las grandes empresas, ¡Gamification!*. (2013). Amazon Media EU S.a.r.l.

García, Isra y otros. (2018). *Marketing digital para Dummies*. CEAC

Goleman, Daniel. *Inteligencia Emocional* (1996). *La práctica de la inteligencia emocional* (1999). Editorial Kairós.

Llantada, Alejandro. *El libro negro de la persuasión. Conozca las 23 leyes que mueven nuestras voluntades*. (2013). Amazon Media EU S.a.r.l.

Opi, Juan Manuel. *Las Claves del Comportamiento Humano* (2002). Amat Editorial.

Osterwarlder, Alexander y otros. (2015). *Diseñando la propuesta de valor: Cómo crear los productos y servicios que tus clientes están esperando*. Deusto

Ries, Eric. (2013). *El método Lean Startup. Cómo crear empresas de éxito usando la innovación contínua*. Deusto.

Saner, Raymond. *El Experto Negociador (2003)*. Ediciones Gestión 2000, SA.

Selva, Chantal. *La PNL aplicada a la negociación. (1997)*. Ediciones Juan Granica, S.A. Management Serie Alternativa.

Valois, David. ***Gestión del Tiempo***. *Todo lo que hay que saber.* (2016). Amazon Media EU S.a.r.l.

Varela, Belén. (2019). ***Jobcrafting. Convierte el trabajo que tienes en el trabajo que quieres.*** Empresa Activa. Ediciones Urano.

Vázquez, Marcos. ***Guía del Emprendedor Revolucionario***. (2016). VidaRevolucionaria.